JACÓ

HERNANDES DIAS LOPES

JACÓ

O HOMEM QUE LUTOU COM DEUS E PREVALECEU

hagnos

1ª edição: janeiro de 2025

Revisão: Ana Mendes (copidesque) e Pedro Nolasco (provas)
Diagramação: Letras Reformadas
Capa: Julio Carvalho
Editor: Aldo Menezes
Coordenador de produção: Mauro Terrengui
Impressão e acabamento: Imprensa da Fé

Editora Hagnos Ltda.
Rua Geraldo Flausino Gomes, 42, conj. 41
CEP 04575-060 — São Paulo, SP
Tel.: (11) 5990-3308

E-mail: editorial@hagnos.com.br | Home page: www.hagnos.com.br

Editora associada à Associação Brasileira de Direitos Reprográficos (ABDR)

Dados Internacionais de Catalogação na Publicação (CIP)

Lopes, Hernandes Dias

Jacó, o homem que lutou com Deus e prevaleceu / Hernandes Dias Lopes.
– São Paulo: Hagnos, 2025.

ISBN 978-85-7742-590-7

1. Jacó (Patriarca hebreu) 2. Bíblia. AT Gênesis I. Título

24-5731 CDD 222.1107

Índices para catálogo sistemático:

1. Jacó (Patriarca hebreu)

Angélica Ilacqua CRB-8/7057

Dedicatória

Dedico este livro ao Rafael Amâncio de Lima, marido de Mariana, genro querido, homem mui amado, amigo precioso.

SUMÁRIO

Introdução

Jacó, neto de Abraão, filho de Isaque e pai das doze tribos de Israel, é uma das figuras mais emblemáticas e importantes da história. Jacó é um dos nomes mais repetidos em toda a Bíblia. Certamente, ele não foi um homem perfeito. Algumas vezes seus delitos ultrapassaram suas virtudes. Não por causa dele, mas apesar dele, foi escolhido por Deus, abençoado por Deus e salvo pela graça de Deus para ser o ancestral da nação de Israel.

Sua biografia está cheia de altos e baixos, avanços e recuos, escaladas e quedas. Sua história é carregada de emoção. Sua jornada é uma escola em que aprendemos sobre o amor incondicional de Deus. Viveu na casa de seus pais até aos 77 anos. Precisou sair fugido de Esaú, seu irmão gêmeo, pois enganou Isaque, seu pai, com o propósito de roubar astuciosamente a bênção da primogenitura. Passou 20 anos em Padã-Arã, sendo ludibriado por Labão, seu sogro. Ali constituiu família e granjeou riquezas. Por ordem divina, retornou à sua terra, onde teve uma profunda experiência de conversão no vau de Jaboque, de onde saiu para reconciliar-se com Esaú, seu irmão.

Em Siquém, enfrentou uma tragédia familiar, mas Deus o restaurou em Betel. Raquel, sua mulher amada, morreu no parto de Benjamim, filho caçula, e, doravante, Jacó vai enfrentar os maiores dramas de sua vida. Seus filhos passaram a odiar José, seu filho amado. Jacó chorou 22 anos pela suposta morte de José, enquanto seus outros filhos esconderam dele a trama que armaram para vendê-lo como escravo para o Egito.

A fome mundial chega também a Canaã, e os filhos de Jacó precisam ir ao Egito comprar alimento. Lá chegando, José, que saíra da prisão para o trono, reconheceu seus irmãos, e, em vez de se vingar deles, preparou-lhes o coração para um tempo de restauração e reconciliação.

Jacó, que lamentara as agruras da vida e chorara a morte de José por 22 anos, recebeu a notícia de que seu filho amado não apenas estava vivo, mas era o governador do Egito. Jacó, aos 130 anos de idade, acompanhado de toda a sua família, desceu ao Egito; e o velho patriarca ainda conviveu mais 17 anos com seu filho José, sendo honrado na melhor terra do Egito. Jacó, antes de morrer, proferiu bênçãos proféticas sobre seus filhos, vaticinando, também, o êxodo.

Jacó morreu aos 147 anos de idade no Egito; seu corpo foi transportado e sepultado em Canaã, no mais pomposo funeral registrado na Bíblia. Na vida de Jacó, vemos a eleição incondicional e a graça irresistível de Deus. Na história de Jacó, contemplamos a fidelidade do Deus da aliança, que abençoa seu povo sem jamais desistir dele.

O Deus de Jacó é o nosso Deus. Como o salmista, podemos declarar: "O Deus de Jacó é o nosso refúgio" (Salmos 46:11).

Meu conselho é que você leia este livro com Gênesis aberto. Busco, fundamentalmente, basear esta obra nesse livro crucial na história. Estou convencido de que essa jornada será um tempo de bênção para sua vida. Boa leitura!

Capítulo 1

Jacó, o escolhido de Deus

Jacó ocupa um lugar singular na narrativa bíblica, sendo neto de Abraão, filho de Isaque e pai das doze tribos de Israel. Mais do que um personagem histórico, ele representa a complexidade da natureza humana em sua jornada de fracassos e triunfos, quedas e restauração. Seu nome é um dos mais citados em toda a Bíblia, ao lado de Abraão, Moisés e Davi, refletindo sua importância como o patriarca que deu origem às tribos que formariam a nação de Israel. Em sua vida, encontramos uma trajetória marcada por desafios e reviravoltas, mas sempre entrelaçada com a graça divina.

Jacó, embora tenha sido neto de crente e filho de crente, não era crente. Sua conversão se deu apenas 20 anos depois de ter saído de casa. Até então, Deus era conhecido como o Deus de Abraão e Isaque, mas não como o Deus de Abraão, Isaque e Jacó. Até os 97 anos, Jacó conhecia a Deus apenas como o Deus de seu avô e de seu pai, mas não como o Deus de sua vida.

Vejamos, agora, um pouco da história de seus ancestrais.

A FAMÍLIA DE JACÓ

No livro de Gênesis, a vida de Isaque é ofuscada pela fé ousada de seu pai, Abraão, e pelas qualidades dramáticas da vida de seu filho, Jacó. James Montgomery Boice, citando Griffith Thomas, diz que Isaque era o filho ordinário de um grande pai e o ordinário pai de um grande filho.[1] Dos patriarcas Abraão, Isaque e Jacó, Isaque é o mais passivo. Entretanto, ele foi uma ponte sólida entre essas duas gerações.[2]

Destacaremos alguns pontos:

Em primeiro lugar, *a esterilidade de sua mãe* (25:19-21). Isaque casou-se com Rebeca quando tinha 40 anos de idade e orou por ela durante 20 anos até que ela concebesse. Rebeca era estéril. O Senhor ouviu as orações de Isaque e Rebeca ficou grávida. Se Abraão esperou 25 anos para que Deus abrisse a madre de Sara, Isaque orou 20 anos para que Deus fizesse o mesmo com Rebeca. A paciência e a perseverança na oração eram uma marca de Isaque. Jacó teve de trabalhar 14 anos para conseguir Raquel, e José precisou esperar 22 anos para encontrar sua família. Nosso tempo está nas mãos de Deus, como diz o salmista: "Nas tuas mãos, estão os meus dias..." (Salmos 31:15).

Em segundo lugar, a *angústia de sua mãe* (25:22-26). Rebeca não apenas ficou grávida, mas grávida de gêmeos.

[1] BOICE, James Montgomery. *Genesis,* p. 745.

[2] LIVINGSTON, George H. *O livro de Gênesis,* citado em *Comentário Bíblico Beacon*. Vol. 1, p. 79.

Os filhos lutavam dentro de seu ventre, a ponto de angustiá-la e levá-la a desesperar-se da própria vida. Nesse torvelinho de dor, Rebeca consulta o Senhor. Ela busca discernimento por intermédio da oração. E Deus responde, dizendo que havia duas nações no seu ventre, dois povos nascidos dela, que haveriam de se dividir. Deus disse ainda que um povo seria mais forte do que o outro e que o mais velho serviria ao mais moço.

Essa revelação expressa a soberana escolha de Deus, como esclarece o apóstolo Paulo: "E ainda não eram os gêmeos nascidos, nem tinham praticado o bem ou o mal (para que o propósito de Deus, quanto à eleição, prevalecesse, não por obras, mas por aquele que chama), já fora dito a ela: O mais velho será servo do mais moço" (Romanos 9:11,12). A escolha divina é livre e soberana. Deus escolhe incondicionalmente. Deus não escolheu Jacó por causa de suas virtudes. Ele nem era nascido ainda. Deus não escolheu Jacó porque previu que ele iria crer nem mesmo porque era santo ou praticava boas obras. Deus o escolheu segundo o seu beneplácito, conforme sua própria determinação e graça.

No dia de Rebeca dar à luz, o primogênito nasceu ruivo, revestido de pelo; então deram-lhe o nome de Esaú. Depois, nasceu o segundo, segurando no calcanhar de Esaú, por isso lhe deram o nome de Jacó. A essas alturas, Isaque já era um homem de 60 anos, e seu pai, Abraão, avô de Esaú e Jacó, já atingira a fascinante idade de 160 anos.

A HISTÓRIA DE ESAÚ E JACÓ

A vida de Jacó, que abrange quase que todo o restante do livro de Gênesis, é resumida com muita propriedade em Oseias 12:3,4: "No ventre, pegou do calcanhar de seu irmão; no vigor da sua idade, lutou com Deus; lutou com o anjo e prevaleceu; chorou e lhe pediu mercê; em Betel, achou a Deus e ali falou Deus conosco".

Destacamos cinco pontos:

Primeiro, *as diferenças entre Esaú e Jacó* (25:27). Esses dois irmãos, Esaú e Jacó, embora nascidos do mesmo ventre e gêmeos, eram muito diferentes, tanto na personalidade como nas habilidades e no destino. Esaú tornou-se um perito caçador. Gostava da aventura de matar animais selvagens. Jacó, por sua vez, homem pacato, habitava em tendas. Tornou-se, à semelhança de seu avô e de seu pai, um pastor de ovelhas. George Livingston diz que o caráter contrastante dos rapazes despertou gostos e desgostos nos pais, que tenderam a colocar uma cunha emocional entre eles.[3] Derek Kidner, por sua vez, diz que os dois irmãos são opostos absolutos, como eventualmente o seriam as duas nações.[4] Esaú é o pai da nação de Edom; Jacó é o pai da nação de Israel.

Segundo, *o erro de Isaque e Rebeca na criação de Esaú e Jacó* (25:28). Isaque e Rebeca cometeram um erro primário

[3] LIVINGSTON, George H. *O livro de Gênesis*, citado em *Comentário Bíblico Beacon*. Vol. 1, p. 80.

[4] KIDNER, Derek. *Gênesis: introdução e comentário*, p. 141.

na educação de seus filhos: tiveram predileção por um filho em detrimento do outro. Isaque tinha preferência por Esaú; Rebeca, por Jacó. Assim, jogaram um filho contra o outro. Colocaram uma cunha no relacionamento deles e abriram uma fenda de animosidade entre os filhos. Dividiram o seu próprio lar. Aqueles que cometem ainda hoje esse mesmo erro laboram contra sua própria família.

Terceiro, *a esperteza de Jacó* (25:29-34). Jacó demonstra esperteza, falta de compaixão e falta de hospitalidade com seu irmão, que chega do campo faminto e pede-lhe um bocado de seu cozinhado vermelho. Jacó, que já buscava uma oportunidade para comprar de seu irmão primogênito o direito de primogenitura, faz duas investidas contra ele: requer primeiro que o irmão lhe venda o direito de primogenitura, e que faça isso sob juramento. O preço? Um mísero prato de lentilhas! Jacó se aproveita da fraqueza de seu irmão e de sua urgente necessidade para, astuciosamente, comprar o seu direito de primogenitura. Aproveitar-se das fraquezas das pessoas para tirar proveito sobre elas é um gesto grotesco de desamor.

Bruce Waltke tem razão em dizer que o primogênito mantinha a posição de honra no seio da família. Israel, como primogênito de Deus, recebe uma posição de honra entre as nações (Êxodo 4:22; Jeremias 31:9). O primogênito da madre (Êxodo 13:2; Deuteronômio 15:19) e as primícias do solo (Deuteronômio 18:4; Neemias 10:38,39) pertencem singularmente ao Senhor. O primogênito desfruta de status privilegiado (43:33; 49:3) e do direito de sucessão (2Crônicas 21:3). Por sua primogenitura, ele recebe uma porção dobrada da herança paterna (Deuteronômio 21:17).[5]

Quarto, *o desprezo fatal de Esaú* (25:29-34). Se Jacó revelou-se cruel na compra do direito de primogenitura, Esaú revelou-se fraco e, de forma irreverente, julgou mal o valor de sua primogenitura. Concordo com as palavras de George Livingston: "Esaú comercializou valores eternos por satisfação temporal" (25:31,32).[6] Esaú era um homem profano. Jacó suplanta Esaú; e Esaú despreza o seu direito de primogenitura. Dava mais valor à satisfação de seu apetite do que aos valores espirituais. Ao trocar seu privilégio por um prato de comida, Esaú revelou que o que vendeu a Jacó não tinha real valor para ele. O autor aos Hebreus registra esse fato da seguinte maneira: "... nem haja algum impuro ou profano, como foi Esaú, o qual, por um repasto, vendeu o seu direito de primogenitura. Pois sabeis também que, posteriormente, querendo herdar a bênção, foi rejeitado, pois não achou lugar de arrependimento, embora, com lágrimas, o tivesse buscado" (Hebreus 12:16,17).

Quinto, *a eleição da graça* (25:23). Henry Morris diz que os homens normalmente pensam que os filhos primogênitos deveriam receber maior honra e herança, mas

[5] WALTKE, Bruce K. *Gênesis,* p. 447.

[6] LIVINGSTON, George H. *O livro de Gênesis,* citado em *Comentário Bíblico Beacon.* Vol. 1, p. 80.

Deus não necessariamente trabalha por essas vias. Na linhagem Messiânica, é significativo que nem Sete, Isaque, Jacó, Judá e Davi foram primogênitos.[7] Essa trama familiar, portanto, longe de frustrar o propósito divino, apenas a confirma. A eleição divina é incondicional. Deus amou Jacó e aborreceu Esaú. O profeta Malaquias registra: "Eu vos tenho amado, diz o Senhor; mas vós dizeis: Em que nos tens amado? Não foi Esaú irmão de Jacó? – disse o Senhor; todavia, amei a Jacó, porém aborreci a Esaú; e fiz dos seus montes uma assolação e dei a sua herança aos chacais do deserto" (Malaquias 1:2,3). O apóstolo Paulo deixa isso ainda mais claro:

> E não ela [Sara] somente, mas também Rebeca, ao conceber de um só, Isaque, nosso pai. E ainda não eram os gêmeos nascidos, nem tinham praticado o bem ou o mal (para que o propósito de Deus, quanto à eleição, prevalecesse, não por obras, mas por aquele que chama), já fora dito a ela: O mais velho será servo do mais moço. Como está escrito: Amei Jacó, porém, me aborreci de Esaú (Romanos 9:10-13).

Concluo este capítulo com as palavras de Bruce Waltke, que diz que Deus exibe seu soberano controle sobre Adão e Eva (3:15), os descendentes de Noé (9:25-27), a carreira de Abraão (12:1-3), Jacó e Esaú (27:27-29,39,40)

[7] MORRIS, Henry. *The Genesis Record*, p. 413.

e José (37:1-11). O comando divino da história patriarcal é também uma afirmação a nós de que Deus controla toda a história, inclusive a nossa.[8]

[8] WALTKE, Bruce K. *Gênesis,* p. 441.

Capítulo 2

Jacó, o mentiroso

No dia 29 de julho de 1981, o príncipe Charles de Gales casou-se com Lady Diana Spencer. O casamento ocorreu na Catedral São Paulo, em Londres, Reino Unido. O noivo era o herdeiro do trono britânico e a noiva era uma jovem da família Spencer. Foi considerado o maior casamento real do século vinte, transmitido pela televisão para milhões de pessoas em todo o mundo. Aquele casamento glamoroso, porém, foi marcado por diversos desentendimentos, que culminaram em divórcio, em 1996. O casamento de Isaque e Rebeca, também, tinha tudo para dar certo, porém o casal e seus filhos colocaram as próprias tramas e as intrigas no lugar da fé.[1]

O sogro de Rebeca era Abraão, pai da nação de Israel, amigo de Deus, profeta e herdeiro de uma grande promessa. Isaque, o marido de Rebeca, era homem pacato, piedoso, herdeiro único de uma grande fortuna e donatário das promessas da aliança. Rebeca, a esposa de Isaque, era bela, trabalhadora, determinada e serva de Deus. O

[1] WIERSBE, Warren W. *Comentário bíblico expositivo*, p. 156.

casamento deles foi fruto de oração. Houve amor à primeira vista.

Isaque orou por Rebeca durante 20 anos até nascerem os filhos gêmeos. O plano de Deus para seus filhos, progenitores de duas nações, foi anunciado aos pais antes mesmo de os filhos nascerem. A partir daí, porém, na contramão da orientação divina, Isaque passou a ter predileção por Esaú; Rebeca tinha preferência por Jacó. Colocaram uma cunha de ciúmes e inimizade entre os filhos. Agora, Isaque já está velho, praticamente privado da visão, preso a um leito em sua tenda. O diálogo já havia cessado naquela família. Rebeca escuta seu marido atrás da porta, mas já não mantém com ele uma conversa saudável. Isaque, desajuizadamente, quer interferir no plano de Deus e dar a bênção que pertence a Jacó a Esaú. Esse é o pano de fundo dessa narrativa. Vamos destacar cinco lições principais no texto:

Isaque: quando a velhice não é sinal de sabedoria

Isaque estava velho e não podia mais ver: "Tendo-se envelhecido Isaque e já não podendo ver, porque os olhos se lhe enfraqueciam, chamou a Esaú, seu filho mais velho, e lhe disse: Meu filho! Respondeu ele: Aqui estou!" (27:1). Qual era a sua idade? Ele tinha, nesse tempo, 137 anos. Isso porque quando Jacó saiu de casa, fugido de seu irmão, Esaú já tinha 37 anos de casamento com as filhas de

Hete, tempo suficiente para Rebeca estar muito desgastada com suas noras: "Disse Rebeca a Isaque: Aborrecida estou da minha vida, por causa das filhas de Hete; se Jacó tomar esposa dentre as filhas de Hete, tais como estas, as filhas desta terra, de que me servirá a vida?" (27:46).

Jacó saiu de casa aos 77 anos de idade. Por que podemos dizer que Jacó tinha 77 anos de idade quando saiu de casa? Vejamos: ele passou 20 anos em Padã-Arã. Depois de servir 14 anos a Labão, nasceu José. Ainda serviu a Labão mais seis anos por seus rebanhos. Ele voltou para Canaã quando seu filho José tinha seis anos. Portanto, Jacó tinha 97 anos quando retornou à terra de seus pais.

Onze anos depois, José foi levado cativo para o Egito aos 17 anos (37:2). Então, Jacó estava nesse tempo com 108 anos. José passou 13 anos sofrendo agruras no Egito. Depois, foi elevado a governador daquela terra, passando sete anos de fartura e mais dois anos de fome até levar sua família para o Egito. Se somarmos 13 + 7 + 2 = 22 anos. Se Jacó tinha 108 anos quando José foi para o Egito, agora Jacó tem 130 anos ao descer ao Egito com sua família (47:9). Ele viveu 17 anos no Egito e morreu com 147 anos (47:28).

Vale destacar que, mesmo estando Isaque já envelhecido e privado da sua visão aos 137 anos, quando abençoou Jacó, ele ainda viveu mais 43 anos, pois morreu com 180 anos. É triste constatar que a cegueira física de Isaque se equipara a sua cegueira espiritual (25:23; 26:35; 27:3).

Feitos esses registros, destaquemos mais três pontos importantes:

Em primeiro lugar, *Isaque tenta manipular os planos de Deus* (27:1-4). Isaque bem sabia o que Deus dissera antes de Esaú e Jacó nascerem, há 77 anos, "o mais velho servirá ao mais moço" (25:23). A despeito desse conhecimento, Isaque, querendo mudar o propósito de Deus, chamou Esaú à sua tenda, com o propósito de conceder a ele a bênção, ao contrário do plano divino.

Isaque tenta dar a Esaú a bênção de forma privativa e secreta, porém essa cerimônia era feita em público (27:4). Isaque não só quer manipular Deus, mas também quer fazer isso longe dos olhos de Rebeca e de Jacó. A bênção era uma ação pública (49:1,28; 50:24,25; Deuteronômio 33:1). Bruce Waltke diz que o plano clandestino de Isaque (27:36), põe fogo numa floresta e transtorna a sua família.[2] Henry Morris tem razão em dizer que a natureza secreta dos planos de Isaque demonstra que ele estava com vergonha do que estava fazendo, sabendo que Rebeca não aprovaria seu ato; por isso tinha pressa em abençoar Esaú antes que Rebeca fizesse qualquer interferência.[3] A velhice de Isaque não lhe traz maturidade espiritual, mas rebeldia e subterfúgios. Derek Kidner diz que a frivolidade de Isaque é um escândalo, pois já fazia muito tempo que o seu paladar governava o seu coração (25:28)

[2] WALTKE, Bruce K. *Gênesis*, p. 464.

[3] MORRIS, Henry M. *The Genesis Record*, p. 430.

e silenciava a sua língua. Agora, Isaque se propõe a fazer de seu paladar o árbitro entre povos e nações (27:29).[4]

Isaque coloca seu apetite acima dos valores espirituais (27:3,4). Isaque sabia apreciar uma boa comida, e Esaú sabia agradar ao apetite do pai. Movido pelo apetite, mais do que pelas coisas espirituais, Isaque quer criar a circunstância de um farto banquete privado para abençoar o profano Esaú em lugar de Jacó, o escolhido de Deus. A palavra *caça* é repetida oito vezes, e *comida saborosa,* seis vezes. Isso pressupõe que o foco do narrador é sobre a sensualidade de Isaque, não sobre o papel da refeição envolvida na bênção ritual. O termo "como aprecio" é geralmente usado para relações pessoais, tais como o amor de um homem por uma mulher (24:67; 29:18,20,30,32; 34:3).

REBECA: QUANDO OS FINS JUSTIFICAM OS MEIOS

Rebeca demonstra valores espirituais sólidos (25:23; 26:35; 27:46), mas seu método é deplorável. Deus não precisa de "ajuda" humana para cumprir seus propósitos. Deus não referenda nossos métodos heterodoxos só porque nossos fins são legítimos. George Livingston faz uma retrospectiva da vida de Rebeca, que lança luz sobre o assunto em pauta:

[4] KIDNER, Derek. *Gênesis: introdução e comentário,* p. 145.

O papel de Rebeca na vida de Isaque começou em alto nível, mas deteriorou até chegar às profundezas do engano e do medo. Quando Rebeca aparece nas páginas da Bíblia, ela brilha como modelo de pureza (24:16), hospitalidade (24:18), boa vontade em trabalhar sem pensar em recompensa (24:19,20), capacidade de tomar decisões segundo a vontade manifesta de Deus (24:58). Foi corajosa ao trilhar caminhos não percorridos, dando-se a um noivo desconhecido (24:67) e hábil em consolar um homem solitário (24:67). Conforme os filhos cresciam, Rebeca foi mudando. Reagiu à preferência de Isaque por Esaú concentrando seu afeto em Jacó (25:28). Na hora da dificuldade, quando ouviu os planos de Isaque abençoar Esaú, ela caiu moralmente aos pedaços. Toda sua desenvoltura, a capacidade de tomar decisões rápidas e planejar um curso de ação, foi deformada pelo medo – medo de que o seu filho preferido não fosse devidamente reconhecido. Entregou-se aos dispositivos do engano (27:6-17) e aos estratagemas inteligentes perfeitamente camuflados por professa preocupação em uma companheira adequada para Jacó (27:46), mas na realidade motivado por interesses egoístas: "Por que hei de eu perder os meus dois filhos" (27:45). Planejava chamar Jacó de volta para casa (27:45), mas a visão que teve do filho favorito indo embora foi a última imagem dele.[5]

[5] LIVINGSTON, George H. *O livro de Gênesis,* citado em *Comentário Bíblico Beacon*. Vol. 1, p. 85.

Destacamos aqui três fatos:

Em primeiro lugar, *Rebeca não tem mais diálogo com o marido* (27:5). O casamento de Isaque e Rebeca havia se deteriorado. Não havia mais diálogo entre o casal. Rebeca escuta seu marido furtivamente atrás da porta. A comunicação é vital para um casamento saudável.

Em segundo lugar, *Rebeca busca a bênção legítima por meios ilegítimos* (27:6-10). Tendo Rebeca escutado atrás da porta a conversa de Isaque com Esaú, e sabendo que Isaque estava prestes a dar iminentemente a bênção a Esaú, e não a Jacó, rapidamente concebe um audacioso e astucioso plano. Ela toma os destinos dessa providência em suas mãos e traça um plano ardiloso para alterar os fatos. Sua esperteza denuncia a fraqueza de sua fé. Seu expediente põe em xeque sua confiança na soberania de Deus. Ela quer a coisa certa, a bênção sobre Jacó, conforme o propósito de Deus, mas usa meios ilegítimos para alcançar seu objetivo. A ética que governa Rebeca é a de que os fins justificam os meios.

Rebeca envolve Jacó na trama. Ela ordena a Jacó a ir ao rebanho e trazer dois bons cabritos para que ela mesma fizesse uma saborosa refeição para Isaque, como ele gostava. Em 97 anos de casada, ela conhecia bem os gostos de seu marido. Assim, Isaque abençoaria Jacó antes que Esaú chegasse de sua caçada. A Palavra de Deus é clara em dizer que esses expedientes usados por Rebeca retratam uma sabedoria terrena, e não a sabedoria do alto:

> Quem entre vós é sábio e inteligente? Mostre em mansidão de sabedoria, mediante condigno proceder, as suas obras. Se, pelo contrário, tendes em vosso coração inveja amargurada e sentimento faccioso, nem vos glorieis disso, nem mintais contra a verdade. Esta não é a sabedoria que desce lá do alto; antes é terrena, animal e demoníaca (Tiago 3:13-15).

Em terceiro lugar, *Rebeca induz Jacó à mentira e à traição, assumindo toda responsabilidade das consequências* (27:11-17). Jacó tenta esquivar-se do plano de sua mãe, mostrando-lhe que seu pai descobriria a trama, uma vez que, mesmo o pai não enxergando direito, poderia apalpá-lo, e, nesse caso, ele receberia maldição em vez de bênção. Na verdade, Jacó não está com medo de pecar. Está com medo das consequências do pecado. Está com medo do flagrante. Está com medo de ser apanhado na prática do crime (27:11,12). Sua mãe, entretanto, prossegue no plano e arrasta para si a possível maldição (27:13a; Mateus 27:25), arriscando sua vida por suas convicções, ao mesmo tempo que urge com Jacó para obedecê-la sem tardança (27:13b).

Bruce Waltke diz que aquele que mais tarde é capaz de lutar com Deus se digladia bem pouco com sua mãe ou com sua consciência.[6] Jacó faz sua parte no plano, traz os dois cabritos e sua mãe prepara a refeição (27:14). Agora

[6] WALTKE, Bruce K. *Gênesis*, p. 466.

era a hora do teatro: Jacó precisa se passar por Esaú. Então Rebeca toma a melhor roupa de Esaú, que ainda guardava em sua casa, e veste Jacó (27:15). Rebeca usa não apenas a carne do cabrito para a refeição, mas a pele dos dois cabritos para cobrir as mãos de Jacó e a lisura de seu pescoço (27:16). Então, Jacó ocupa a posição de um garçom e recebe de sua mãe a comida saborosa para levar a seu pai. Rebeca e Jacó estão mancomunados, agindo sinergisticamente, tentando ajudar Deus, como se o Todo-poderoso dependesse de nossos frágeis e duvidosos meios de agir para cumprir seus planos soberanos.

James Montgomery Boice diz que o complô de Rebeca e Jacó trouxe a ambos três consequências trágicas:

Primeira, *Rebeca precisou enviar Jacó, seu filho favorito, a Labão, pensando que isso duraria apenas alguns dias, e ela nunca mais o viu.*

Segunda, *Jacó e Rebeca enganaram Isaque*, e Jacó, mais tarde, foi duramente enganado, tanto pelo seu sogro em relação a Raquel, como pelos seus próprios filhos, em relação a José.

Terceira, *Jacó, que era o herdeiro das grandes riquezas de Abraão, seu avô, e de Isaque, seu pai, vai trabalhar como um empregado de Labão por longos anos.*[7] O pecado pode até ser perdoado, mas deixa suas cicatrizes.

[7] BOICE, James Montgomery. *Genesis*, p. 761,762.

JACÓ: QUANDO A MENTIRA BUSCA O QUE DÁ CERTO, E NÃO O QUE É CERTO

As cortinas se abrem e o ator entra no palco. Vai precisar mentir sobre seu nome, sobre os desejos de seu pai, sobre a sua "caça", sobre a providência do Senhor, sobre sua real identidade, sobre seu beijo. Nas palavras de Hansjorg Braumer, Jacó se emaranhou numa teia de mentiras e enganos.[8] Algumas lições devem ser observadas no texto:

Primeira lição, *Jacó mentiu sobre o seu nome* (27:18,19a). Jacó entra na tenda de seu pai e o saúda. O cego Isaque dependia de sua audição, tato e olfato. A primeira pergunta do pai a Jacó é como uma espada em seu peito: "Quem és tu, meu filho?" (27:18). A resposta de Jacó é uma mentira gritante: "Sou Esaú, teu primogênito" (27:19).

Segunda lição, *Jacó mentiu sobre a comida* (27:19b). "... fiz o que me ordenaste. Levanta-te, pois, assenta-te e come da minha caça, para que me abençoe". Há duas mentiras aqui:

Primeira, *Isaque não havia dado nenhuma ordem a Jacó.*

Segunda, *Jacó não trazia uma caça para seu pai, mas a carne de dois cabritos.* Ele mente sobre seu nome e sobre a comida.

Terceira lição, *Jacó mentiu sobre o Senhor* (27:20). Isaque questiona-o sobre a rapidez com que havia conseguido a caça. Jacó, com a consciência fraca, de forma

[8] BRAUMER, Hansjorg. *Gênesis,* p. 73.

blasfema, mente em nome do Senhor, dizendo: "... porque o Senhor, teu Deus, a mandou ao meu encontro".

Quarta lição, *Jacó mentiu através de seus disfarces* (27:21-23). Isaque, que já tinha sido enganado pela visão (27:1,18,19), agora é enganado pelo tato (27:21,23) e pela audição (27:21,22). Os disfarces de Jacó lograram êxito com seu pai e ele consegue arrancar sua bênção, mesmo que Isaque imaginasse que estivesse abençoando Esaú.

Quinta lição, *Jacó mentiu mais uma vez sobre sua identidade* (27:24,25). "E lhe disse: És meu filho Esaú mesmo? Ele respondeu: Eu sou" (27:24). Depois da dupla afirmação da identidade do garçom como Esaú e não como Jacó, Isaque passa a degustar o apetitoso repasto: "Então, disse: Chega isso para perto de mim, para que eu coma da caça de meu filho; para que eu te abençoe. Chegou-lho, e ele comeu; trouxe-lhe também vinho, ele bebeu" (27:25).

Sexta lição, *Jacó mentiu com um beijo* (27:26,27). Isaque que já havia sido enganado pela visão, pelo tato e pela audição, agora é enganado pelo olfato. Enquanto Jacó deposita em sua face o beijo da mentira, Isaque aspira o cheiro da roupa de Esaú que Jacó trajava e passa a abençoá-lo.

Sétima lição, *Isaque abençoa verdadeiramente a Jacó* (27:28,29). Dentro daquela tenda, tudo era mentira, exceto a bênção de Isaque a Jacó. Mesmo quando os homens tramam, o plano de Deus não pode ser frustrado. Quando os homens usam expedientes ilícitos, sofrerão certamente a consequência de seus atos insensatos, porém Deus cumprirá sua soberana vontade. Vejamos a benção de Isaque:

> Deus te dê do orvalho do céu, e da exuberância da terra, e fartura de trigo e de mosto. Sirvam-te povos, e nações te reverenciem; sê senhor de teus irmãos, e os filhos de tua mãe se encurvem a ti; maldito seja o que te amaldiçoar, e abençoado o que te abençoar (27:28,29).

Quais são as particularidades dessa bênção?

Primeira, *prosperidade* (27:28). Deus promete orvalho do céu, exuberância da terra e fartura de trigo e de mosto. Esses quatro elementos simbolizam a prosperidade do campo, nas riquezas agropastoris.

Segunda, *domínio* (27:29). Israel haveria de se tornar uma nação poderosa e muitos povos haveriam de servi-lo. Ainda assim, a bênção vinha com a responsabilidade de refletir a justiça do Senhor.

Terceira, *liderança* (27:29b). O povo de Israel seria cabeça, e não cauda, seria servido em vez de servir. Os descendentes de Esaú seriam servos dos descendentes de Jacó.

Quarta, *proteção* (27:29c). A bênção abraâmica é aqui repetida (12:3). Jacó e seus descendentes teriam a proteção divina. Os que lhes abençoarem seriam abençoados; os que lhes amaldiçoarem seriam amaldiçoados.

ESAÚ: UM CHORO TARDIO DE REMORSO, E NÃO DE ARREPENDIMENTO

A narrativa bíblica deixa a entender que foi só Jacó sair da tenda de seu pai que Esaú chegou de sua caçada. Ele também fez uma comida saborosa para seu pai e trouxe para ele, dizendo: "Levanta-te, meu pai, e come da caça de teu filho, para que me abençoes" (27:31).

Destacamos aqui cinco fatos:

Em primeiro lugar, *o estremecimento de Isaque* (27:30-33). Isaque é tomado de uma profunda e violenta comoção ao perceber que havia sido enganado; que Jacó havia se passado por Esaú e tinha sido abençoado em seu lugar, e essa bênção era irrevogável. Derek Kidner diz que as palavras "e ele será abençoado" expressam mais que mera crença em que a palavra falada se faz cumprir; ele sabe que tem lutado contra Deus, como Esaú, e aceita a derrota.[9]

Em segundo lugar, *a amargura de Esaú* (27:34). Esta cena é marcada pelas explosões de raiva de Esaú. Os gritos de terror do primogênito continham profundo amargor. Ele sabe que a bênção sobre Jacó não pode ser rescindida. Então pede apenas *outra* bênção. O autor aos Hebreus interpreta esse momento da seguinte forma: "Nem haja algum impuro ou profano, como foi Esaú, o qual, por um repasto, vendeu o seu direito de primogenitura. Pois sabeis também que, posteriormente, querendo herdar a bênção, foi rejeitado, pois não achou lugar de

[9] KIDNER, Derek. *Gênesis: introdução e comentário*, p. 145.

arrependimento, embora, com lágrimas, o tivesse buscado" (Hebreus 12:16,17).

Em terceiro lugar, *a acusação a Jacó* (27:35,36). Jacó vira alvo da pesada acusação tanto do pai como do irmão. Isaque diz: "Veio teu irmão astuciosamente e tomou a tua bênção" (27:35). Já Esaú acentuou: "Não é com razão que se chama Jacó? Pois já duas vezes me enganou: tirou-me o direito de primogenitura e agora usurpa a bênção que era minha" (27:36). Bruce Waltke está correto quando diz que Esaú se recusa a aceitar sua culpabilidade da mesma forma como Adão culpou a mulher (3:12).[10]

Em quarto lugar, *a reafirmação da bênção a Jacó* (27:37). Esaú, amargurado, transforma suas queixas em súplicas e pergunta se o pai não reservara para ele nenhuma bênção. Isaque lhe responde, reafirmando a bênção dada a Jacó: "Eis que o constituí em teu senhor, e todos os seus irmãos lhe dei por servos; de trigo e de mosto o apercebi; que me será dado fazer-te agora, meu filho?".

Em quinto lugar, *o futuro destinado a Esaú e sua descendência* (27:38-40). Esaú, sem a bênção esperada do pai, chora. Chora não de arrependimento. Toda a sua vida havia sido de desprezo à primogenitura. Seu estilo de vida e suas escolhas eram uma demonstração de que era um homem profano (Hebreus 12:16,17). Seu pai não lhe priva de bênção, mas descortina diante dele o seu futuro: "Longe dos lugares férteis da terra será a tua habitação, e

[10] WALTKE, Bruce K. *Gênesis,* p. 469.

sem orvalho que cai do alto. Viverás da tua espada e servirás a teu irmão; quando, porém, te libertares, sacudirás o seu jugo da tua cerviz" (27:39,40).

Esaú e seus descendentes, os edomitas, passarão sua vida como guerreiros. Hansjorg Braumer lança luz sobre o futuro dos edomitas, ao escrever:

> Antes da tomada da terra prometida pelas tribos de Israel, Edom era uma tribo independente e forte. Na época dos juízes em Israel, os edomitas tentaram se estabelecer no sul de Judá. Saul lutou contra os edomitas (1Samuel 14:47). Davi conquistou Edom e transformou a região em um de seus domínios.
>
> Salomão casou-se com mulheres edomitas (1Reis 11:1). Edom conquistou uma relativa independência (1Reis 11:14,17-25), mas logo a perdeu novamente (1Reis 22:48). Sob o rei Josafá, os edomitas, aliados aos moabitas e amonitas (descendentes de Ló), foram derrotados (2Reis 3:8-12). Na época de Jeorão, Edom libertou-se do domínio de Judá (2Reis 8:20-22), mas foi derrotado depois por Amazias (2Reis 14:7-10). Na guerra sírio-efraimita, Edom conquistou a cidade de Elate (2Reis 16:6).
>
> Edom desempenhou um papel decisivo na conquista de Jerusalém e na destruição do primeiro templo em 586 a.C. Edom invadiu Judá e saqueou a população. Chegou assim ao auge a inimizade entre Edom

e seu povo irmão, os israelitas. Os profetas anunciaram o juízo vingativo de Deus sobre o arqui-inimigo.

Depois da queda de Jerusalém, os edomitas ocuparam todo o Sul até Hebrom. Nessa época, impôs-se o nome grego "idumeus" para Edom. Judas Macabeu liderou várias campanhas militares contra os idumeus. João Hircano venceu os idumeus, forçou-os a se circuncidarem e incorporou-os ao Estado judeu.

O trágico papel dos edomitas/idumeus não terminou por aí. O rei Herodes, o Grande, era filho de um idumeu com uma princesa árabe. Herodes Antipas, um dos filhos de Herodes, o Grande, mandou decapitar João Batista. Além disso, ele planejava matar Jesus (Lucas 13:31). Jesus chamou Herodes Antipas de raposa (Lucas 13:32; Marcos 8:15). Herodes Agripa I ordenou a decapitação de Tiago e a prisão de Pedro (Atos 12:1-11,19). Herodes Agripa II, filho de Herodes Agripa I, mandou trazer a si o prisioneiro Paulo. Depois de ouvi-lo, defendeu sua libertação (Atos 25:13—26:32).

A história de Edom é uma constante alternância entre submissão, libertação e nova submissão. Até a época do Império Romano, os edomitas, ou seja, os descendentes de Esaú, estiveram envolvidos na destruição do Estado judeu. As palavras de Isaque sobre Jacó e Esaú eram proféticas, e se concretizaram ao longo da História.[11]

[11] BRAUMER, Hansjorg. *Gênesis*, p. 76.

ISAQUE E REBECA: A ESTRATÉGIA PARA TIRAR JACÓ DE CASA

As artimanhas de Isaque e Rebeca revelaram-se trágicas para a saúde emocional da família. Eles sublimaram a relação conjugal, concentrando-se preferencialmente nos filhos, promovendo emulação entre eles. Agora, os dois já estão velhos e viverão sem a companhia dos filhos e sem a harmonia na família. Destacamos quatro pontos aqui:

Primeiro ponto, *o plano de Esaú de matar Jacó* (27:41). O fratricídio no coração de Esaú o identifica como a semente da serpente tão certamente marcou Caim e Lameque (3:15; 4:8,23; João 8:44).[12] Porque Esaú não tem a bênção, quer impedir que seu irmão a desfrute. Quer entrar pelo mesmo caminho de Caim e Lameque.

Segundo ponto, *o plano de Rebeca para proteger a vida de Jacó* (27:42-45). Rebeca está sempre bem-informada sobre o que acontece na família. Ela sempre escuta as coisas. Ela alerta Jacó sobre os planos assassinos de Esaú. Ela não chama Esaú de seu filho, apenas de irmão de Jacó. Ela, que havia sido a mentora de Jacó na trama contra o pai e o irmão, agora lidera novamente a decisão de tirá-lo de casa e enviá-lo a Harã, onde morava seu irmão Labão. Rebeca pensa estar no controle da situação. Na sua limitada visão, essa fuga deveria ser apenas por alguns dias, até que o furor de Esaú passasse. Depois, ela mesma providenciaria o regresso de Jacó ao lar. O plano

[12] WALTKE, Bruce K. *Gênesis*, p. 470.

de Rebeca para a fuga do filho amado, que era apenas para "alguns dias", durou 20 anos. Ela nunca mais viu o rosto de seu filho. Quando Jacó retornou, Rebeca já havia morrido (35:27).

O temor de Rebeca era perder os dois filhos num só dia, pois se Esaú matasse Jacó, ele seria morto também, por ser culpado de crime de sangue (9:6). Como já deixamos claro, Jacó não é um adolescente nesse tempo, mas um homem de 77 anos. Até então, sua mãe, como matriarca, controlava seus passos e definia suas ações.

Terceiro ponto, *o plano de Isaque e Rebeca de encontrar uma esposa adequada para Jacó* (27:46; 28:1-5). Rebeca dá uma tacada de mestre e aproveita o momento para fazer uma censura velada a seu marido por seu injustificado favoritismo por Esaú e alertá-lo: se Jacó permanecesse em casa, com o risco de casar-se com uma das filhas de Hete, como fizera Esaú, sua vida estaria completamente acabada (27:46). Com isso, Rebeca coloca no colo de Isaque a responsabilidade da decisão. Este, então, chama Jacó e dá-lhe algumas orientações:

Primeira, *não tome esposa dentre as filhas de Canaã* (28:1). As mulheres de Esaú, sendo cananitas, eram para Isaque e Rebeca amargura de espírito (26:34,35). A proibição de realizar casamentos mistos entre cristãos e não cristãos continua valendo para a igreja do Novo Testamento (2Coríntios 6:14; 1Coríntios 7:39).[13]

[13] BRAUMER, Hansjorg. *Gênesis,* p. 84,85.

Segunda, *vá a Padã-Arã e tome por esposa uma das filhas de Labão* (28:2). Nesse momento, a lucidez toma conta de Isaque e ele dá uma sábia orientação a seu filho Jacó. O intento de Rebeca é que Jacó não parta de casa como um fugitivo, mas contando com o apoio do pai no lar que deixa atrás e rumando para o abrigo da família da mãe.[14]

Terceira, *reafirma a Jacó a bênção de Deus* (28:3,4). A bênção que ele invoca sobre Jacó não é sua bênção, mas a bênção do Deus Todo-poderoso, a bênção da aliança que passara por Abraão, por ele e agora é transferida a Jacó como o portador da esperança messiânica.

Quarta, *despede Jacó rumo à terra de sua parentela* (28:5). Jacó sai de casa com a bênção dos pais, ainda que fugido de seu irmão Esaú. Sai não sem rumo, mas com destino certo. Ele chega à casa de Labão e ali haveria de passar seus próximos 20 anos.

Quarto ponto, *o plano de Esaú para agradar tardiamente a seu pai* (28:6-9). Esaú mostra a tolice de uma percepção tardia. Ao cair a ficha de que seu casamento com duas mulheres cananitas desagradara seus pais e era tormento para eles (26:34,35; 27:46), tenta reparar a situação, casando-se com Maalate, uma parenta, filha de Ismael, meio-irmão de Isaque (28:9). Isso, porém, tornou sua situação ainda pior.

Matthew Henry diz que, com esse casamento, Esaú se uniu a uma família que Deus tinha rejeitado, procurando

[14] KIDNER, Derek. *Gênesis: introdução e comentário*, p. 146.

fortalecer, assim, as suas próprias pretensões com a ajuda de outro pretendente. E mais, ele tomou uma terceira esposa quando as outras ainda estavam vivas, e isso para agradar a seu pai, e não a Deus.[15]

Warren Wiersbe diz que a reação de Esaú ao fato de Jacó ter ido à casa de Labão para buscar uma esposa foi mais uma prova de que ele desprezava tudo o que era espiritual, pois saiu e tomou para si outra esposa. Uma vez que Jacó estava procurando uma esposa dentre as filhas de seu tio, Labão, Esaú escolheu sua mulher da família de seu tio Ismael.[16]

Bruce Waltke ainda acrescenta que a despeito dos desejos de Esaú serem de agradar a seu pai, faltava-lhe a perspicácia espiritual que o conectaria com sua família. Incrédulo, somente agora ele reconhece que se casar com mulheres cananitas não é apropriado em sua família. Na verdade, Esaú é um membro da família fora de prumo.[17]

Concluímos este capítulo dizendo que os quatro personagens da trama são culpados: Isaque sabia do oráculo pró-nascimento (25:23) e mesmo assim tentou frustrá-lo (27:29). Esaú, havendo concordado com o plano, quebrou seu juramento (25:33). Rebeca e Jacó, tendo justa causa, não se aproximaram de Deus, nem do homem, não

[15] HENRY, Matthew. *Comentário bíblico Antigo Testamento – Gênesis a Deuteronômio*, p. 145,146.

[16] WIERSBE, Warren W. *Comentário bíblico expositivo*, p. 160.

[17] WALTKE, Bruce K. *Gênesis*, p. 473.

fizeram nenhum gesto de fé ou de amor, e colheram o fruto do próprio ódio. Esses estratagemas rivais, entretanto, só conseguiram fazer "tudo o que a [...] mão e o [...] propósito [de Deus] predeterminaram" (Atos 4:28).[18]

[18] KIDNER, Derek. *Gênesis: introdução e comentário*, p. 144.

Capítulo 3

Jacó, o abençoado

Antes de entrar na exposição dessa passagem, deixo registrado aqui, de forma mais clara, uma linha do tempo da vida de Jacó. Ele sai da casa dos pais com 77 anos (28:10). Jacó serve a Labão 14 anos pelas duas mulheres, Lia e Raquel (31:41). Após o nascimento de José, Jacó pede a Labão permissão para voltar à sua terra (30:25,26). Quando José nasce, portanto, Jacó tem 91 anos. Ele serve a Labão mais seis anos pelo seu rebanho, completando 20 anos em Padã-Arã, somente então retorna à terra de seus pais. Portanto, nesse tempo, José tem seis anos (31:41). Chegamos à conclusão de que Jacó tem 97 anos quando sai de Padã-Arã.

José é vendido por seus irmãos aos mercadores midianitas (37:28) aos 17 anos (37:2). Se José já tinha seis anos quando saíram de Padã-Arã e Jacó 97; agora, José tem 17 anos e Jacó tem 108 anos. José sofre 13 anos no Egito, como mordomo de Potifar e como prisioneiro, sendo levado ao poder do Egito aos 30 anos (41:46). Depois, vemos sete anos de fartura (41:47) e mais dois anos de fome (45:6), quando, então, sua família é levada para o

Egito (45:7-15). Se Jacó tinha 108 anos quando José foi para Egito e 22 anos depois Jacó sobe ao Egito, significa que ele tem 130 anos nesse tempo (47:9). Ou seja, 108 + 13 + 7 + 2 = 130.

Jacó fica mais 17 anos no Egito e morre aos 147 anos (47:28). Quando Jacó morre, portanto, José tem 56 anos, pois nasceu quando seu pai tinha 91 anos. Quando Jacó sai da casa de seus pais para Padã-Arã, com 77 anos, Esaú já tinha 37 anos de casado (26:34) e Isaque já estava com 137 anos de idade e com 97 anos de casado com Rebeca. Quando Jacó retorna, 20 anos depois, Rebeca já estava morta e Isaque tinha 157 anos. Como Isaque morreu aos 180 anos (35:28), Jacó ainda conviveu com seu pai mais 23 anos.

Uma jornada dolorosa

Jacó não era um jovenzinho quando saiu de casa (28:10), deixando no passado a ameaça de morte de Esaú, seu irmão, e tendo pela frente um possível casamento com uma jovem de sua parentela. Na verdade, Jacó deixa o ódio do irmão para caminhar rumo à exploração de Labão, o seu futuro sogro. Ficando em Berseba, Esaú se põe à sua espera como um furioso leão. Adiante, em Harã, Labão está à espera com sua rede para apanhar e sugar a vida de sua vítima.

A jornada de Berseba a Harã, ao norte da Mesopotâmia, é longa. São mais de 800 quilômetros. A primeira parada de Jacó é em Betel, que dista 112 quilômetros de Berseba.[1] Ali, Jacó pernoita. Era uma jornada de três dias.

A peregrinação de Jacó é muito angustiante. Ele deixa para trás uma família em crise. O pai já está velho e praticamente cego. Jacó tem consciência de que enganou o pai e traiu o irmão. A mãe protetora, sem sua presença e com a mágoa de Esaú, amargaria grande solidão. Jacó sai de casa sem saber se voltará a tempo de ver sua mãe. Ele caminha na solidão do deserto, com a mente atordoada e com a alma encharcada de dor.

Já exausto da viagem, ele se deita para dormir, fazendo da escuridão da noite sua cortina, da abóboda celeste, bordejada de estrelas, o seu teto, da terra fria, o seu leito, e da pedra desconfortável, o seu travesseiro. Nem podia Jacó imaginar que aquela seria uma noite memorável em sua vida. Deus apareceria a ele em sonho, fazendo-lhe ricas promessas e nenhuma censura; revelando-lhe seu amor incondicional e sua graça imerecida.

Jacó foi escolhido por Deus antes de nascer. O apóstolo Paulo diz: "E ainda não eram os gêmeos nascidos, nem tinham praticado o bem ou o mal (para que o propósito de Deus, quanto à eleição, prevalecesse, não por obras, mas por aquele que chama). Já fora dito a ela: o mais velho será servo do mais moço. Como está escrito: Amei a Jacó, porém me aborreci de Esaú" (Romanos 9:11-13).

[1] MORRIS, Henry M. *The Genesis Record*, p. 446.

Deus não escolheu Jacó por causa dos seus privilégios legais. Ele não era o primogênito. Deus não escolheu Jacó por causa do seu caráter. Ele era um mentiroso e enganador. Deus não escolheu Jacó por causa das suas obras ou méritos. Ele ainda nem havia nascido quando Deus o escolheu. Na verdade, a eleição é incondicional. O apóstolo Paulo diz que "Deus nos salvou e nos chamou com santa vocação; não segundo as nossas obras, mas conforme a sua própria determinação e graça que nos foi dada em Cristo Jesus, antes dos tempos eternos" (2Timóteo 1:9).

A eleição divina é eterna, soberana, livre, incondicional, graciosa e cristocêntrica. Não somos eleitos por causa das nossas boas obras, mas para as boas obras. As obras não são a causa, mas a consequência da nossa eleição (Efésios 2:10). Não somos eleitos por causa da nossa santidade, mas para a santidade e irrepreensibilidade (Efésios. 1:4). Não somos eleitos por causa da nossa fé, mas para a fé (Atos 13:48). Não somos eleitos porque elegemos a Deus. Foi Ele quem nos escolheu (João 15:16). Não fomos eleitos porque amamos a Deus. Foi Ele quem nos amou primeiro (1João 4:19). O nosso amor por Deus é apenas o refluxo do fluxo do amor de Deus por nós.

Observando a vida de Jacó, aprendemos que Deus escolhe soberanamente. Jacó foi escolhido antes de nascer. A causa do amor eletivo de Deus é um sublime mistério. Jacó não tinha em si mesmo predicados morais e espirituais que pudessem despertar o prazer de Deus. Mas, mesmo assim, Deus o escolhe. Assim, também, Deus nos escolheu, mesmo sendo nós fracos, ímpios, pecadores e inimigos.

Mas, olhando a vida de Jacó, aprendemos, também, que Deus abençoa incompreensivelmente. Jacó fugia da sua casa depois de mentir para seu pai, de trair seu irmão e de blasfemar contra Deus. Em vez de destruí-lo, Deus o abençoa e lhe faz promessas gloriosas em Betel. Deus não nos trata segundo os nossos pecados, mas consoante a sua muita misericórdia.

Uma revelação sobrenatural

É sempre Deus quem toma a iniciativa de buscar o homem. É Deus quem nos escolhe, e não nós a Ele. É Deus quem nos ama primeiro. Nosso amor por Deus é apenas um reflexo do amor de Deus por nós. Vamos examinar alguns pontos aqui:

Primeiro ponto, *um pernoite* (28:10,11). Esta ação, de deixar seu pai, e especialmente sua mãe, marca o início da peregrinação de Jacó, peregrinação essa que seu avô, Abraão, fizera em ordem inversa, cento e cinquenta e seis anos atrás.[2] Jacó não tinha noção do lugar onde estava depois de andar mais de 100 quilômetros. O cansaço o venceu. Era impossível prosseguir. Ali mesmo, a céu aberto,

[2] Abraão saiu de Harã com 75 anos. Quando Isaque nasceu, Abraão tinha 100 anos. Quando Jacó nasceu Abraão tinha 160 anos. Jacó saiu de casa com 71 anos. Logo, a viagem de Abraão havia ocorrido há 156 anos.

depois do pôr do sol, tomou uma pedra e fê-la seu travesseiro e se deitou para dormir. Jacó não estava dormindo num colchão macio, deitado numa confortável cama, coberta de lençóis de fios egípcios nem usando um travesseiro de pena de ganso. O patriarca estava com o corpo latejando de fadiga, com a mente açoitada pela culpa e com a alma atordoada pela angústia. Porém, na solidão daquela noite, os céus desceram à terra e a terra chegou aos céus. Os anjos de Deus estavam ao seu redor e o próprio Senhor, Deus dos patriarcas, falou com ele, numa memorável teofania, não lhe dando sequer uma simples palavra de repreensão, mas somente concedendo-lhe ricas bênçãos e benditas promessas.

Deus continua imutavelmente o mesmo. Não importa suas dores do passado nem seus temores quanto ao futuro; não importa se seus amigos voltaram as costas para você ou se você perdeu o seu emprego. Não importa se você está sofrendo alguma enfermidade ou se sua autoestima está achatada. É importante saber que onde quer que você esteja, ali Deus pode abrir para você a porta do céu.

Segundo ponto, *um sonho* (28:12,13a). O sonho de Jacó foi uma espécie de divisor de águas em sua vida. O sonho não é uma visão mórbida de um passado vergonhoso. É, antes, a apresentação de uma alternativa futura com Deus. Em seu sonho, é posta na terra uma escada cujo topo atingia o céu; e os anjos de Deus subiam e desciam por ela. Mais importante, o próprio Senhor Deus estava perto dele para lhe falar.

Vejamos aqui quatro fatos:

Primeiro fato, *a escada* (28:12). Essa escada é um símbolo de Cristo, o caminho de acesso a Deus (João 14:6). Ele é o Mediador entre Deus e os homens (1Timóteo 2:5). Henry Morris diz que o Senhor Jesus Cristo reivindicou ser Ele mesmo a escada de Jacó. Ele é o caminho para Deus. Ele é a porta do céu. As hostes de anjos estão sujeitas a Ele. Ele é o criador, o sustentador e o redentor.[3]

Segundo fato, *o topo da escada* (28:12). A base da escada estava na terra, mas seu topo atingia o céu. A terra e o céu estavam conectados pela escada. Pela escada a terra tinha acesso ao céu. Concordo com Waltke quando diz que a comunhão entre o céu e a terra é estabelecida por uma iniciativa que parte de cima, da parte de Deus. O contato entre o céu e a terra existe pela graça de Deus.[4]

Terceiro fato, *os anjos subiam e desciam pela escada* (28:12). É digno de nota que os anjos não desciam e subiam, mas subiam e desciam. Isso significa que os anjos estavam com Jacó, ministrando a seu favor. A Escritura diz que embora os anjos sejam invisíveis aos nossos olhos, eles são incontáveis hostes (Hebreus 12:22), valorosos em poder, executam as ordens de Deus e lhe obedecem à palavra (Salmos 103:20). Eles são espíritos ministradores, enviados para serviço a favor dos que hão de herdar a salvação (Hebreus 1:14). Os anjos têm especial interesse no

[3] MORRIS, Henry M. *The Genesis Record,* p. 449

[4] WALTKE, Bruce K. *Gênesis,* p. 481.

povo de Deus e trabalham para os que herdam a salvação, visando seu crescimento na graça (Lucas 15:10; 1Coríntios 4:9; Efésios 3:10; 1Pedro 1:12; Salmos 34:7; 91:11).[5]

Quarto, *o Senhor está no topo da escada e ao pé da escada, perto de Jacó* (28:13a). O Senhor habita no alto e sublime trono, mas também habita com o contrito e abatido de coração (Isaías 57:15). Se queremos contemplar a Deus com os olhos da fé, podemos olhar não apenas para as alturas, mas também ao nosso redor. Ele está conosco todos os dias, em todas as circunstâncias.

Terceiro ponto, *uma promessa* (28:13b-15). Deus se apresenta a Jacó e faz-lhe várias promessas:

Primeira promessa, *Deus se apresenta a Jacó* (28:13b). "... Eu sou o Senhor, Deus de Abraão, teu pai, e Deus de Isaque...". Deus se apresenta a Jacó como o Deus da aliança, o Deus de seus pais. Muito embora Deus não tenha dito a Jacó: "... e, também, o teu Deus", o Senhor garante a Jacó as promessas feitas a Abraão e a Isaque. Waltke diz que a teofania lembra as promessas que capacitaram uma mulher infértil (Sara) a gerar um filho (21:1-3) e um fugitivo sem-terra (Isaque) a tornar-se forte e rico (26:12,13).[6]

Segunda promessa, *Deus promete a Jacó a terra de Canaã* (28:13b). "... A terra em que agora estás deitado, eu ta darei, a ti e à tua descendência". Embora os patriarcas

[5] MORRIS, Henry M. *The Genesis Record,* p. 448.

[6] WALTKE, Bruce K. *Gênesis,* p. 482.

não tomaram posse da terra, ela pertencia a eles e à sua descendência. Deus garante a Jacó que ele terá uma descendência que herdará a terra.

Terceira promessa, *Deus promete a Jacó uma numerosa descendência* (28:14). "A tua descendência será como o pó da terra; estender-se-á para o Ocidente e para o Oriente, para o Norte e para o Sul. Em ti e na tua descendência serão abençoadas todas as famílias da terra". As bênçãos prometidas a Jacó são as mesmas que Deus já havia prometido a Abraão (12:1-7; 15:1-21; 17:1-21; 22:15-18) e a Isaque (26:2-5).

Quarta promessa, *Deus promete a Jacó sua companhia e sua proteção* (28:15a). "Eis que estou contigo, e te guardarei por onde quer que fores...". Presença e proteção são garantidas a Jacó em todo lugar, em todo tempo, em todas as circunstâncias.

Quinta promessa, *Deus promete trazer Jacó de volta para casa e cumprir suas promessas* (28:15b). "... E te farei voltar a esta terra, porque te não desampararei, até cumprir eu aquilo que te hei referido". Harã é lugar de Jacó constituir família e enriquecer-se, mas não lugar para permanecer.

Uma resposta adequada

A revelação de Deus produziu no coração de Jacó um profundo senso de sua pecaminosidade ao mesmo tempo que o levou a adorar a Deus. Destacamos alguns pontos:

Primeiro, *Jacó adora a Deus* (28:16,17). As primeiras palavras que Jacó fala ao acordar são palavras de temor, espanto e adoração. Mesmo que Deus tenha lhe dito palavras de consolo e de encorajamento, Jacó sentia temor. Não aquele terror que toma o ímpio quando Deus se apresenta a ele, mas o temor que leva à submissão devota. Jacó vê o seu lugar noturno de descanso como um lugar onde o céu estava aberto para ele, por isso a sua reação é adorar.[7] Nessa mesma linha de pensamento, Waltke opina que é provável que o medo de Jacó seja inspirado por sua consciência de que havia prejudicado a seu pai e a seu irmão. Na presença de Deus, Jacó compreende seu pecado. Por outro lado, esse temor é também um contraste apropriado à sua fuga em prol de sua vida. Há forças maiores que as de seu irmão que precisam ser levadas em conta.[8] Quem teme a Deus não tem medo dos homens. Quem anda pela fé não precisa tramar.

Segundo, *Jacó edifica um memorial* (28:18a). "Tendo-se levantado Jacó, cedo, de madrugada, tomou a pedra que havia posto por travesseiro e a erigiu em coluna...". Braumer diz que a única testemunha de Jacó foi a pedra protetora atrás de sua cabeça. Jacó transformou em memorial o seu duro travesseiro. A palavra hebraica, *mazzebe,* distinta de altar, significa um memorial para "um evento que deve ser guardado na lembrança". Há memoriais assim em

[7] BRAUMER, Hansjorg. *Gênesis,* p. 87.

[8] WALTKE, Bruce K. *Gênesis,* p. 484.

Mispa (Gênesis 31:45,49), em Ebenézer (1Samuel 7:12), no Sinai (Êxodo 24:4), em Gilgal (Josué 4) e em Ofra (Juízes 6:24). O memorial tem como propósito impedir que o homem se esqueça do que Deus fez.[9]

Terceiro, *Jacó unge o memorial com óleo* (28:18b). A unção do memorial com azeite é um ato de consagração. A consagração com óleo representa a separação e a dedicação a Deus. A pedra erigida por Jacó deve servir exclusivamente como memorial para Yahweh, o Deus da aliança. Como o azeite é um líquido que não se mistura com água e muitos outros líquidos, o objeto ungido com azeite é, assim, separado e elevado acima de todos os outros. No Tabernáculo, o altar e os outros objetos de culto são ungidos com óleo. Também Arão e seus filhos foram ungidos com óleo ao serem separados como sacerdotes para o serviço de Yahweh (Êxodo 30:30).[10]

Quarto, *Jacó dá ao lugar o nome de Betel* (28:19). Betel significa "casa de Deus". Betel é mencionado quando Abraão sai de sua terra e ali edifica um altar (12:8) e quando ele retorna do Egito (13:3). Com Jacó, Betel passa a ser o lugar da revelação de Deus. É a casa de Yahweh, o lugar em que Yahweh assumiu o cuidado por Jacó. A escada, cujo topo alcança o céu, toca a terra em Betel.[11]

[9] BRAUMER, Hansjorg. *Gênesis*, p. 88.

[10] Ibidem, p. 88 e 89.

[11] Ibidem.

Quinto, *Jacó faz um voto e promessas para Deus* (28:20-22). Esse voto de Jacó é o primeiro mencionado na Bíblia. Um voto é uma solene promessa de se comportar de certo modo, realizar certos atos, atingir certos alvos e oferecer certos dons.[12] O voto de Jacó é o eco da promessa. É um voto condicional, o mais abrangente de todos os votos condicionais encontrados no Antigo Testamento.[13] Waltke tem razão em dizer que o voto de Jacó reorienta a sua jornada. A viagem teve como origem a fuga para evitar um assassinato e uma trajetória para achar uma esposa adequada aos olhos de seus pais. Agora, no entanto, a viagem de Jacó se torna uma peregrinação com conteúdo teológico. Agora ele viaja como o portador das promessas de Deus e com a certeza da ajuda divina. Jacó também se compromete a viver com o Senhor, como o seu Deus (28:21). A promessa e o voto transformam a viagem de Jacó tão indubitavelmente quanto o encontro com Deus muda um lugar pedregoso num santuário.[14]

Warren Wiersbe destaca que o "se" que aparece em várias traduções no versículo 20 também pode ser entendido como "uma vez que". Assim, Jacó não estaria negociando com Deus, mas afirmando sua fé nele.[15]

O que Jacó requer de Deus?

[12] BOICE, James Montgomery. *Genesis,* p. 773.

[13] BRAUMER, Hansjorg. *Gênesis,* p. 89.

[14] WALTKE, Bruce K. *Gênesis,* p. 486.

[15] WIERSBE, Warren W. *Comentário bíblico expositivo,* p. 161.

Primeiro, *sua companhia* (28:20a). "Fez também Jacó um voto, dizendo: Se Deus for comigo...". Deus já estava com Jacó quando ele nem o percebia. Deus vai conosco mesmo que nós não o apercebamos nem mesmo creiamos.

Segundo, *sua proteção* (28:20b). "... E guardar nesta jornada que empreendo...". Deus já havia protegido Jacó e haveria de protegê-lo dali para frente.

Terceiro, *sua provisão* (28:20c). "... E me der pão para comer e roupa que me vista". Jacó não pede luxo, pede o necessário, o suficiente.

Quarto, *seu retorno* (28:21a). "De maneira que eu volte em paz para a casa de meu pai...". Jacó sai fisicamente de casa, mas seu coração continuava em seu lar. Ele conhece a promessa divina e quer manter-se fiel a ela.

O que Jacó promete a Deus?

Primeiro, *o Senhor será o meu Deus* (28:21b). "... Então, o Senhor será o meu Deus." Deus havia se apresentado a ele como o Deus de Abraão, seu pai, e Deus de Isaque (28:13). Só 20 anos depois, quando Jacó retorna à sua terra é que ele tem, de fato, uma experiência profunda com Deus, uma rendição completa (32:30). James Montgomery Boice diz, acertadamente, que o Senhor era o Deus de Jacó, sabendo disso Jacó ou não, querendo Jacó ou não. Deus não depende de nós conhecermos a Ele, para Ele ser Deus e nem mesmo ser o nosso Deus (25:23; Malaquias 1:2,3; Romanos 9:10-13).[16]

[16] BOICE, James Montgomery. *Genesis*, p. 777.

Segundo, *a pedra que erigi será a Casa de Deus* (28:22a). "E a pedra, que erigi por coluna, será a Casa de Deus...". Betel passa a ter um novo significado dali para frente. A casa de Deus é a porta do céu.

Terceiro, *eu te darei o dízimo* (28:22b). "... E, de tudo quanto me concederes, certamente eu te darei o dízimo". A promessa de Jacó de um dízimo marca um importante momento em sua transformação; não será mais um ganancioso, mas um doador. Aquilo que Jacó se empenha em fazer, pagar o dízimo, é em si mesmo definido e só possível por meio daquilo que Deus faz e dá. Aqui, Jacó imita a seu avô Abraão, quando deu o dízimo a Melquisedeque (14:20). Jacó pretende dar o dízimo regularmente, não apenas dar uma oferta votiva uma única vez.[17] Nessa mesma toada, Derek Kidner captura o sentido correto do texto ao dizer que Jacó entendeu que o seu dízimo não era uma oferta, mas uma devolução.[18]

[17] WALTKE, Bruce K. *Gênesis*, p. 486-487.

[18] KIDNER, Derek. *Gênesis: introdução e comentário*, p. 147.

Capítulo 4

Jacó constitui família

Depois de uma longa jornada de Berseba a Harã, no norte da Mesopotâmia, Jacó chega à terra do Oriente (29:1). Mui provavelmente, por ter escutado a história de como o servo de Abraão encontrara sua mãe, Rebeca, junto a um poço fora da cidade (24:11-24). Jacó olha um poço, no campo, coberto por uma grande pedra, onde estavam ovelhas deitadas. Providencialmente, à beira desse poço, 97 anos depois, na mesma cidade, Jacó vai conhecer Raquel, por quem nutrirá amor sincero. Aqui Jacó vai ter três encontros: com os pastores (29:1-8), com Raquel (29:9-12) e com Labão (29:13,14).

O texto em apreço enseja-nos três verdades centrais: o casamento de Jacó, os filhos de Jacó e o enriquecimento de Jacó.

O casamento de Jacó

O narrador vai apresentar-nos cinco fatos interessantes:

Primeiro fato, *um poço* (29:1-8). Os poços eram pontos centrais da vida naquela época. Nativos e estrangeiros se encontravam junto ao poço, um ponto de encontro natural. Jacó chega ao Oriente e vê um poço coberto por uma grande pedra, onde ovelhas estavam deitadas e onde se reuniam os pastores para darem de beber às suas ovelhas. Jacó pergunta aos pastores acerca de sua procedência e se conheciam Labão, o filho de Naor. Os pastores informam que eram de Harã e que conheciam Labão. Jacó quer saber como Labão está e recebe a melhor notícia: sua filha Raquel, que é pastora, se ajuntaria aos demais pastores para dessedentar suas ovelhas, uma vez que o poço só era aberto quando todos os rebanhos já estivessem reunidos, isso porque os vários grupos tinham direitos iguais ao poço. Por isso, havia o acordo de que a pedra só seria removida quando todos estivessem presentes.

Segundo fato, *um encontro* (29:9-12). Enquanto Jacó entabula a conversa com os pastores, chega Raquel, cujo nome significa "ovelha", com as ovelhas de seu pai. Ao ver Raquel chegando, Jacó apressa-se a remover a pedra da boca do poço, para dar de beber ao rebanho de Labão, irmão de sua mãe. Jacó, mesmo exausto da viagem, não é um pedinte, mas um benfeitor. Demonstra força, disposição de servir e comunicação dramática. Nas palavras de Derek Kidner, essa foi uma entrada soberba.[1] Com isso, Jacó ganha atenção da pastora, sua parente, e não podendo conter sua emoção, beija Raquel e chora ruidosamente, apresentando-se a ela, dizendo-lhe que era filho de

[1] KIDNER, Derek. *Gênesis: introdução e comentário*, p. 148.

Rebeca, irmã de seu pai. Raquel, como fizera Rebeca 97 anos atrás, corre para casa e conta a seu pai o que lhe havia acontecido junto ao poço. Waltke destaca o deslumbrante contraste entre o comboio de camelos bem carregados do avô e o Jacó solitário e de mãos vazias que chega a pé. As ações do mordomo-chefe de Abraão são caracterizadas por oração; as de Jacó, por seus esforços.[2]

Terceiro fato, *uma recepção* (29:13,14). Labão, ao ouvir as novas sobre Jacó, correu ao seu encontro, abraçou-o, e beijou-o e levou-o para sua casa. Depois que Jacó contou para Labão as experiências que tivera na viagem, Labão lhe disse: "De fato, é meu osso e minha carne..." (29:14). Carne e osso é a expressão do Antigo Testamento usada para o parentesco de sangue direto. Jacó, então permanece com Labão durante um mês. Labão, porém, é um indivíduo avaro e ambicioso que vai saber explorar ao máximo a força de Jacó como seu empregado. Outrora, as joias de ouro do servo de Abraão atraíram sua atenção (24:30). Agora, são os braços de Jacó que podem lhe render dividendos.

Quarto fato, *uma história de amor* (29:15-20). Labão propõe pagar um salário a Jacó para cuidar de suas ovelhas. Jacó, por sua vez, rejeita o salário, mas declara seu amor por Raquel e oferece sete anos de trabalho, como dote, para ter o direito de casar-se com ela. Raquel era a filha mais nova de Labão. Lia, a filha mais velha, não

[2] WALTKE, Bruce K. *Gênesis*, p. 492.

tinha os mesmos atributos de beleza da irmã caçula. A proposta de Jacó é imediatamente aceita por Labão: "Melhor é que eu te dê, em vez de dá-la a outro homem; fica, pois, comigo" (29:19). A fala mansa de Labão reduz Jacó a um humilde operário sob contrato. Sua relação pelos próximos 20 anos será a de um senhor opressor sobre um servo contratado quitando o preço de uma noiva, não de um tio ajudando seu genro consanguíneo.[3] O amor de Jacó por Raquel, porém, era tão profundo, que esses sete anos lhe pareceram como poucos dias (29:20).

Quinto fato, *uma trama ardilosa* (29:21-27). Vencido os sete anos de trabalho por Raquel, Jacó reivindica-a para o legítimo casamento (29:21). Labão arma um cenário de pompa, convida todos os homens do lugar para um banquete e à noite, ardilosamente, introduz na câmara nupcial Lia, sua filha primogênita. Jacó coabita com ela pensando estar se relacionando com Raquel. Quando o dia amanhece, Jacó percebe que passou a noite com a mulher errada e que seu sogro o havia enganado. Porém, numa ironia dramática, a filha, a esposa preterida, será usada por Deus para dar à luz Judá, de onde procederá o Salvador do mundo.

Bruce Waltke diz que Labão engana a Jacó e reduz sua família a uma trama econômica.[4] Derek Kidner diz que a frase "viu que era Lia" (29:25) constitui a própria

[3] Ibidem, p. 500.

[4] WALTKE, Bruce K. *Gênesis*, p. 498.

encarnação do anticlímax. O enganador Jacó foi enganado e a desprezada Lia foi exaltada, vindo a ser mãe das tribos sacerdotal e real de Levi e de Judá, além doutras tribos.[5] Como Jacó enganou seu pai em referência à visão ótica, assim agora ele será enganado. Em Gênesis 27, dois irmãos são trocados mediante estratagema diante de um homem cego; em Gênesis 29, duas irmãs são trocadas mediante estratagema nas trevas da noite e por trás do véu, o qual ofusca a visão de Jacó.[6]

Warren Wiersbe, nessa mesma linha de pensamento, diz que o homem que enganou o pai foi enganado pelo sogro, e o homem que se passou por primogênito recebeu a primogênita como esposa. É uma lei inescapável da vida que cedo ou tarde colhemos aquilo que semeamos (Gálatas 6:7,8). Em sua graça, Deus perdoa nossos pecados quando os confessamos (1João 1:9), porém, em sua justiça, permite que arquemos com as consequências desses pecados.[7]

Ao confrontar Labão, este lhe disse que esse era o costume de sua terra, nunca dar a filha caçula em casamento antes da primogênita. Jacó até poderia ter Raquel como sua mulher dentro de uma semana, mas teria que trabalhar por ela mais sete anos. Mais tarde se proibiu o casamento com duas irmãs durante a vida de ambas

[5] KIDNER, Derek. *Gênesis: introdução e comentário*, p. 149.

[6] WALTKE, Bruce K. *Gênesis*, p. 498.

[7] WIERSBE, Warren W. *Comentário bíblico expositivo*, p. 164.

(Levítico 18:18). Jacó está lidando com um tio sogro astuto, fraudulento, ambicioso e avarento.

Jacó está colhendo, também, o que havia plantado no passado. Ele enganou seu pai e seu irmão e agora está sendo enganado pelo seu sogro. Derek Kidner diz que, em Labão, Jacó encontrou o seu competidor e o seu meio de disciplina. Os 20 anos de penoso labor e de atritos haveriam de domar o seu caráter (31:41). Por intermédio de Labão, Jacó sorveu largamente o seu próprio remédio de duplicidade.[8]

Sexto fato, *um amor sacrificial* (29:28-30). Labão deu a Jacó não apenas suas duas filhas, Lia e Raquel, mas também suas duas servas respectivas, Zilpa e Bila. O amor de Jacó por Raquel era notório. Ele continuou servindo a Labão por mais sete anos. Jacó foi empurrado por Labão para uma poligamia involuntária e Jacó acabou tendo filhos com quatro mulheres. É digno de nota que Labão não enganou apenas Jacó, mas também suas filhas. Mais tarde, tanto Lia quanto Raquel disseram que o pai as havia tratado como mercadoria: "Não nos considera ele como estrangeiras? Pois nos vendeu e consumiu tudo o que nos era devido" (31:15).

Os filhos de Jacó

A poligamia de Jacó não foi sua culpa. As tensões do seu lar não foram geradas por ele. Por outro lado, o homem

[8] KIDNER, Derek. *Gênesis: introdução e comentário,* p. 148.

que havia crescido num lar competitivo e dividido (25:28) acaba formando uma família igualmente dividida e competitiva.[9]

Lia, ao perceber que o amor de Jacó era devoto à sua irmã Raquel e não a ela, sentiu-se desprezada. Porém, o Senhor a abençoou com a fecundidade, enquanto Raquel era estéril. Justamente como Sara e Rebeca, Raquel, a esposa amada de Jacó, também é estéril. Como diz Waltke: "Não há caminho fácil e natural para o futuro. O futuro não será operado por maquinações humanas nem mesmo por uma mandrágora".[10]

A palavra "desprezada" (29:31) não implica abuso da parte de Jacó; significa simplesmente, que Jacó amava a Raquel mais do que a Lia e que dava mais atenção e carinho a Raquel.[11] Lia era frustrada pela falta do amor do marido, mas era fértil e frutífera; Raquel era bela e amada, mas estéril. Uma tem filhos, mas não tem o coração do marido; a outra tem o coração do marido, mas não tem filhos. A narrativa, no plano humano, demonstra a sede que os seres humanos têm de amor e reconhecimento e o preço que se tem de pagar por frustrá-la. Ao nível divino, mostra uma vez mais a graça de Deus escolhendo material difícil e nada prometedor.

[9] WIERSBE, Warren W. *Comentário bíblico expositivo*, p. 165.

[10] WALTKE, Bruce K. *Gênesis*, p. 506.

[11] WIERSBE, Warren W. *Comentário bíblico expositivo*, p. 165.

Hansjorg Braumer diz, com razão, que o nascimento dos filhos de Jacó acontece sob os augúrios do conflito entre as duas mulheres, Lia e Raquel.[12] Lia se tornará mãe de sete filhos de Jacó, seis homens e uma mulher: Rubem, Simeão, Levi, Judá, Issacar, Zebulom e Diná; Bila, a serva de Raquel, mãe de dois: Dã e Naftali; Zilpa, serva de Lia, mãe de dois filhos: Gade e Aser; e Raquel, a mulher amada por Jacó, mãe de dois filhos: José e Benjamim. Jacó tem doze filhos e uma filha.

Veremos, agora, a relação dos filhos de Jacó:

Os filhos de Lia (29:31-35; 30:17-21). Todos os filhos de Lia recebem nomes que refletem as tensões e vitórias domésticas imediatas. Mais tarde, na bênção de Jacó, os nomes e os incidentes ligados a eles darão surgimento a oráculos prospectivos para as doze tribos (49:1-33).[13] Waltke diz que Lia dá nome a três de seus primeiros quatro filhos em referência "ao Senhor" (29:32,33,35). Ao pôr neles tais nomes, ela confessa sua fé no Deus de Abraão, Isaque e Jacó, não nos deuses de Labão, e assim valida a fé e a razão de Rebeca e Isaque enviarem Jacó ao exílio.[14] Quais são os filhos de Lia?

O primeiro filho é Rúben (29:32). Lia chamou seu primogênito de Rúben, que significa "Veja – um filho!". Na língua hebraica, o nome soa como "Ele [Deus] viu

[12] BRAUMER, Hansjorg. *Gênesis*, p. 95.

[13] KIDNER, Derek. *Gênesis: introdução e comentário*, p. 150.

[14] WALTKE, Bruce K. *Gênesis*, p. 506.

a minha aflição".[15] Lia tinha a expectativa de que Jacó passaria a amá-la depois de dar à luz a Rúben, mas sua expectativa foi frustrada. Embora Rúben tivesse perdido seu direito de primogenitura por ter coabitado com Bila, concubina de seu pai (35:22), ele é o primeiro a ser abençoado por Jacó (49:3). A bênção de Moisés sobre ele é: "Viva, Rubem, e não morra; e não sejam poucos os seus homens!" (Deuteronômio 33:6).

O segundo filho é Simeão (29:33). O nome Simeão significa "aquele que ouve" e sugere que Lia havia falado com Deus sobre seu sofrimento. Anos depois, Jacó colocaria no lugar de Rúben e de Simeão os dois filhos de José, Efraim e Manassés (48:1-6). Foram substituídos porque Rúben cometeu um pecado sexual (35:22; 49:3,4; 1Crônicas 5:1,2) e Simeão participou do massacre do povo de Siquém (34:24-31; 49:5-7).[16] Em sua bênção final, Jacó prevê que os descendentes de Simeão, seu segundo filho, e de Levi não teriam território próprio (49:5-7). Braumer diz que ainda que a tribo de Simeão não tivesse terra própria e não fosse mencionada na bênção mosaica, Simeão não desapareceu da memória do povo de Israel. De acordo com a visão de Ezequiel, um dia Simeão receberá terra entre Benjamim e Issacar (Ezequiel 48:2-29). Entre

[15] WIERSBE, Warren W. *Comentário bíblico expositivo*, p. 165.

[16] Ibidem.

os 144 mil selados são mencionados 12 mil da tribo de Simeão (Apocalipse 7:7).[17]

O terceiro filho é Levi (29:34). Lia chamou o terceiro filho de Levi, que significa "apegado" ou "aquele que une", pois ela ainda tinha esperanças de que Jacó a amaria por causa dos filhos que havia lhe dado.[18] Jacó entregava seu corpo a Lia, mas não seu coração. Levi veio a ser o pai da tribo dos levitas, de onde procederam os sacerdotes que trabalhavam na Casa de Deus. Arão, irmão de Moisés, ocupou um lugar de destaque nesta tribo. Arão foi o primeiro sumo sacerdote, e seus descendentes são os únicos sacerdotes legítimos. No Novo Testamento, Zacarias e Isabel, pais de João Batista, eram descendentes de Arão (Lucas 1:5-22,59-64). Barnabé, de Chipre, era um levita da Dispersão (Atos 4:36).

O quarto filho é Judá (29:35). Judá, cujo significado é "louvor". A forma abreviada de Judá significa "Ele é louvado! Ele é exaltado!". Em vez de queixar-se ao Senhor sobre a falta de amor do marido, ela estava dando graças a Deus por suas bênçãos: "Esta vez louvarei ao Senhor". Da tribo de Judá procederam os reis que governaram em Jerusalém, bem como o Messias. O apóstolo João chama o Cristo exaltado de Leão da tribo de Judá (Apocalipse 5:5).

[17] BRAUMER, Hansjorg. *Gênesis*, p. 99.

[18] WIERSBE, Warren W. *Comentário bíblico expositivo*, p. 165.

O quinto filho é Issacar (30:17,18). Lia passou um tempo sem conceber, porém Deus permitiu que ela tivesse ainda mais dois filhos e uma filha. O quinto filho de Lia é chamado de Issacar, que significa "recompensa".[19] O nome Issacar deriva de um verbo (*sakar*), que significa "pagar o salário", por isso é que Lia via esse filho como uma recompensa. Jacó chama seu filho Issacar de jumento de ossos fortes, que repousa entre os rebanhos (49:14), enquanto Moisés abençoa Issacar junto com Zebulom (Deuteronômio 33:18,19). A tribo de Issacar é considerada corajosa e inteligente. Os homens de Issacar se destacavam por conseguirem interpretar os sinais da época. Eles sabiam "o que Israel devia fazer" (1Crônicas 12:32).

O sexto filho é Zebulom (30:19,20). Zebulom, que significa "honra". Mais uma vez, Lia renova sua esperança de ter o amor de Jacó. Tanto a bênção de Jacó (49:13) quanto a de Moisés (Deuteronômio 33:18) permitem supor que Zebulom um dia morará no litoral. A pequena e muito fértil região de Zebulom, na parte sul da Galileia, abrange uma parte da planície de Jezreel, entre os montes Carmelo e Tabor.[20]

A sétima filha é Diná (30:21). "Depois disso deu à luz uma filha e lhe chamou Diná". Diná era a filha caçula de Lia, que tem acima dela seis irmãos para lhe proteger. Diná vai ser desonrada pelo príncipe de Siquém, e seus

[19] WIERSBE, Warren W. *Comentário bíblico expositivo*, p. 165.

[20] BRAUMER, Hansjorg. *Gênesis*, p. 106.

irmãos Simeão e Levi vão, traiçoeiramente, matar todos os homens de Siquém, numa sangrenta chacina.

Os filhos de Bila (30:1-8). Ao ver Raquel que sua irmã já havia dado a Jacó seis filhos e uma filha e que ela, mesmo sendo amada por ele, não lhe dava filhos, teve ciúmes de sua irmã e disse a Jacó: "Dá-me filhos, senão morrerei" (30:1). Jacó, mesmo amando Raquel, fica irado contra ela, pois seu pedido era descabido. Dar filhos a ela, sendo ela estéril, não era de sua alçada (30:2). Só Deus pode fazer com que a mulher estéril seja alegre mãe de filhos (Salmos 113:9). Raquel, então, oferece a Jacó a sua serva Bila para que, por meio dela, ela pudesse trazer filhos ao seu colo. Os filhos nascidos da serva pessoal, gerados pelo marido da senhora, eram considerados filhos da senhora.[21] De acordo com esta regra, os filhos de Bila eram filhos de Raquel. Jacó coabitou com a serva de Raquel e ela lhe deu dois filhos:

O primeiro filho é Dã (30:3-6), que significa "vindicação, julgamento".[22] Literalmente Dã significa "Deus fez valer o direito". Na tomada de terra, Dã é a última tribo a receber seu território. Sansão, o último grande combatente pela libertação do povo antes da época dos reis de Israel, era de uma família de Dã (Juízes 13:2,24). Os danitas, acuados por seus inimigos, não tomam posse de sua terra, e no final do período dos juízes, tomam à força a

[21] Ibidem, p. 94.

[22] WIERSBE, Warren W. *Comentário bíblico expositivo*, p. 166.

cidade de Laís, batizando pelo nome de Dã, onde se estabelecem (Juízes 18:1-31).

O segundo filho é Naftali (30:7,8). O segundo filho de Bila é chamado por Raquel de Naftali, "minha luta" ou "aquele que foi obtido com muito esforço",[23] por causa das dificuldades que havia suportado em decorrência das bênçãos desfrutadas pela irmã fértil. Na sua bênção, Jacó compara Naftali com uma gazela solta (49:21), e Moisés diz sobre esta tribo: "Naftali goza de favores e, cheio da bênção do Senhor, possuirá o lago e o Sul" (Deuteronômio 33:23). Cafarnaum, o quartel general do ministério de Jesus, ficava no antigo território de Naftali.

Os filhos de Zilpa (30:9-13). Uma vez que Lia cessa de conceber, toma também Zilpa, sua serva, e a dá a Jacó por mulher. Lia, que já era mãe de vários filhos, aumentou sua prole por meio da serva pessoal que recebera no casamento. Zilpa deu a Jacó dois filhos:

O primeiro filho é Gade (30:9-11). Gade significa "a sorte veio, afortunada". Gade é o filho da sorte ou da felicidade inesperada.[24] Na sua bênção, Jacó chama Gade de guerreiro que permanece colado na retaguarda dos inimigos (49:19). Também Moisés previu, em sua bênção, os conflitos armados que Gade precisou enfrentar repetidamente ao longo da história (Deuteronômio 33:20,21).

[23] BRAUMER, Hansjorg. *Gênesis*, p. 103.

[24] Ibidem, p. 104.

O segundo filho é Aser (30:12,13). O nome decorre das felicitações que Lia esperava receber das outras mulheres (30:13). O nome "Aser" significa "trazer felicidade" ou "feliz".[25] Tanto Jacó quanto Moisés preveem em suas bênçãos que os descendentes de Aser terão terra fértil (49:20; Deuteronômio 33:24-29).

Os filhos de Raquel (30:14-16,22-25). A mandrágora, conhecida como "fruto do amor", era usada como um afrodisíaco no mundo antigo (Cânticos 7:13). Afrodite, deusa grega do amor, bela e sensual, era chamada "Dama da Mandrágora".[26] Cria-se que as mandrágoras davam fertilidade. Daí a avidez de Raquel por elas. O resultado foi irônico: as mandrágoras nada fizeram por Raquel, ao passo que partindo delas, Lia teve outro filho (30:14-16).[27] Raquel não é curada da esterilidade pelas mandrágoras. Os frutos mágicos de nada adiantaram. Ela é curada pelo Senhor: "Lembrou-se Deus de Raquel, ouviu-a e a fez fecunda" (30:22). Raquel não recebe seu filho José por meio de seus recursos humanos, mas pela graça de Deus. Ela dá à luz dois filhos: José e Benjamim.

O primeiro filho é José (30:23-25). José é o primeiro filho da esposa preferida de Jacó. Deus ouviu Raquel, dando-lhe José. Deus tirou o seu vexame (30:23). O nome José significa "Que Ele [Deus] ainda acrescente (outros

[25] Ibidem, p. 104.

[26] WALTKE, Bruce K. *Gênesis*, p. 510.

[27] KIDNER, Derek. *Gênesis: introdução e comentário*, p. 150.

filhos)".[28] José seria o filho usado por Deus para salvar a família toda quando veio uma terrível fome. Raquel, no mesmo ato do parto de José, pede a Deus mais um filho (30:24). Ela tinha pedido a Jacó: "Dá-me filhos, senão eu morrerei" (30:1). Ela não sabia o que estava pedindo, porque ao ter o segundo filho, morre no parto (35:16-22). Ela, que pensava não poder viver sem filhos, ao tê-los, deixa de viver. Aquilo que lhe parecia vida constitui-se em sua morte.

O segundo filho é Benjamim (35:16-19). Benjamim é o décimo segundo filho de Jacó, o único de seus filhos a nascer na Terra Prometida (35:16). Com o nascimento de Benjamim, Raquel teve atendida a sua oração: "Dê-me o Senhor ainda outro filho" (30:24). O atendimento a esse desejo, entretanto, causou a morte de Raquel.[29] Ela dá à luz seu filho caçula nas proximidades de Efrata. Ao agonizar durante o parto, Raquel chama o recém-nascido de Benoni, "filho da dor" (35:18). Este nome deveria manter viva a lembrança da morte prematura de Raquel. Jacó, porém, temia que seu filho sofresse a vida inteira à sombra deste nome. Por isso, não reconhece a existência desse nome e inverte seu sentido, dando a seu filho o nome de Benjamim, "filho da felicidade", literalmente "filho da mão direita".[30] Em sua bênção Jacó chama Benjamim

[28] BRAUMER, Hansjorg. *Gênesis*, p. 106.

[29] Ibidem, p. 108.

[30] Ibidem.

de "lobo que despedaça" (49:27), Moisés o chama de "o amado do Senhor" (Deuteronômio 33:12). O apóstolo Paulo descenderia da tribo de Benjamim (Filipenses 3:5).

O enriquecimento de Jacó

Durante 20 anos, Jacó viveu na dependência de Labão. Desse período, 14 anos foram só para pagar por suas duas esposas, Lia e Raquel. Apesar do parentesco e do casamento, Labão tratava Jacó como um escravo, sem direitos. Para Labão, as mulheres de Jacó e os filhos de Jacó lhe pertenciam (31:43; Êxodo 21:4-6). Era hora de Jacó começar a trabalhar para ele, a fim fazer o seu "pé de meia".

Destacamos algumas lições:

Primeira lição, *o pedido de Jacó* (30:25,26). Ao nascer José, Jacó vai a seu sogro Labão e pede permissão para voltar à sua terra. Humildemente pede seus filhos e suas mulheres, pelas quais havia servido a seu sogro fielmente por 14 anos. A essas alturas, Jacó tinha onze filhos e uma filha. Era hora de sua liberdade. Não podia mais ser um empregado. Precisava começar a construir sua própria segurança para o futuro.[31]

Segunda lição, *a proposta de Labão* (30:27,28). O ardiloso Labão, trapaceiro e egoísta, não estava disposto a perder o genro que lhe servira por tantos anos. Ele quer continuar explorando Jacó ou despedi-lo de mãos vazias (31:42). Labão tinha plena consciência de que tinha sido

[31] WIERSBE, Warren W. *Comentário bíblico expositivo*, p. 166.

abençoado pelo Senhor por intermédio de Jacó. Ele, astuciosamente, pede a Jacó: "Fixa o teu salário, que te pagarei" (30:28). Braumer diz que nesse momento Labão age como "um maroto e piedoso patife". Para ele, Jacó não passa de um escravo que não tem direito sequer de suas mulheres e filhos.[32] Waltke diz que justamente como os egípcios tentarão manter Israel escravizado, Labão busca frustrar o regresso de Jacó à sua terra natal, onde jurou adorar o Senhor. Mas, como Israel despojará os egípcios, assim agora Jacó despojará Labão.[33]

Terceira lição, *o testemunho de Jacó* (30:29,30). Jacó aproveita o ensejo para destacar a maneira fiel e zelosa como havia servido a seu sogro e cuidado do seu gado. Seu testemunho é eloquente: "Porque o pouco que tinhas antes da minha vinda foi aumentado grandemente; e o Senhor te abençoou por meu trabalho. Agora, pois, quando hei de eu trabalhar também por minha casa?" (30:30).

Quarta lição, *o salário de Jacó* (30:31-33). Jacó estabeleceu seu salário não em moedas. Ele estabeleceu que os cordeiros salpicados, malhados e negros passem a lhe pertencer, bem como as cabras malhadas e salpicas. Via de regra os cordeiros e cabras possuem apenas uma cor: as ovelhas são brancas e as cabras são marrons ou pretas. Animais malhados ou listrados são raros. Para Labão, era

[32] BRAUMER, Hansjorg. *Gênesis*, p. 110.

[33] WALTKE, Bruce K. *Gênesis*, p. 517.

uma proposta clara, controlável e sem qualquer risco. Porém, para se garantir, o próprio Labão, astuciosamente, faz a "limpeza" do rebanho, impedindo que Jacó tivesse acesso ao rebanho malhado durante o seu trabalho. Ele determina que haja uma distância de três dias entre os rebanhos de seus filhos e o de Jacó.[34]

Quinta lição, *a esperteza de Labão* (30:34-36). Labão, dá seu aceite à proposta de Jacó, mas urde um plano para novamente passar a perna em seu genro, pois naquele mesmo dia, separou Labão os bodes listados e malhados e todas as cabras salpicadas e malhadas, todos os que tinham alguma brancura e todos os negros entre os cordeiros; e os passou às mãos de seus filhos, a três dias de distância de jornada entre si e Jacó.

Sexta lição, *a estratégia de Jacó* (30:37-42). Jacó enganado por Labão, contra-ataca. Não há como explicar em detalhes o artifício usado por Jacó. Mas tratava-se de um truque frequentemente usado na criação de gado no mundo antigo. Waltke diz que essas três árvores (álamo, aveleira e plátano), que contêm substâncias tóxicas, usadas medicinalmente no mundo antigo, possivelmente tinham efeito de apressar o início do ciclo do cio e assim corroborar a prontidão dos animais para a cópula. Não obstante, Jacó está pensando em termos da disposição orgânica mágica, como fez Raquel com as mandrágoras.

[34] BRAUMER, Hansjorg. *Gênesis*, p. 111.

Nenhuma superstição, senão apenas Deus, produz a geração, como ambos confessam (30:23,24; 31:5).[35]

Derek Kidner ainda corrobora, dizendo que Jacó, dispondo as varas listadas por ocasião do acasalamento, agiu baseado na crença generalizada de que se algo impressionar vivamente a visão durante a concepção ou gravidez, deixará sua marca no embrião. Mas é evidente que isso não tem fundamento algum. Sem dúvida, parte do seu sucesso veio do acasalamento seletivo (30:40-42).[36] Resta claro, portanto, afirmar que o esquema dá certo por causa da graça soberana de Deus, e não em razão de mágica pagã ou de falaciosa pretensão de influência pré-natal ou de características herdáveis (31:10-13).[37]

Sétima lição, *a riqueza de Jacó* (30:43). Jacó tornou-se um homem extremamente rico, possuindo muitos rebanhos, servas e servos, camelos e jumentos, por causa da bênção do Senhor. A enumeração de seus bens lembra a riqueza de Abraão (12:16) e de Isaque (26:14). Jacó formou esta riqueza num período de seis anos (31:41). Quando Jacó havia chegado a Padã-Arã, vinte anos antes, tudo o que tinha era seu cajado (32:10). No entanto, com trabalho extenuado e não pouco sofrimento, constituiu uma grande família e amealhou uma riqueza colossal pela bênção de Deus. James Montgomery Boice diz

[35] WALTKE, Bruce K. *Gênesis*, p. 519.

[36] KIDNER, Derek. *Gênesis: introdução e comentário*, p. 151 e 152.

[37] WALTKE, Bruce K. *Gênesis*, p. 520.

que a riqueza de Jacó decorreu de três princípios que ele seguiu: Primeiro, Jacó não tinha ganância pela riqueza (30:25,26); segundo, Jacó colocou o trabalho antes do lazer. Ele trabalhou árdua e fielmente para seu empregador (31:38-42); terceiro, Jacó colocou a fé antes da preocupação. Ele confiou em Deus para sua prosperidade (30:33; 31:42).[38]

[38] BOICE, James Montgomery. *Genesis*, p. 794-797.

CAPÍTULO 5

JACÓ DE VOLTA PARA CASA

Como já declaramos, Jacó é uma das figuras mais emblemáticas da Bíblia. Foi escolhido por Deus no ventre de sua mãe. Filho de Isaque, irmão de Esaú, neto de Abraão e pai das doze tribos de Israel.

Por orientação de Rebeca, sua mãe, engana seu pai, Isaque, trai o seu irmão, Esaú, e rouba astuciosamente a bênção. Atrai o ódio de Esaú e precisa fugir de casa para não ser assassinado pelo irmão. Vinte anos depois, foge do sogro. Quando saiu de casa, não tinha nada. E quando foge do sogro, é um homem rico. Agora é Deus quem o manda voltar. Suas mulheres o aconselham voltar. Ele precisa retornar e sabe que tem negócios pendentes para resolver tanto com o pai quanto com o irmão.

Vamos destacar aqui, alguns pontos:

A DECISÃO DE VOLTAR

A decisão de Jacó de sair de Padã-Arã rumo à Terra Prometida está ancorada em quatro motivos robustos:

Primeiro motivo, *por causa das acusações levianas dos cunhados* (31:1). Os cunhados falam mal dele e o acusam de ter se enriquecido ilicitamente, roubando tudo que era de Labão, seu sogro. A inveja gananciosa é a alavanca que move os cunhados de Jacó. Labão trapaceia Jacó, mas é o Senhor quem despoja Labão (31:4-9).

Segundo motivo, *por causa do semblante desfavorável do sogro* (31:2,5). Jacó reparou que o rosto de seu sogro não lhe era mais favorável. O enriquecimento de Jacó e o comentário dos filhos levaram Labão a uma hostilidade gelada com Jacó. Seu semblante não era mais o mesmo. Rompeu a comunhão. Perdeu a espontaneidade. Acabou o diálogo. O amor foi suplantado pela desconfiança e pela amargura. O olhar frio e ranzinza de Labão trouxe desconforto no relacionamento. Jacó já havia servido a Labão 14 anos pelas suas filhas. Labão confessa que Deus o havia abençoado por amor a Jacó (30:27). Porém, Labão enganou Jacó e por dez vezes mudou seu salário (31:7). Jacó reconhece que Labão está contra ele, mas o Deus de seu pai está com ele (31:5). A atitude de Labão é como a dos invejosos filisteus contra Isaque (26:14).

Terceiro motivo, *por causa da ordem expressa de Deus* (31:3,13). Deus dá uma ordem e faz uma promessa. Essa mesma promessa havia sido feita há 20 anos, quando Jacó passou por Betel (28:13; 31:13). A ordem divina é para voltar à terra de seus pais e à sua parentela. O que era uma terra desconhecida para Abraão (12:1) agora se torna a terra dos pais de Jacó. Essa ordem divina prefigura o êxodo. A promessa divina era a garantia de sua companhia. O desenrolar do plano de Deus dar-se-ia no meio de sua parentela, em Canaã. A ordem de Deus é clara, e Jacó não deve desobedecer. Com a promessa da direção e da proteção de Deus, Jacó deve voltar.

Deus falou a Jacó em todas as crises importantes de sua vida: ao sair de casa (28:12-15), ao voltar para casa (31:3-13), ao encontrar-se com Esaú (32:24-32), ao visitar Betel (35:1-7) e ao mudar-se para o Egito (46:1-4).

Quarto motivo, *por causa do conselho de suas mulheres* (31:4-16). Jacó mandou virem Raquel e Lia ao campo, para junto do seu rebanho. A ordem, dando prioridade à Raquel, a esposa amada, pressupõe que Jacó está agora no comando de seu lar. Na cena de concepção, ele não passa de figura decorativa, manipulado por suas esposas competitivas. Aqui sua voz ativa demonstra que ele finalmente assumiu a liderança espiritual de sua família.

Raquel e Lia também sabiam da esperteza do pai para prejudicar Jacó e sabiam que o próprio Deus havia revertido isso em favor de Jacó. A Bíblia ensina: "O homem de bem deixa herança aos filhos de seus filhos, mas a riqueza do pecador é depositada para o justo" (Provérbios 13:22). As mulheres de Jacó sabiam que seu pai estava sendo injusto também com elas e com seus filhos (31:14-16). No passado, Labão as vendeu e gastou o que foi pago por elas; no presente, ele as considera estrangeiras; seu futuro e o de seus filhos depende da riqueza que agora têm e que justamente lhes pertencem.

Raquel e Lia revelam em suas palavras que elas tinham um antigo ressentimento pela maneira como o pai as vendera a Jacó. Ele as tratara como estrangeiras em vez de filhas. O exorbitante preço que Jacó pagou por elas, 14 anos de trabalho, fez com que amassem o marido, mas ficassem ressentidas com o pai.[1]

Raquel e Lia aconselham Jacó a obedecer a Deus e voltar.

O diálogo de Jacó com Raquel e Lia começa, prossegue e termina com as vitórias de Deus sobre Labão: este é contra Jacó, porém Deus é por ele (31:5); Labão o trapaceou, porém Deus não consentiu que fosse prejudicado (31:6,7); Labão mudou seus salários, porém Deus mudou seus rebanhos (31:8,9).

Jacó compartilha com Raquel e Lia o seu sonho, descrevendo como Deus revertera a esperteza de Labão em seu enriquecimento (31:10-16). Jacó não faz nem uma única menção ao seu artifício das varas (30:37-39) nem à sua manipulação na criação (30:40-43). Ele fala somente dos truques sujos de Labão (31:7).

A SAÍDA CLANDESTINA

Aqui encontramos a fuga de Jacó e a perseguição de Labão. Para o sogro, o genro é apenas um escravo, sem direito e sem liberdade. Labão via Jacó como uma ferramenta viva de trabalho. No entendimento de Jacó, para escapar das garras do sogro explorador, era preciso fugir clandestinamente, como se fosse um criminoso, driblando a

[1] MORRIS, Henry M. *The Genesis Record*, p. 481.

justiça. Foi um ato de medo e de incredulidade, e não um ato de fé, pois "aquele que crer não foge" (Isaías 28:16). Jacó prefere o subterfúgio ao enfrentamento. Ele age pela razão, e não pela fé. Ele teme o sogro em vez de confiar na providência divina.

Destacamos dois pontos:

Primeiro ponto, *a fuga de Jacó* (31:17-21). Jacó fugiu de forma prudente, pois Labão estava tosquiando suas ovelhas a três dias de viagem dali. Fugiu sem avisar, porque imaginava que, do contrário, não poderia sair. Fugiu levando consigo seus filhos, suas mulheres, todo o seu gado e todos os seus bens. Ele tornou à terra de seus pais por ordem divina e foi para Isaque, seu pai.

Nessa fuga, Raquel roubou os ídolos do lar de seu pai sem que Jacó soubesse. Jacó, por sua vez, logrou Labão, não lhe dando saber que fugia, e atravessou o rio Eufrates rumo à montanha de Gileade. Esses ídolos do lar ou terafins provavelmente eram esculturas dos deuses dos antepassados de Labão. Terafim pode ser traduzido como "boneco dos antepassados".[2] Derek Kidner diz que ao roubar os terafins, ou ídolos do lar, Raquel pode ter tido um motivo religioso, em parte (35:2,4), mas o fato de possuí-los poderia fortalecer a reivindicação da herança (como o revelam as lâminas de Nuzi), isso dá-nos o mais provável indício do seu ato. Retinem nesse feito as suas palavras (31:14-16), e se pode imaginar Raquel

[2] BRAUMER, Hansjorg. *Gênesis*, p. 115.

dizendo-se a si mesma que não estava se apropriando de nada mais do que era seu de direito.[3] Nessa mesma linha de pensamento, William MacDonald diz que a possessão desses ídolos do lar implicava na liderança da família, e no caso de uma filha casada, assegurava ao seu marido o direito da propriedade do pai.[4]

Segundo ponto, *a perseguição de* Labão (31:22-24). Labão, o sogro de Jacó, só fica sabendo da fuga do genro três dias depois da partida dele. Então, vai atrás de Jacó, levando consigo seus irmãos, numa perseguição de sete dias com o propósito de trazê-lo de volta para o trabalho escravo. Ele o alcança na montanha de Gileade. Porém, à noite, o próprio Deus vem a Labão, o arameu, em sonho, e lhe diz: "... Guarda-te, não fales a Jacó nem bem nem mal" (31:24). Assim, Deus freia a fúria de Labão no caminho (31:24,29,42).

A perseguição era motivada por três causas: Primeira, material, acabou a fonte de riqueza; Segunda, emocional, acabou a chance de conviver com as filhas e com os netos; Terceira, religiosa, seus deuses foram roubados. Warren Wiersbe diz que o fato de Labão ter ficado tão perturbado com o roubo dos ídolos do lar mostra que depositava sua fé em ídolos, não no verdadeiro Deus, a quem Jacó servia.[5]

[3] KIDNER, Derek. *Gênesis: introdução e comentário*, p. 153 e 154.

[4] MACDONAL, William. *Believer's Bible Commentary*, p. 67.

[5] WIERSBE, Warren W. *Comentário bíblico expositivo*, p. 168.

A ACUSAÇÃO DO SOGRO

Apesar de ter oprimido Jacó por 20 anos, Labão ainda se faz de vítima. Vejamos:

As acusações de Labão (31:25-30). Labão faz duas acusações contra Jacó:

Na primeira acusação, Labão acusa Jacó de irresponsável (31:26-29). Labão faz várias acusações a Jacó, imputando a ele criminosa irresponsabilidade. Labão acusa Jacó de ter sequestrado suas filhas, levando-as cativas pela espada (31:26). Labão acusa Jacó de ter sido enganado com sua fuga oculta, impedindo-o de fazer uma despedida festiva (31:27). Labão acusa Jacó de insensatez por não lhe ter dado a oportunidade de beijar suas filhas e seus netos nessa despedida (31:28).

Labão queria fazer no dia da despedida o que não fizera nos 20 anos que conviveram. O narrador expõe vividamente a hipocrisia de Labão, que explorou o genro, surrupiou as filhas e netos e, agora, queria passar a imagem de um pai, de um sogro e de um avô amável.

Labão, sendo sincero, diz a Jacó que há poder em suas mãos para lhe fazer mal, mas só não o faz porque foi impedido por Deus (31:29). Até então, toda a disposição de Labão era para fazer mal a Jacó. Aquela jornada de sete dias até à montanha de Gileade não era com bandeiras brancas para celebrar a paz, mas uma caçada impiedosa para fazer mal ao genro. Labão só não executa o seu projeto maligno porque Deus o impede.

Na segunda acusação, Labão acusa Jacó de ladrão (31:30-35). Labão acusa Jacó de ter furtado seus deuses (31:30). Quão tolo é um homem cujos deuses podem ser roubados! À primeira acusação, Jacó responde que fugiu por medo: "... Tive medo; pois calculei: não suceda que me tome à força as suas filhas" (31:31). Jacó sabe do que Labão é capaz. Ele não subestimou o poder de seu sogro em fazer-lhe mal. Fica claro, portanto, que Jacó está agindo ainda de acordo com seus métodos. Porque teme, foge. Porque não crê que Deus é poderoso para cumprir sua vontade, engendra seus próprios planos.

À segunda acusação, Jacó responde com o conforto de uma boa consciência (31:32-35). Derek Kidner diz que a venturosa ignorância de Jacó torna insuportavelmente tensa a procura, e o seu contra-ataque, devastador.[6] Jacó é acusado inocentemente, embora Raquel, sua mulher amada, seja culpada. Ela roubou e escondeu os deuses de seu pai, os ídolos do lar, na sela de um camelo. Labão vasculhou a tenda de Jacó, de Lia, das servas e, finalmente, a tenda de Raquel. Esta, assentada na sela, onde estavam escondidos os ídolos do lar, cobre-os com sua saia e, dizendo-se menstruada, pede ao pai permissão para não se levantar (Levítico 19:32). Nenhum homem podia chegar perto de uma mulher no seu período de impureza. O que ela usava para se sentar ou deitar-se também era impuro (Levítico 15:19-23). Labão não podia fazer a busca na

[6] KIDNER, Derek. *Gênesis: introdução e comentário*, p. 154.

sela de Raquel. Também não haveria mais motivo para ele fazer isso. Era impossível que seus terafins estivessem impuros ou profanados.[7] Waltke, analisando este episódio, diz que o contraste entre o Deus de Jacó e os ídolos de Labão é risível (Isaías 46:1,2).[8] Este relato contém um veredito severo sobre a nulidade desses deuses, que nada podem fazer por si mesmos nem em favor de seus adoradores. Uma mulher em sua impureza sentou-se sobre os deuses de Labão!

O desabafo de Jacó

Jacó foi vítima de 20 anos de esperteza, de exploração e de trabalho escravo. Agora o caldo entornou. Irado, Jacó desabafa. Sentimentos que haviam ficado guardados em seu coração durante 20 anos vieram à tona. Aquilo que ficara represado tanto tempo vaza e explode. Vejamos:

Jacó fica irado com seu sogro (31:36). Jacó sai da defensiva e parte para o ataque. Sua altercação com o sogro é cheia de ira. Quer saber qual é o seu pecado para que Labão o persiga tão furiosamente e por tanto tempo.

Jacó defende sua integridade (31:37,38). Jacó nada sabe do furto de Raquel, por isso, defende sua inocência e integridade ao mesmo tempo que desafia o sogro a apresentar qualquer utensílio que tivesse furtado de sua casa (31:37).

[7] BRAUMER, Hansjorg. *Gênesis*, p. 118.
[8] WALTKE, Bruce K. *Gênesis*, p. 533.

Jacó presta conta de seus anos de serviço (31:39,40). Foram 20 anos que esteve com Labão, cuidando zelosamente de seus rebanhos, para que não se perdesse as crias das cabras. Simultaneamente, Jacó faz uma denúncia velada de não ter tido o direito de comer sequer um carneiro de seu rebanho nesses longos anos de trabalho (31:38). Jacó fala sobre seu trabalho sem descanso, uma vez que seu sogro exigia dele o ressarcimento pelos animais despedaçados pelas feras, bem como os animais que eram furtados de dia ou de noite (31:39). Jacó relata que seu trabalho era sem pausa e sem descanso, pois precisava enfrentar o calor do dia e a geada da noite, sem poder desfrutar do sono reparador (31:40).

Jacó perde a calma e joga na cara do sogro sua injustiça (31:41). Jacó é contundente: "Vinte anos permaneci em tua casa; 14 anos te servi por tuas duas filhas e seis anos por teu rebanho; dez vezes me mudaste o salário". A paciência de Jacó se esgota e ele ataca o sogro com palavras candentes, dizendo que viveu 20 anos numa espécie de trabalho escravo, sendo injustiçado. Se explodir por qualquer coisa é ruim; represar por muito tempo é perigoso.

Jacó perde a paciência com o sogro, mas não a consciência que Deus sempre esteve no controle (31:42). Jacó perde a paciência com o sogro, mas tem plena consciência de que o Deus de Abraão e o Temor de Isaque o livrou de ser despedido de mãos vazias. Atribui a Deus a sua riqueza, dizendo que foi Ele, Deus, quem atendeu ao seu sofrimento e ao trabalho de suas mãos. E ainda destaca a repreensão que o próprio Deus fizera a Labão na noite anterior.

A RECONCILIAÇÃO

Não existe família perfeita. Toda família está sujeita a conflitos. Não estamos isentos de grandes tensões e conflitos dentro de nossa família. Destacamos aqui dois pontos:

Primeiro ponto, *a decisão de reconciliação parte de Labão* (31:43,44). A cultura da época podia até favorecer Labão ao afirmar que Jacó, como um escravo, podia até partir, mas sem direito a suas mulheres, aos filhos e aos bens (Êxodo 21:4), porém isso estava em total desacordo com o fato de que Jacó havia pagado com 14 anos de trabalho pelas suas mulheres e seis anos pelos seus rebanhos (31:41). Não é verdade, portanto, que todo aquele rebanho que estava com Jacó pertencia a Labão. Jacó havia trabalhado 20 anos e Deus o recompensara. Sobre aquelas filhas, Jacó trabalhou por elas e por 20 anos Labão as tratou com estrangeiras (31:15).

Jacó prefere não se defender aqui para estabelecer uma aliança de paz. No que depender de nós, devemos ter paz e fazer a paz. Tanto Labão quanto Jacó sabiam do valor da família. É isso que importa! O melhor caminho para a família é o da reconciliação. Só temos uma família. Precisamos valorizá-la. Labão sabe que não é bom Jacó voltar para sua terra magoado, levando consigo suas filhas magoadas.

Segundo ponto, *uma aliança de reconciliação é firmada entre Labão e Jacó* (31:45-55). Três realidades são dignas de destaque:

Primeira, *a essência da aliança* (31:49-52). Labão requer de Jacó duas coisas: que Jacó fosse um bom marido para suas filhas (31:49,50) e que Jacó fosse um bom vizinho para ele, ou seja, um tratado de não agressão (31:51,52). O Labão que vendeu as filhas e explorou o genro agora assume o papel de conselheiro matrimonial. O Labão que julgava ser dono de tudo agora quer adotar uma política de boa vizinhança, estabelecendo um marco de fronteira. Um deve respeitar o limite do outro.

Segunda, *a cerimônia da aliança* (31:45,46,49,53,54) A cerimônia da aliança foi constituída de quatro atos: Primeiro ato, uma coluna foi erigida (31:45,46); segundo ato, um sacrifício foi oferecido (31:54); terceiro ato, eles comeram pão juntos (31:46,54); quarto ato, eles invocaram a Deus como testemunha (31:49,53). Ao monte de pedras Labão chamou Galeede e Mispa, cujo significado é "torre de vigia" ou torre de observação.[9] Labão disse: "Vigie o Senhor entre mim e ti e nos julgue quando estivermos separados um do outro" (31:49). James Montgomery Boice diz que estas palavras não são uma invocação de bênção, mas uma imprecação de juízo.[10] Henry Morris diz que o que Labão está dizendo de verdade é que

[9] LIVINGSTON, George H. *O livro de Gênesis*, p. 94.

[10] BOICE, James Montgomery. *Genesis*, p. 805.

Jacó era alguém que precisava ser vigiado e que esta era a responsabilidade de Yahweh.[11]

Concordo com Braumer quando diz que o encontro de Jacó e Labão não representa apenas o encontro de duas culturas diferentes, mas também de representantes de diferentes religiões. Labão propõe um juramento em nome do Deus de Abraão e do deus de Naor, o deus do pai deles (31:53), porém Jacó não acompanha essa sugestão. Ele jura somente pelo Deus de seu pai Isaque. Ele recusa a mistura das religiões e não faz nenhuma menção sequer ao deus de Naor. Jacó não considera nenhuma ligação entre o Deus de Abraão e o deus de Naor. Jacó sabe que o seu compromisso é com o único Deus verdadeiro.[12]

Terceira, *o resultado da aliança* (31:54,55). O que acontece quando a reconciliação é firmada? Primeiro, o perdão vence o ódio (31:54); segundo, há motivo para festa e comunhão (31:54); terceiro, há renovação dos afetos e a volta para casa em paz (31:55).

Resolva as pendências em sua família! Proponha uma reconciliação! Promova a paz! Você só tem uma família! Restaurados os relacionamentos, Jacó segue o seu caminho (32:1)!

[11] MORRIS, Henry M. *The Genesis Record*, p. 490.

[12] BRAUMER, Hansjorg. *Gênesis*, p. 121.

Capítulo 6

Jacó, o estrategista

Labão voltou para sua casa (31:55) e Jacó também seguiu o seu caminho (32:1). Um monumento de paz tinha sido erigido para celebrar a paz. Agora Jacó tinha novos desafios pela frente. Precisava enfrentar seu irmão e seu pai. Os 20 anos que ficara em Padã-Arã não foram suficientes para pacificar sua consciência. Os pecados do passado ainda assombravam seu coração e eram um tormento para sua alma. Warren Wiersbe diz que depois de 20 anos, o passado de Jacó o estava alcançando.[1]

Jacó, ao sair de casa, recebe uma poderosa visitação de Deus em Betel, onde o Senhor faz-lhe sublimes promessas. Vinte anos depois, o Senhor apareceu para ele em Padã-Arã e deu-lhe ordens para voltar à terra de seus pais. Agora que Jacó e Labão resolveram suas pendências e firmaram um acordo de paz, o patriarca, com suas mulheres, filhos, servos, servas e rebanhos, está pronto para atravessar a fronteira.

Nessa jornada, Jacó tem três encontros. Vejamos.

[1] WIERSBE, Warren W. *Comentário bíblico expositivo*, p. 170.

Jacó encontra-se com os anjos de Deus

Há 20 anos, quando passava por Betel, Jacó tem a visão dos anjos de Deus que subiam e desciam a escada que ligava a terra ao céu. Os anjos são espíritos ministradores em favor dos que herdam a salvação (Hebreus 1:14). Embora não possamos vê-los, eles estão presentes. Embora nem sempre tomemos conhecimento de sua ajuda, eles estão nos servindo e nos protegendo. Embora nem sempre tenhamos consciência da mão invisível da providência, os anjos estão obedecendo as ordens de Deus para acampar ao nosso redor e nos livrar de tropeços (Salmos 91:11,12). Quando Jacó segue o seu caminho, em obediência a Deus, os anjos de Deus lhe saíram ao encontro.

Aqui os anjos de Deus se deixam ser vistos por Jacó (32:2). Ao ver os mensageiros de Deus, Jacó batiza aquele lugar de Maanaim, acampamento de Deus. O significado literal é "dois acampamentos", ou seja, o acampamento de Deus e o de Jacó. O patriarca recebia mais uma confirmação do cuidado divino. Deus estava com ele e seus anjos estavam acampados ao redor dele para guardá-lo. Nesse lugar de descanso temporário de Jacó e de seu povo, Deus tinha montado seu acampamento defronte ao de Jacó.

Jacó tem três encontros com anjos, e, em cada caso, ele memoriza o local: Betel (28:19), Maanaim (32:2) e Peniel (32:30). Como Betel é o portão do céu (28:17), Maanaim é o acampamento de Deus na terra (32:2).[2]

[2] WALTKE, Bruce K. *Gênesis*, p. 547.

Jacó se prepara para encontrar Esaú (32:3-21)

Chega o grande momento de Jacó enfrentar o seu passado e buscar uma reconciliação com Esaú. Jacó sabe que o tempo não cura as feridas nem acalma os vendavais da consciência. Só o perdão pode pacificar a alma e restaurar a vida. Nessa busca da reconciliação com seu irmão, seis ações de Jacó merecem destaque:

Primeira ação, *uma postura humilde* (32:3-5). Assim diz a Escritura:

> Então, Jacó enviou mensageiros adiante de si a Esaú, seu irmão, à terra de Seir, território de Edom, e lhes ordenou: Assim falareis a meu senhor Esaú: Teu servo Jacó manda dizer isto: Como peregrino morei com Labão, em cuja companhia fiquei até agora. Tenho bois, jumentos, rebanhos, servos e servas; mando comunicá-lo a meu senhor, para lograr mercê à sua presença (32:3-5).

Justamente como Deus enviou anjos a Jacó, este agora envia mensageiros a Esaú.[3] A mensagem compõe-se de um relatório e um pedido. Jacó manda dizer ao irmão que o tempo passado com Labão foi tudo, menos o cumprimento da bênção do primogênito. Ele não se tornou príncipe; sobreviveu com muito esforço. Jacó narra toda

[3] Ibidem.

a amargura e dificuldade do seu passado. Segue-se, então, o relatório sobre a riqueza adquirida. A intenção é despertar em Esaú a expectativa por bons presentes. O relatório é seguido por um pedido por misericórdia, em que Jacó chama Esaú de seu senhor, alguém hierarquicamente superior.

Jacó tinha conhecimento de que Esaú estava em Seir, no território de Edom. Durante os 20 anos do exílio de Jacó, Esaú já havia desapossado os horeus de Seir, pressupondo seu poderio militar. Jacó enviou mensageiros à sua frente com o propósito de abrandar o coração ferido do irmão. Embora usando estratégias humanas, Jacó revela aqui humildade. Ele não quer confronto, quer paz. Não quer briga, quer reconciliação. Como Abraão com Ló, Jacó dá o primeiro passo para renunciar os direitos de sua eleição à bênção (13:1-12), confiando que Deus cumpriria a promessa. Sua rivalidade com Esaú está no fim.

Os mensageiros de Jacó, como emissários de paz, deviam apresentar o seu senhor, Jacó, como servo de Esaú. Deviam falar a Esaú sobre a peregrinação do irmão nos últimos 20 anos na casa de Labão e os bens que granjeara. Esse relatório tinha como único propósito lograr mercê na presença de Esaú.

Segunda ação, *um medo perturbador* (32:6,7a). Quando os mensageiros de Jacó retornaram a ele, informaram-no de que Esaú também vinha encontrar-se com ele, escoltado por quatrocentos homens. Jacó fica terrificado ante o enorme contingente de Esaú. Braumer diz que

Esaú havia se tornado líder de mercenários. A bênção de seu pai tinha se cumprido em sua vida: "Viverás da tua espada" (27:40).[4]

Embora mui provavelmente Esaú não tivesse más intenções, porque envia de volta os servos de Jacó ilesos e em paz, essa informação cai como uma bomba no coração de Jacó. Ele teme a supremacia ameaçadora de seu irmão e se perturba. Não pode lutar com o irmão e prevalecer. Não pode depender de sua força. As circunstâncias lhe são desfavoráveis. Nesse momento, as promessas de Deus, como uma luz bruxuleante, apagam-se em seu coração e o medo toma as rédeas de sua vida. Jacó volta ao antigo hábito de traçar seus próprios planos. Estou inclinado, porém, a pensar como Bruce Waltke: "Esaú estava vindo com quatrocentos homens não para matar Jacó, mas para escoltá-lo" (33:12).[5]

Derek Kidner, por outro lado, entende que a reação de Jacó é caracteristicamente enérgica: planeja (32:7,8), ora (32:9-12), planeja (32:13-21), ora (32:22-32), planeja (33:1-3). Nessa perspectiva, seria abuso condenar os seus elaborados movimentos como expressando falta de fé, pois a Escritura aprova a estratégia quando é instrumento, e não um substituto de Deus (Josué 8:1,2; Neemias 4:9).[6]

[4] BRAUMER, Hansjorg. *Gênesis*, p. 124.

[5] WALTKE, Bruce K. *Gênesis*, p. 549.

[6] KIDNER, Derek. *Gênesis: introdução e comentário*, p. 156.

Terceira ação, *uma estratégia prudente* (32:7b,8). O medo de Jacó o empurra para um plano de ação de emergência. Ele divide o povo que estava com ele em dois bandos. No caso de Esaú vir e ferir um bando, o outro tinha a chance de escapar. Jacó espera o pior. Seu coração, cheio de presságio, sente que uma tragédia está a caminho.

Quarta ação, *uma oração fervorosa* (32:9-12). O que mais Jacó faz além de sua estratégia? Ele ora! Esta é a primeira vez que o texto bíblico relata o patriarca Jacó orando. Ele ora quando todos os seus recursos entram em colapso. Ele ora quando a crise bate à sua porta. Ele ora quando a morte mostra sua carranca. Ele ora quando sua vida, sua família e seus bens são ameaçados. Destacaremos aqui alguns pontos importantes sobre a oração de Jacó:

Primeiro ponto, *a quem ora* (32:9). Jacó ora ao Deus de seus pais, o Deus da aliança. Ele ora ao Deus de promessas. Foi com base na aliança que Deus firmara com Abraão (12:1-3) e com seu pai, Isaque (21:12), que Jacó ora fervorosamente a Deus.

Segundo ponto, *como ele ora* (32:10a). Pela primeira vez na vida, Jacó reconhece que é pecador e indigno de todas as misericórdias e de toda a fidelidade que Deus usou com ele.

Terceiro ponto, *o que ele reconhece em sua oração* (32:10b). Ele reconhece a generosa providência de Deus em sua vida, pois saiu de casa 20 anos atrás apenas com um cajado, e agora retorna com uma numerosa família e muitos bens.

Quarto ponto, *o que ele pede em sua oração* (32:11). Ele pede livramento das mãos de Esaú, admitindo que está com medo de seu irmão. Seu temor é que seu irmão o mate e tire a vida de suas mulheres e de seus filhos. Se Jacó estivesse descansando nas promessas de Deus, saberia que os planos de Deus não podem ser frustrados. Ele daria continuidade ao propósito divino de trazer ao mundo o Messias. De fato, o Salvador veio da tribo de Judá para morrer pelos nossos pecados, e Paulo viria da tribo da Benjamim para levar o evangelho aos gentios.[7]

Quinto ponto, *o que ele lembra a Deus em sua oração* (32:12). Ele lembra a Deus de suas promessas (28:12-15). Orar vitoriosamente é falar para Deus o que Deus falou a nós. Orar eficazmente é o orar fundamentado nas promessas divinas. Isso porque em todas as promessas de Deus nós temos o sim e o amém. Nenhuma de suas promessas cai por terra. Deus vela pela sua Palavra em a cumprir. Promessa de Deus e realidade são a mesma coisa.

Quinta ação, *um presente pacificador* (32:13-21a). Jacó passa a noite no acampamento. Depois de orar, resolve separar parte de seus bens para oferecer um presente a seu irmão. Um presente abre caminho para a paz. Um presente é a voz do amor. Um presente é mais eloquente do que um discurso. O presente de Jacó é generoso. Quais são as características do presente de Jacó?

[7] WIERSBE, Warren W. *Comentário bíblico expositivo*, p. 171.

Primeira, *é um presente generoso* (32:13-15). Jacó não é mesquinho. Seu presente é muito generoso. É um presente de quinhentos e oitenta animais de grande valor.

Segunda, *é um presente estratégico* (32:16,17). Jacó entrega os presentes às mãos de seus servos para que eles sigam à sua frente, deixando espaço entre rebanho e rebanho. Havia três grupos de servos levando os rebanhos de Jacó para Esaú (32:19).

Terceira, *é um presente amigável* (32:18). Jacó tem como propósito abrandar a temida ira de Esaú, pacificar o seu coração e despertar sua curiosidade ao enviar seus servos com os rebanhos em grupos. Esaú deveria tomar conhecimento que esses rebanhos eram um presente de seu irmão e que Jacó estava vindo atrás deles. Jacó está marchando atrás de seu presente, com uma bandeira branca hasteada.

Quarta, *é um presente para selar a paz* (32:19-21). Jacó dá instruções a todos os grupos que conduzem os presentes que devem ser entregues a Esaú. Seu propósito com os presentes estratégicos era aplacar a ira de Esaú, a fim de que ele aceitasse sua presença.

Sexta ação, *uma solidão necessária* (32:21b). Depois de enviar todas as comitivas com os presentes, Jacó ficou só no acampamento naquela noite, a noite em que sua vida foi transformada e sua alma foi salva.

Capítulo 7

Jacó tem um encontro com Deus

Quão longa foi aquela noite para Jacó. Ele orou e agiu. Ele orou e separou presentes para Esaú. Ele estrategicamente dividiu os grupos para levarem à sua frente o rico presente ao irmão. Depois disso, ele resolve transpor o vau de Jaboque, um afluente do rio Jordão, a meio caminho entre o Mar da Galileia e a 40 quilômetros do Mar Morto, com suas mulheres, suas servas e seus onze filhos (32:22). Diná é omitida em virtude de não exercer nenhum papel na fundação da nação. De igual modo, Jacó fez passar o ribeiro tudo que lhe pertencia (32:23).

Depois da travessia do vau de Jaboque, naquela noite decisiva de sua vida, ele ficou só (32:24a). A solidão é a sala de audiência de Deus.[1] Ali Jacó vai ter o encontro mais importante de sua vida, o encontro com Deus. O Jacó que viveu a vida fugindo precisa agora enfrentar a situação. Ele não pode fugir de si mesmo, e por isso fica

[1] WIERSBE, Warren W. *Comentário bíblico expositivo*, p. 172.

só. Ele tem que olhar no espelho da sua própria alma e contemplar de fato quem ele é: um suplantador. Warren Wiersbe diz que Jacó havia passado a maior parte de sua vida adulta lutando com as pessoas – Esaú, Isaque, Labão e até mesmo com suas esposas –, de modo que Deus se manifestou como um lutador.[2]

O texto em pauta retrata, de modo eloquente, a soberania de Deus na salvação de Jacó. A salvação é uma obra de Deus do começo ao fim. Deus planeja, executa e consuma a salvação. A salvação é uma obra monergística de Deus, sem a contribuição humana. O homem não é salvo por seus méritos. O homem não é salvo pelas suas obras. O homem não é salvo pela fé mais as obras. O homem é salvo pela graça, mediante a fé, para as obras. Duas verdades magnas podem ser destacadas na conversão de Jacó: a eleição incondicional e a graça irresistível. Vejamos:

A eleição de Deus é incondicional

A eleição é uma doutrina rejeitada por uns, atacada por outros, incompreendida por muitos, porém, consoladora para aqueles que a acolhem. Não é o homem quem escolhe Deus, é Deus quem escolhe o homem (João 15:16). O homem não é eleito por causa de sua fé, mas para a fé (Atos 13:48). O homem não é eleito no tempo, mas na eternidade (2Timóteo 1:9). O homem não é eleito por causa de sua santidade, mas para a santidade (Efésios

[2] Ibidem, p. 173.

1:4). O homem não é eleito por causa das boas obras, mas para as boas obras (Efésios 2:10).

A eleição incondicional de Deus na vida de Jacó pode ser atestada pelo que segue:

Primeiro ponto, *Deus escolheu Jacó antes de ele nascer* (25:23). Não havia mérito nem obras; não havia fé nem santidade. Deus escolheu Jacó por seu livre beneplácito, para a sua própria glória. Quando observamos a história desse patriarca, concluímos que Deus o escolheu não por causa de seus méritos, mas apesar de seus deméritos. Jacó não foi escolhido porque era o primogênito. Não foi escolhido porque seu caráter espelhava uma vida de santidade. Não foi escolhido porque seu testemunho demostrou fé, santidade e boas obras. Ele foi escolhido incondicionalmente, conforme a própria determinação e graça do Senhor.

Segundo ponto, *Deus amou Jacó apesar de seus pecados* (Malaquias 1:2,3). Deus amou Jacó e aborreceu Esaú. Esse amor é o amor eletivo de Deus, amor eterno, perseverante e sacrificial. Não havia nada que Jacó pudesse fazer para que Deus o amasse mais ou menos. Está escrito: "... não foi Esaú irmão de Jacó? – disse o Senhor"; "todavia, amei a Jacó, porém aborreci Esaú..." (Malaquias 1:2,3).

Terceiro ponto, *Deus tomou a iniciativa para salvar Jacó* (32:24b). "... E lutava com ele um homem, até ao romper do dia". Este homem que luta com Jacó é o próprio Deus (32:28-30). É Deus quem toma a iniciativa da luta. Deus quer transformar Jacó. Deus não desiste de

Jacó. O encontro de Jacó com Deus não pode mais ser adiado. Ter as bênçãos de Deus não é suficiente. Jacó precisava ter uma experiência pessoal e profunda com o próprio Deus. Como diz Waltke: "Jacó deve encontrar Deus sozinho, sem posses e sem proteção".[3]

Quarto ponto, *Deus não desiste de Jacó, a despeito de sua resistência* (32:25a). "Vendo este que não podia com ele...". Jacó lutou a noite toda. Ele não queria ceder. Ele não queria entregar os pontos. Ele mediu força com força, poder com poder, destreza com destreza. Jacó era um caso difícil. Um coração duro, um homem difícil de ser convertido. Mas Deus não abandonou Jacó por isso. O mesmo Deus que vinha abençoando Jacó a vida toda agora luta com ele a noite toda. Deus tem lutado com você também. Tem colocado intercessores no seu caminho e pregadores diante de você. Você, que tem escutado muitas vezes a voz de Deus, não endureça o seu coração.

Quinto ponto, *Deus feriu Jacó, a fim de não perdê-lo para sempre* (32:25b). "... Tocou-lhe na articulação da coxa; deslocando-se a junta da coxa de Jacó, na luta com o homem". Com extrema misericórdia, Deus desloca a coxa de Jacó, o pivô da força do lutador. Uma vez mirrada sua força natural, Jacó deve agarrar-se devotamente à graça de Deus.[4] Na verdade, Deus deixou Jacó aleijado para que Jacó não fosse condenado por toda a eternidade. Deus

[3] WALTKE, Bruce K. *Gênesis*, p. 552.

[4] Ibidem, p. 553.

foi às últimas consequências para salvar Jacó. Ele usou um método radical. Deus venceu Jacó ao enfraquecê-lo. A vocação de Deus é irresistível. Deus empregará todos os meios para salvar você. Se preciso for, ele tocará em seu corpo, em seus bens, para que você se quebrante, para que você se humilhe. Deus, às vezes, usa uma enfermidade, um acidente, uma perda significativa para render os que recalcitram contra os aguilhões. Deus, porém, jamais desiste de salvar aqueles a quem Ele escolheu desde a eternidade. A. W. Tozer diz: "O Senhor não pode abençoar plenamente um homem enquanto não o tiver vencido".[5]

A GRAÇA DE DEUS É IRRESISTÍVEL

O apóstolo Paulo diz: "E aos que Deus predestinou, a esses também chamou..." (Romanos 8:30). Jesus afirmou que suas ovelhas ouvem a sua voz e o seguem (João 10:27). Ainda afirmou que ninguém pode vir a Ele se o Pai não o trouxer (João 6:44). O mesmo Deus que elege soberanamente chama eficazmente. Vejamos essa verdade sublime na conversão de Jacó:

Primeiro ponto, *Jacó* é salvo *quando reconhece sua necessidade de Deus* (32:26). "Disse este [Deus]: Deixa-me ir, pois já rompeu o dia. Respondeu Jacó: Não te deixarei ir se não me abençoares". Jacó fisicamente está alquebrado. Agora é uma batalha de palavras, e Jacó se empenha por uma bênção. Jacó, que já experimentara a bênção da

[5] TOZER, A. W. *A conquista divina*, p. 35.

prosperidade, agora luta por experimentar a bênção de uma vida com Deus. Jacó tem dinheiro, família e o direito de primogenitura, mas agora ele quer Deus. Sua maior necessidade é Deus. Jacó sem Deus é nada. Jacó sem a bênção de Deus é vazio. Jacó tem pressa para ser transformado por Deus. Ele ora com intensidade e com senso de urgência. Ele não pode perder a oportunidade. Ele anseia por Deus mais do que por qualquer outra coisa na vida.

Segundo ponto, *Deus salva Jacó quando este chora buscando a transformação de sua vida* (Oseias 12:3,4). "No ventre, pegou do calcanhar de seu irmão; no vigor da sua idade, lutou com Deus; lutou com o anjo e prevaleceu; chorou e lhe pediu mercê...". Derek Kidner diz que temos aqui derrota e vitória numa coisa só. "Lutou com Deus e prevaleceu" – esta é a linguagem da força; "chorou e lhe pediu mercê" – esta é a linguagem da fraqueza.[6] Jacó agora tem o coração quebrantado. Ele agarra-se a Deus com senso de urgência e com os olhos molhados de lágrimas. Jacó se quebranta, se humilha, chora e reconhece que não pode mais viver sem um encontro profundo e transformador com Deus. Jacó chora o choro do arrependimento. Ele instou com Deus em lágrimas. Ele pediu a bênção de Deus com pranto. Seus olhos estão molhados e sua alma, ajoelhada diante do Senhor. E por que Jacó chora? O que ele pede com tanta urgência e com tanta sofreguidão? Ele

[6] KIDNER, Derek. *Gênesis: introdução e comentário*, p. 158.

não pede coisas. Ele pede que Deus mude a sua própria vida. Ele quer Deus e quer vida nova!

Terceiro ponto, *Deus salva Jacó quando ele confessa seu pecado* (32:27). "Perguntou-lhe, pois: Como te chamas? Ele respondeu: Jacó". Deus não queria nem precisava de uma informação. Ele bem sabia quem era Jacó. A resposta de Jacó, portanto, não foi uma mera resposta, mas uma confissão. Waltke diz que a resposta de Jacó é uma admissão de culpa, uma vez que seu nome está associado à fraude (27:36).[7] Como diz Hansjorg Braumer, "no nome está a essência do nomeado".[8] Jacó não podia ser transformado sem antes reconhecer quem era. Ele não podia ser convertido sem antes sentir a convicção do pecado. Ele não podia ser uma nova criatura sem antes reconhecer que ele era um enganador, um suplantador. Jacó era um patriarca. Ele conhecia a aliança de Deus. Ele tinha as promessas de Deus, mas Jacó não vivia como um filho de Deus. O engano era a marca da sua vida. Seu nome era um espelho da sua história. Seu nome era aquilo que ele era e vivia. Mas, agora, ele abre o coração. Ele admite o seu pecado. Ele toca no ponto de tensão, no nervo exposto da sua alma. Há 20 anos, quando seu pai lhe perguntou: "Quem és tu, meu filho?", ele respondeu: "Sou Esaú, teu primogênito" (27:18,19). Desconfiado, seu pai perguntou-lhe novamente: "És meu filho Esaú mesmo?",

[7] WALTKE, Bruce K. *Gênesis*, p. 553.

[8] BRAUMER, Hansjorg. *Gênesis*, p. 131.

ele respondeu: "Eu sou" (27:24). Agora, quando o próprio Deus lhe pergunta: "Qual é o seu nome?", ele não quer mais enganar. Ele admite sua identidade, reconhece que é um suplantador e confessa o seu pecado.

Quarto ponto, *Deus salva Jacó quando ele prevalece com Deus e seu nome é mudado* (32:28). "Então, disse: Já não te chamarás Jacó, e sim Israel, pois como príncipe lutaste com Deus e com os homens e prevaleceste". George Livingston diz que a mudança de nome, como se deu com Abraão e com Sara, indicava mudança de *status* e mudança do ser interior.[9] Já Derek Kidner acrescenta que o novo nome seria um atestado da sua nova posição; foi um sinal da graça, apagando uma antiga repreensão (27:36), e um investimento honroso pelo qual viver. Desta vez a bênção foi sem mancha, no receber e no dar: era dele mesmo, não tramada e sem intermediário.[10] Deus muda seu nome, seu coração, sua mente, sua vida e seu futuro. Até então, Jacó só tinha declarado que o Senhor era o Deus de Abraão e o Deus de Isaque, seu pai, mas nunca tinha afirmado ser seu Deus (28:21; 31:53). Porém, a partir de agora, Deus será conhecido como o Deus de Abraão, de Isaque e de Jacó.

Jacó perdeu a luta com Deus e ganhou a vitória. Jacó tornou-se forte ao reconhecer-se fraco. Ele deixou de ser um suplantador para ser um príncipe de Deus, aquele que

[9] LIVINGSTON, George H. *O livro de Gênesis*, p. 97.

[10] KIDNER, Derek. *Gênesis: introdução e comentário*, p. 158.

luta com Deus e prevalece. Waltke diz que a transformação de Jacó pertence ao modo como ele prevalece. Até aqui ele prevalecera sobre as pessoas pelo uso da astúcia. Agora ele prevalece com Deus, e então com os humanos, por suas palavras, não pelos dotes físicos conferidos a ele no nascimento ou adquiridos por meio do esforço humano. Sua ambição de prevalecer não foi mudada, mas apropriadamente reorientada (Oseias 12:4).[11]

Charles Haddon Spurgeon, nessa mesma linha de pensamento, diz que o poder de Jacó não podia ser força física; não podia ser energia mental; não podia ser um poder mágico; não podia ser um poder independente. Esse poder vem da natureza de Deus, das promessas de Deus, do relacionamento com a graça de Deus e dos próprios atos divinos. Esse poder é exercido com profundo senso de fraqueza (2Coríntios 12:10).[12]

Quinto ponto, *Deus salva Jacó quando ele quer conhecê-lo, e por Deus é abençoado* (32:29). "Tornou Jacó: Dize, rogo-te, como te chamas? Respondeu ele: Por que perguntas pelo meu nome? E o abençoou ali". Jacó tinha nascido num lar temente a Deus. Ao longo de sua vida, viu o cuidado de Deus. Já estava com mais de 90 anos, mas ainda não conhecia a Deus pessoalmente. Deus era apenas o Deus de Abraão, seu avô, e o Deus de Isaque, seu pai. Agora, quer conhecer o nome de Deus. Ali o Senhor

[11] WALTKE, Bruce K. *Gênesis*, p. 554.

[12] SPURGEON, Charles H. *Spurgeon's Sermon Notes*, p. 4-5.

o abençoa. Que bênção era essa? Jacó foi salvo de um grande perigo; foi perdoado de um grande pecado; recebeu um novo nome e estava agora sob uma nova unção.[13]

Sexto ponto, *Deus salva Jacó quando ele vê o Senhor face a face* (32:30). "Àquele lugar chamou Jacó Peniel, pois disse: Vi a Deus face a face, e a minha vida foi salva". Jacó tem os olhos da sua alma abertos. Ele vê Deus face a face. Jacó tem seus pecados perdoados, sua alma liberta, seu coração transformado, sua vida salva. Tudo se fez novo na vida de Jacó. Mais uma vez, Jacó deu um nome especial a um lugar importante (Luz tornou-se Betel, "a casa de Deus" (28:19), Maanaim tornou-se "acampamento de Deus" (32:1,2) e Peniel quer dizer "a face de Deus", uma forma abreviada de "Eu vi Deus face a face" (32:30). Hansjorg Braumer lança luz sobre essa experiência de Jacó no vau de Jaboque ao escrever:

> A luta junto ao Jaboque foi um novo começo na vida de Jacó. No Jaboque, encerrou-se a crônica dos escândalos de Jacó. Foi a noite da sua conversão. Ao informar seu nome, Jacó foi obrigado a revelar todo o seu passado. Diante de Deus, nem Jacó consegue mais se blindar. Ele estava diante de Deus, desnudado de toda justiça, indefeso como qualquer pecador. Mas Deus lhe deu um novo nome. Por sua graça, concedeu-lhe a

[13] Ibidem, p. 7.

> vitória. Jacó fora justificado. Desde aquele momento, Jacó vivia um relacionamento novo com Deus.[14]

Jacó, depois de salvo, tem um novo futuro: luz e reconciliação (32:31,32; 33:4). "Nasceu-lhe o sol, quando ele atravessa Peniel; e manquejava de uma coxa". Depois de ter vivido uma vida de trevas, o sol nasceu para Jacó. A luz brilhou no caminho de Jacó. As trevas ficaram para trás. Tudo se fez novo na vida dele: um novo coração, uma nova mente, uma nova vida. Agora Jacó tem um novo nome, um novo jeito de andar e um novo relacionamento com Deus. Ele saiu manquejando, mas sua alma estava livre. Esse foi um manquejamento recompensador.

Esaú deve ter lhe perguntado: "Por que você está manquejando, Jacó?". Ao que Jacó pode ter respondido: "Ah! meu irmão, Deus me salvou. Hoje eu sou um novo homem, tenho uma nova vida! Aquele velho Jacó morreu e foi sepultado na vau de Jaboque. Agora sou uma nova criatura. O sol nasceu para mim!".

O encontro decisivo com Deus e a transformação de Israel são corroborados e memorizados tanto pelo nome do lugar, Peniel (32:30,31), quanto pelo ritual dietético de Israel, de não comer o nervo ciático, o nervo central da região lombar (32:32).[15]

[14] BRAUMER, Hansjorg. *Gênesis*, p. 133.

[15] WALTKE, Bruce K. *Gênesis*, p. 556.

Deus transformou o ódio de Esaú em amor; o medo de Jacó em alegria. E aquele encontro temido, que acenava uma briga, uma contenda, uma guerra, transformou-se numa cena de choro, abraços, beijos e reconciliação. É isso que veremos no próximo capítulo.

Capítulo 8

Jacó se reconcilia com Esaú

Jacó já tinha se reconciliado com Labão, seu sogro (31:43-55), com Deus (32:22-33) e agora, é hora de reconciliar-se com Esaú, seu irmão (33:1-17). Vinte anos haviam se passado, mas a consciência de Jacó ainda era açoitada pela culpa.

George Livingston destaca que outras histórias do livro de Gênesis já haviam descrito conflitos fatais entre irmãos, como no caso de Caim e Abel (4:1-8); profundas diferenças entre irmãos, como no caso de Sem, Cam e Jafé (9:22,23) e de Ismael e Isaque (21:9-14). Este é o primeiro exemplo registrado de reconciliação entre irmãos separados por discórdia (33:4).[1]

Em Peniel, Jacó viveu a noite mais importante de sua vida (32:22-32); agora, ele vai viver o dia mais emocionante de sua história (33:1-17). A história da reconciliação de Jacó com Esaú enseja-nos nove lições importantes.

[1] LIVINGSTON, George H. *O livro de Gênesis*, p. 98.

Uma visão aterrorizante (33:1)

Jacó tinha visto o Senhor em Peniel durante a noite, mas quando o sol desponta no pico dos montes, depois da travessia do vau de Jaboque, ele levanta os olhos e vê seu irmão vindo em sua direção com quatrocentos homens. Jacó não sabe o que está no coração de Esaú nem quais são seus planos. Rebeca, sua mãe, havia dito 20 anos atrás que o furor no coração de Esaú passaria em alguns dias (27:44). A culpa não havia cessado de arder na consciência de Jacó nesses 20 anos, mas o ódio no coração de Esaú já havia cessado!

O medo é um carrasco da alma. O medo nos leva sempre a pensar o pior do outro. Quem teme, arma ciladas. Quem tem medo, não descansa. Quando Jacó levanta os olhos e vê Esaú e sua milícia vindo ao seu encontro, sente que o confronto fatídico havia chegado.

Uma ação estratégica (33:2,3a)

O mesmo Jacó que já havia enviado três comboios com seus presentes a Esaú, agora, ao ver seu irmão se aproximando com quatrocentos homens, toma dois expedientes:

Jacó divide sua família em três grupos (33:2). Jacó coloca na linha de frente as servas com os filhos, depois Lia com os filhos e, por fim, Raquel com José. A família de Jacó ainda é perseguida pelo favoritismo. Essa divisão era uma evidência de que Jacó tinha um amor diferenciado por Raquel e José. Certamente, mais tarde, essa preferência trouxe grande sofrimento para José e Jacó.

Jacó lidera sua família (33:3a). Jacó lidera sua família, mudando sua tática. Quando enviou os três comboios de servos com os presentes a Esaú, ficou atrás (32:18,20). Agora, mancando, Jacó passa à frente de todos e se curva ao chão sete vezes. O novo Israel é um líder, não um covarde. Depois de seu encontro com Deus, assume o papel de líder de sua família e passa a comandá-la, não por meio de uma liderança arrogante, mas de uma liderança humilde.

UMA HUMILDADE SINCERA (33:3B)

Jacó adiantou-se e prostrou-se em terra sete vezes, até aproximar-se de seu irmão. Ao prostrar-se sete vezes, Jacó reconhece sua culpa e pede por reconciliação – tudo sem dizer uma única palavra. Waltke diz que Jacó, com seu rosto no pó, está desfazendo seu comportamento manipulador em relação à bênção que ele tomara de Esaú pelo uso de embuste (27:29).[2] Sua postura física era um retrato de seu coração quebrantado. Sua atitude humilde construiu pontes de contato com o coração de Esaú. A humildade precede a honra. A humildade abre avenidas para a reconciliação. Jacó não apenas foi humilde, mas exigiu isso diante de toda a sua família. A Palavra de Deus diz: "A resposta branda desvia o furor, mas a palavra dura suscita a ira" (Provérbios 15:1).

[2] WALTKE, Bruce K. *Gênesis*, p. 562-563.

Braumer destaca que no primeiro momento, nenhum dos dois irmãos fala. Tudo o que Jacó e Esaú sentem neste reencontro é expresso por gestos. Os gestos têm grande significado. São elementos essenciais e indispensáveis na comunicação.[3]

UMA RECONCILIAÇÃO EMOCIONANTE (33:4)

A ação humilde de Jacó provocou a reação amável de Esaú. Está escrito: "Então, Esaú correu-lhe ao encontro e o abraçou; arrojou-se-lhe ao pescoço e o beijou; e choraram" (33:4). Esaú também não diz nada sobre o passado. Seus gestos são suficientes: ele correu, abraçou, arrojou-se ao pescoço de Jacó e o beijou. Ambos choraram. Essas boas-vindas tão calorosas incluem o perdão.[4] Waltke tem razão em dizer que as lágrimas são uma catarse para anos de emoções negativas.[5] Este encontro dos dois irmãos separados há 20 anos é tão emocionante que o Senhor Jesus usou essa atitude de Esaú para retratar o amor perdoador do pai ao filho pródigo: "... Vinha ele ainda longe, quando seu pai o avistou, e, compadecido dele, correndo, o abraçou, e beijou" (Lucas 15:20).

Ali, nas proximidades do vau de Jaboque, o muro da inimizade foi quebrado, a ponte da amizade foi construída e a paz com Esaú foi selada. O mesmo Deus que

[3] BRAUMER, Hansjorg. *Gênesis*, p. 134.

[4] Ibidem.

[5] WALTKE, Bruce K. *Gênesis*, p. 563.

mudara a vida de Jacó na noite anterior (32:30) muda no dia seguinte as disposições do coração de Esaú.

Waltke destaca que o narrador representou o ato de Esaú desprezar seu direito de primogenitude com cinco verbos sucintos: comeu + bebeu + levantou + saiu + desprezou (25:34); agora representa a reconciliação com outros cinco verbos: correu + abraçou + arrajou + beijou + chorou (33:4).[6]

Uma apresentação humilde (33:5-7)

Jacó levanta os olhos e vê Esaú (33:1); Esaú levanta os olhos e vê a comitiva que acompanha Jacó (33:5). Ele quer saber quem são as pessoas que compõem a comitiva. Jacó apresenta sua família, com dois destaques:

Jacó reconhece seus filhos como expressões da graça de Deus (33:5). Deus havia agraciado Jacó com filhos. Jacó vê sua família como um presente da graça de Deus. Esse conceito mais tarde vai ficar mais claro: "O que acha uma esposa acha o bem e alcançou a benevolência do Senhor" (Provérbios 18:22) e "herança do Senhor são os filhos" (Salmos 127:3).

Jacó requer que sua família o imite na postura de humildade (33:6,7). As servas e seus filhos, Lia e seus filhos, José e sua mãe Raquel, todos vêm e todos se prostram como Jacó diante de Esaú. O anseio por essa reconciliação não era apenas um desejo de Jacó, mas um projeto e

[6] WALTKE, Bruce K. *Gênesis*, p. 563.

uma necessidade de toda a família. É digno de nota que o nome de José precede o nome de sua mãe nessa narrativa (33:7).

Um presente generoso (33:8-11)

Esaú pergunta, curioso, acerca do propósito de Jacó em ter enviado todos os bandos à sua frente com mais de quinhentos animais. Jacó esclarece que o único propósito foi lograr mercê na presença de Esaú, seu senhor (33:8). Destacaremos aqui alguns pontos:

Primeiro ponto, *presentes falam mais do que discursos* (33:8). Jacó não faz discurso, ele dá presentes. Seus presentes são generosos e propositais. Ele quer alcançar o coração de seu irmão. Quer ressarcir o que astuciosamente roubou no passado. Quer reparar os erros que serviram de cunha no seu relacionamento com o irmão.

Segundo ponto, *presentes devem ser dados de todo o coração* (33:9,10a). Esaú recusa-se a receber os presentes, dizendo a Jacó para guardá-los, uma vez que já é um homem rico, que possui muitos bens. Aqui, Esaú, sem qualquer fingimento, chama Jacó de seu irmão. Jacó, porém, insiste com Esaú para receber seu presente, pois aceitá-lo seria a prova de que a pendência entre eles estava resolvida, que o muro de inimizade tinha sido derrubado, que a ponte da amizade tinha sido construída e que o amor desbancaria a mágoa. É digno de nota que Jacó atribui a Deus a existência de seus filhos (33:5), por poupar sua vida (33:10) e por sua prosperidade (33:11). Esaú, porém, não atribui a Deus sua fortuna (33:9).

Terceiro ponto, *presentes materiais podem abrir caminhos para bênçãos espirituais* (33:10). Jacó pede a Esaú para aceitar o seu presente, porquanto tinha visto o seu rosto como se tivesse contemplado o semblante de Deus. Jacó compara seu encontro com Esaú como uma extensão do encontro que tivera com Deus na noite anterior, onde vira Deus face a face (32:30). Braumer diz que Jacó vê uma misteriosa correspondência entre o encontro com seu irmão e a luta noturna junto a Jaboque. Para ele, o rosto de Esaú era um reflexo da bondade de Deus. É como se, no encontro com seu irmão, o próprio Deus tivesse aparecido para ele.[7] Derek Kidner, nessa mesma linha de pensamento, diz que a linguagem de Jacó mostra que ele via os dois encontros, com o Senhor e com seu irmão, como dois níveis de um único acontecimento.[8] Jacó não vê seu irmão como rival, mas como a própria expressão do rosto de Deus. Como diz Waltke: "Jacó identifica o rosto pacificado de Esaú com o rosto pacificado de Deus".[9]

Quarto ponto, *presentes devem ser expressão da generosidade de Deus em nossa vida* (33:11). Jacó insta com seu irmão para receber seu presente, não porque seu irmão precise, mas porque ele tem sido alvo da generosidade de

[7] BRAUMER, Hansjorg. *Gênesis*, p. 135.

[8] KIDNER, Derek. *Gênesis: introdução e comentário*, p. 159.

[9] WALTKE, Bruce K. *Gênesis*, p. 565.

Deus e de sua farta providência. Derek Kidner diz que, ao aceitar o presente, Esaú, de sua parte, mostrou boa vontade, apegando-se à reconciliação.[10]

UMA OFERTA ALTRUÍSTA (33:12-15)

Em resposta ao presente de Jacó, Esaú oferece a seu irmão uma escolta poderosa. Ele não veio para matar o irmão, veio para protegê-lo. Destacamos dois pontos aqui:

Primeiro ponto, *duas ofertas amáveis* (33:12,15). Esaú não apenas abraça seu irmão no caminho, mas estende-lhe a destra de companhia, dizendo a Jacó: "Partamos e caminhemos; eu seguirei junto de ti" (33:12). Como Jacó jeitosamente recusou a oferta, Esaú propõe-lhe uma segunda alternativa: "... Então, permite que eu deixe contigo da gente que está comigo...". Esaú mostra a pureza de seus propósitos e a boa intenção de seu coração ao acolher Jacó de volta à sua terra.

Segundo ponto, *dois agradecimentos gentis* (33:13,14, 15b). À primeira oferta, Jacó justifica que em sua caravana há meninos tenros, ovelhas e vacas de leite que não poderiam ser forçadas. Além do mais, era prudente que ele os fosse guiando pouco a pouco, no passo do gado e dos meninos. Jacó é cauteloso nas palavras e gentil nos agradecimentos. À segunda oferta, Jacó diz que não precisa de escolta porque ele já havia alcançado o que mais desejava e necessitava, a misericórdia aos olhos de Esaú.

[10] KIDNER, Derek. *Gênesis: introdução e comentário*, p. 159.

Para Jacó, a reconciliação representa o fim e a eliminação da culpa antiga, mas não a convivência e a confraternização a qualquer preço. A reconciliação também é possível quando as partes decidem se separar. A separação definitivamente pacífica entre Jacó e Esaú é combinada em uma conversa. Jacó não corta relações com Esaú de forma abrupta. Diz que eles poderão se reencontrar em Seir. A próxima e a última vez que vemos esses dois irmãos juntos é no sepultamento de Isaque, seu pai (35:29), 23 anos depois.

Uma separação amigável (33:16,17a)

Feita toda a diplomacia do encontro, da reconciliação e das gentilezas de ambas as partes, Esaú volta naquele mesmo dia para a fortaleza escarpada e montanhosa de Seir, pelo caminho de onde viera, e Jacó parte para o norte, rumo a Sucote. Bruce Waltke diz que o texto em análise descreve dois incidentes: a reconciliação dos irmãos (33:1-11) e sua desobrigação (33:12-17). No primeiro, Esaú abraça seu irmão, agora humilde (33:1-7), e aceita o presente de Jacó como prova de sua reconciliação (33:8-11). No segundo, Esaú oferece a Jacó a provisão de uma escolta de volta (33:12-15), porém Jacó delicadamente se separa (33:16,17).[11]

Há autores que veem as atitudes de Jacó como mais uma estratégia para enganar seu irmão. Dentre esses

[11] WALTKE, Bruce K. *Gênesis*, p. 559.

autores menciono A. W. Pink, James Montgomey Boice e Warren Wiersbe. Há outros autores, porém, que elogiam Jacó por sua postura, não vendo qualquer malícia nele nesse episódio. Dentre esses autores menciono Henry Morris, Matthew Henry, Hansjorg Braumer, Derek Kidner e Bruce Waltke. Incluo-me entre os últimos!

Um estabelecimento prolongado (33:17b)

Ao chegar Jacó em Sucote, deixa de habitar em tendas e edifica para si uma casa, fazendo também palhoças para o seu gado, daí o nome Sucote. Ali Jacó fica muitos anos, pois na próxima cena, quando Jacó chega em Siquém, seus filhos já são homens adultos.

Derek Kidner está correto quando diz que permanecer em Sucote era dar um passo para atrás, espiritual e geograficamente. É difícil conciliar o chamamento para Betel com a prologanda permanência envolvida na construção de abrigos para o gado (daí o nome Sucote) e de uma casa, a leste do Jordão. A idade da filha de Jacó, e dos filhos mais velhos, implícita no próximo incidente em Siquém, revela que se haviam passado vários anos, num destes lugares, ou em ambos, visto que evidentemente Diná era uma criança, de cerca de sete anos, quando a família saiu de Padã-Arã (30:19-25; 31:41).[12]

Warren Wiersbe ainda corrobora com a interpretação de Kidner quando diz que Deus havia ordenado que

[12] KIDNER, Derek. *Gênesis: introdução e comentário*, p. 160.

Jacó voltasse a Betel (31:13) e, depois, a seu lar em Hebrom, onde Isaque ainda vivia (35:27). Em vez disso, Jacó primeiramente se demorou em Sucote e depois se assentou em Siquém. Em Sucote, o peregrino que deveria viver numa tenda (11:9-16) construiu para si uma casa e abrigos para seus rebanhos. Quando se mudou para as cercanias de Siquém, Jacó comprou uma propriedade e tornou-se um "estrangeiro residente". Estava assentando-se naquela terra [...]. Pelo fato de haver se demorado nessa parte da terra, sua filha, Diná, foi violentada e desonrada, e dois de seus filhos, Simeão e Levi, tornaram-se assassinos. Esse desvio do caminho custou muito caro a Jacó.[13]

James Montgomery Boice destaca o fato de que Jacó era um homem transformado e ainda não transformado. Quando Deus mudou o nome de Abrão para Abraão, a partir dali nunca mais se usou o velho nome para nominá-lo. Porém, o mesmo não ocorreu com Jacó. Ele recebeu o nome Israel como evidência de sua transformação. Porém, de Gênesis 33 a 50, o velho nome Jacó aparece 45 vezes, enquanto o novo nome Israel aparece apenas 23 vezes. Aparentemente, ainda havia muito do velho homem no novo patriarca.[14] Antes, porém, de censurarmos Jacó, devemos olhar para o Jacó que mora debaixo de nossa pele!

[13] WIERSBE, Warren W. *Comentário bíblico expositivo*, p. 175.

[14] BOICE, James Montgomery. *Genesis*, p. 824.

Capítulo 9

Jacó enfrenta uma tragédia na família

Quando Jacó estava fugindo de Esaú, fez um voto a Deus em Betel (28:20-22). Depois de 20 anos, quando estava retornando da casa de Labão, Deus aparece a ele como o Deus de Betel e o ordena a voltar para a terra de sua parentela (31:13). Porém, quando Jacó volta, ele se estabelece em Sucote e Siquém (33:17-20). Em Siquém, Diná, a filha de Jacó, vai ser desonrada (34:2), e Simeão e Levi, filhos de Jacó, vão se vingar e se tornar assassinos (34:25-29).

À luz do texto em tela, abordaremos seis fatos solenes.

Desobediência

Jacó deixou de ser um nômade, o peregrino que habitava em tendas (Hebreus 11:9-16), para construir uma casa em Sucote (33:17), na margem oriental do rio Jordão. Ele chega em Siquém, nos planaltos a oeste, onde havia pastos abundantes, e ali, junto da cidade, arma sua tenda (33:18). Desejando permanecer na cidade, ele compra o campo onde tinha levantado sua tenda (33:19). Mesmo tomando direção oposta ao voto que fizera a Deus e à ordem que Deus lhe dera, levantou em Siquém um altar e lhe chamou Deus, o Deus de Israel. Queria marcar o lugar com a experiência que tivera em Jaboque e estabelecer uma relação estreita entre seu novo nome e Deus.

Jacó constrói uma casa, arma uma tenda, compra um campo e levanta um altar. Mas nada disso reparava sua desobediência. Ele deveria cumprir seu voto em Betel e depois seguir para Hebrom, onde estava sua parentela (31:13). Bruce Waltke diz que Jacó fracassa em manter seu voto de construir seu altar em Betel, e então quase perde sua casa em Siquém. Porque ele não está no lugar onde se propusera a estar, ele traz sobre as nações uma espada, não uma bênção.[1] Jacó leva sua família para as proximidades de uma cidade corrompida. Longe de colocar seus filhos em lugar seguro, por vantagens financeiras, expõe sua família a riscos e perdas imensamente maiores.

Derek Kidner diz que Siquém ofereceu a Jacó as atrações de uma transigência. A cidade ficava atrativamente no entroncamento das estradas do comércio. Ele foi chamado para ser estrangeiro e peregrino; mas enquanto comprava seu lote de terra (33:19), podia arrazoar que estava dentro das fronteiras da terra que lhe fora prometida. Não foi nada menos que desobediência, e seu ato piedoso, erigindo um altar e reivindicando o seu novo nome de

[1] WALTKE, Bruce K. *Gênesis*, p. 581.

Israel (33:20), não poderia disfarçar o fato. O capítulo 34 mostra o preço disso, pago em estupro, traição e massacre – corrente de males logicamente decorrentes da desigual associação com a comunidade cananeia. Somente o medo por sua vida abriu-lhe de novo os ouvidos para a chamada de Deus para Betel.[2]

Descuido

O tempo havia passado, pois quando Jacó retorna de Padã-Arã, Diná devia ter sete anos. Agora ela já era uma jovem (34:3,4,12). Duas coisas devem ser aqui observadas:

Em primeiro lugar, *o perigo da curiosidade* (34:1). Diná saiu da tenda de sua mãe para ver as filhas da terra. Ela é jovem. Talvez ingênua e curiosa. Seus irmãos estão no campo cuidando das ovelhas. Ela, como o pródigo, quer sentir a pulsação que vibra fora de sua casa. Atraída por essa curiosidade, sai de casa para dar uma volta, para ver as filhas da terra.

Em segundo lugar, *o perigo da atração de uma sociedade sem Deus* (34:1). Diná, diferente de sua avó Rebeca e de sua tia Raquel, não era uma pastora que saía de casa para cuidar dos rebanhos. Ela saiu para ver as filhas da terra. Os filisteus tinham outros valores. Regiam-se por outros parâmetros morais. Não tinham a mesma fé em Deus. Diná é atraída por uma sociedade que não subscreve os mesmos valores e princípios espirituais de sua família.

[2] KIDNER, Derek. *Gênesis: introdução e comentário*, p. 160.

Assim como Ló, que foi armando suas tendas para as bandas de Sodoma e levando sua família para a cidade do pecado (13:12,13), Jacó também vai se estabelecendo em Siquém, levando sua família para um lugar perigoso e fora da vontade de Deus.

Warren Wiersbe destaca que o nome de Deus não é mencionado nenhuma vez neste capítulo 34 de Gênesis e que também a sabedoria do Senhor não estava presente. Quando desobedecemos ao Senhor, colocamos a nós mesmos e a nossos entes queridos em perigo. Considere o que aconteceu a Abraão no Egito (12:10-20) e em Gerar (20:1-18); a Ló em Sodoma (19:1-29); a Isaque em Gerar (26:6-16); a Sansão na Filistia (Juízes 14;16); a Elimeleque e Noemi em Moabe (Rute 1:1-22) e a Pedro no pátio da casa do sumo sacerdote (Mateus 26:69-75).[3]

Desonra

Descamos aqui duas coisas:

Em primeiro lugar, *um estupro desonroso* (34:2). Siquém, o filho de Hamor, príncipe da terra, viu Diná, tomou-a, a possuiu e assim a humilhou. Esses quatro verbos: viu + tomou + possui + humilhou são uma síntese da perversidade moral de Siquém e da crueldade com Diná. Hansjorg Braumer tem razão em dizer que os verbos – tomar, possuir, humilhar – descrevem que Siquém foi o

[3] WIERSBE, Warren W. *Comentário bíblico expositivo*, p. 175.

único responsável pelo acontecido.[4] Diná foi apanhada como uma presa. Foi tomada à força. O estupro é um pecado sexual hediondo. É uma violência ao mais íntimo e sagrado direito do ser humano, o direito de compartillhar sua intimidade voluntariamente com a pessoa certa, no tempo certo. Matthew Henry destaca o fato de que Siquém, escravo de sua própria luxúria, por ser uma "pessoa importante", o mais destacado de sua família, príncipe do seu povo, acreditava que podia fazer qualquer coisa.[5]

Warren Wiersbe destaca que a palavra "violada" é usada três vezes nessa passagem para descrever o ato perverso de Siquém (34:5,13,27).[6] Siquém impôs à Diná e à sua família uma tripla injustiça:

1. *Sequestro*: Siquém pegou Diná na estrada e levou-a para casa. Ela só pôde ser libertada novamente quando seus irmãos a buscaram, depois do massacre realizado em Siquém (34:26).
2. *Desonra*: por causa do estupro, Diná tinha sido degradada moral e socialmente.
3. *Violência*: é direito do ser humano entregar ou recusar seu corpo e especialmente sua sexualidade. A sexualidade humana não deve ser submetida a

[4] BRAUMER, Hansjorg. *Gênesis*, p. 140.

[5] HENRY, Matthew. *Comentário bíblico Antigo Testamento* – Gênesis a Deuteronômio, p. 170.

[6] WIERSBE, Warren W. *Comentário bíblico expositivo*, p. 175.

> nenhuma forma de violência.[7] Em casos de estupro, os irmãos da moça eram os responsáveis por tomar uma providência. Tamar, estuprada por Amnom, foi vingada por seu irmão Absalão (2Samuel 13:28,29).[8]

Em segundo lugar, *uma paixão possessiva* (34:3,4). Paixão é diferente de amor. O amor é paciente, benigno, não se conduz inconvenientemente nem se alegra com a injustiça. A paixão é doentia, egoísta e possessiva. O jovem príncipe afirmou que tomou Diná para si porque a amava e queria que ela fosse sua mulher. Mas violentar e manter a moça confinada numa casa (34:26) era uma forma muito estranha de declarar seu amor.[9]

Destacamos alguns aspectos dessa paixão possessiva de Siquém:

Primeiro, *uma paixão profunda* (34:3a). "Sua alma se apegou a Diná, filha de Jacó, e amou a jovem...". O sexo é legítimo no casamento, e não antes dele. O homem só deve unir-se à sua mulher, para tornar-se uma só carne com ela, depois que deixa pai e mãe (2:24). O sexo antes do casamento é demonstração de paixão, e não de amor, pois o amor sabe esperar.

[7] BRAUMER, Hansjorg. *Gênesis*, p. 140.

[8] Ibidem, p. 141.

[9] WIERSBE, Warren W. *Comentário bíblico expositivo*, p. 175.

Segundo, *um consolo raso* (34:3b). "E falou-lhe ao coração." Depois que Siquém desonrou Diná, tentou consolá-la. Ele primeiro a violenta e a estupra, para depois acalmar sua alma turbulenta. Diná não poderia mais ter um casamento digno. Então, ele propõe casar-se com ela.

Terceiro, *um poder irresponsável* (34:4). "Então, disse Siquém a Hamor, seu pai: Consegue-me esta jovem para esposa." Siquém, por ser príncipe, pensa que sua vontade é soberana. Ele vê as pessoas como coisas que podem ser adquiridas. Ele vê Diná como uma mercadoria que podia ser comprada. Seus desejos precisam ser satisfeitos, e julga que o poder está nas mãos de sua família.

Quarto, *um cativeiro humilhante* (34:26). Diná não foi devolvida à sua família no período das tratativas para tê-la como esposa. Ela foi mantida refém na casa de Hamor. Ela estava em cativeiro privado nesse tempo.

Dissimulação

Nas tratativas do casamento de Siquém com Diná, houve duas simulações graves, a primeira delas nas negociações com a família de Jacó, e a segunda com os homens de Siquém. Vejamos:

As negociações com a família de Jacó (34:5-19). Destacamos aqui seis pontos:

Primeiro, *um silêncio estratégico* (34:5). Jacó deixa de lutar com Deus e com os homens para prevalecer e é vencido por um silêncio profundo. Ele se cala e não demonstra nenhuma reação de revolta ou de tristeza com o que aconteceu com Diná. Alguns censuram Jacó por esse silêncio e por não expor em momento algum seus sentimentos em relação ao ultraje que sua filha sofreu; outros, porém, pensam que o silêncio de Jacó não é covardia, mas apenas um sinal de prudência.[10]

Segundo, *uma indignação profunda* (34:6,7). Os filhos de Jacó, ao ouvirem sobre a desonra de Diná, se indignaram e muito se iraram. Eles tiveram uma percepção do desatino moral desse ato cruel e reconheceram que essa era uma prática intolerável em Israel. Derek Kidner escreve: "Talvez já estivesse aí, em embrião, a noção da diferença entre a igreja e o mundo".[11]

Terceiro, *um pedido veemente* (34:8). Hamor tenta remediar a situação, declarando que seu filho está fortemente enamorado por Diná; e emenda fazendo o pedido de casamento: "... Peço-vos que lha deis por esposa". Não há aqui nenhuma palavra de lamento de Hamor nem mesmo qualquer pedido de desculpas pelo ocorrido.

Quarto, *uma proposta dissimulada* (34:9,10). Hamor propõe uma aliança. Quer aparentar-se com a família de Jacó através de casamentos intertribais. Oferece hospitalidade, negócios e posses. Porém, quando vai conversar com os homens da cidade, Hamor revela suas verdadeiras intenções: "O seu gado, as suas possessões, e todos os seus animais não serão nossos?..." (34:23). William

[10] WIERSBE, Warren W. *Comentário bíblico expositivo*, p. 175.

[11] KIDNER, Derek. *Gênesis: introdução e comentário*, p. 161.

MacDonald diz que a proposta pacífica de Hamor de casamentos intertribais entre israelitas e cananitas era uma das investidas de Satanás para poluir a linhagem santa.[12]

Quinto, *uma oferta subornadora* (34:11,12). Agora Siquém, que acompanha Hamor, seu pai, entra na negociação e oferece a Jacó e aos irmãos de Diná o que eles determinarem. Por ser o princípe da cidade, tenta impressionar a família de Diná com uma vultosa oferta: "Majorei de muito o dote de casamento e as dádivas, e darei o que me pedirdes; dai-me, porém, a jovem por esposa" (34:12).

Sexto, *uma trama ardilosa* (34:13-19). Os filhos de Jacó assumiram a liderança nas tratativas. Jacó está em silêncio. Eles fazem de sua proposta uma trama ardilosa. Concordam em fazer uma aliança com Hamor e Siquém com uma única condição: que todos os homens sejam circuncidados. Passam a ideia de que são zelosos de sua religião. Porém, usam "o sacramento da circuncisão" para cometerem um crime covarde, cruel e hediondo. Como diz Warren Wiersbe, eles sabiam que a circuncisão não seria suficiente para transformar cananeus em membros do povo de Deus, uma vez que não estavam presentes quaisquer outras das condições da aliança.[13] Eles tentam reparar um crime com outro crime. Tentaram fazer justiça com as próprias mãos. Eles planejaram matar não apenas o rapaz que estuprou Diná, mas, também, seu pai e

[12] MACDONALD, William. *Believer's Bible Commentary*, p. 69.
[13] WIERSBE, Warren W. *Comentário bíblico expositivo*, p. 176.

todos os homens de sua cidade. Foram longe demais em sua vingança!

As negociações com os homens de Siquém (34:20-24). Destacamos aqui três pontos:

Primeiro, *uma proposta de aliança* (34:20-22). Hamor e Siquém vão à porta da cidade, onde os assuntos eram tratados, e ali, para resolver um problema familiar, convidam os homens a fazer aliança com a família de Jacó, mostrando a eles as vantagens desse acordo. Waltke diz, com razão, que a palavra "circuncisão" é esvaziada de significação teológica. Não tem a intenção de abraçar a visão de mundo de Israel simbolizada pela circuncisão. É apenas um meio de lucro financeiro, reforçando sua própria cultura.[14]

Segundo, *uma esperteza sutil* (34:23). Hamor e Siquém revelam que a intenção deles era lesar Jacó e seus filhos. Os cananeus viram nesse acordo uma oportunidade de assimilar Israel e de, aos poucos, tomar para si as terras e as riquezas de seu povo.

Terceiro, *uma concordância imediata* (34:24). Os homens de Siquém anuiram à proposta de aliança e decidiram que todos os homens da cidade seriam submetidos à cirurgia da circuncisão. Eles estão dispostos a aceitar o sinal da santa aliança como um meio de tirar vantagens pessoais sem conversão.[15]

[14] WALTKE, Bruce K. *Gênesis*, p. 579.

[15] Idem.

VINGANÇA

Destacamos aqui quatro pontos:

Primeiro, *uma chacina* (34:25,26). Simeão e Levi sabiam que homens recém-circuncidados não podiam lutar. Por isso, tendo os homens de Siquém sido circuncidados, no terceiro dia, quando a dor era mais aguda, Simeão e Levi, os irmãos de Diná, tomaram cada um a sua espada e, mui provavelmente com alguns servos do acampamento de Jacó, entraram inesperadamente na cidade e mataram todos os homens, passando ao fim da espada, inclusive, Hamor e o príncipe Siquém. Eles não pouparam ninguém. Praticaram uma chacina, um derramamento de sangue. Eles agiram com violência sem trégua e com cínica barbárie.

Segundo, *um resgate* (34:26b). Toda essa violência traiçoeira e implacável não era apenas para vingar a honra de Diná, mas, também, para resgatá-la da casa de Siquém (34:17b). Durante todo esse tempo entre o estupro de Diná e as negociações para o casamento, Diná estava como refém, retida na casa de Siquém, como que sequestrada por ele.

Terceiro, *uma pilhagem* (34:27-29a). Somente Simeão e Levi acionaram a espada assassina, mas na hora de saquearem a cidade, os demais irmãos de Diná entraram no bando. A motivação não era ganância, mas lavar a honra da irmã violentada. Nessa pilhagem levaram os rebanhos, os bois, os jumentos e o que havia na cidade e no campo, ou seja, todos os seus bens. Braumer diz que o assassinato dos siquemitas, incluindo Hamor e Siquém, ainda teve um poslúdio cruel. Depois de matar os homens incapazes de se movimentar por causa da circuncisão, todos os filhos de Jacó atacaram a cidade, saquearam tudo o que lhes caiu nas mãos e levaram crianças e mulheres como prisioneiras.[16]

Quarto, *um sequestro* (34:29b). Não bastasse o sequestro dos bens, os irmãos de Diná também levaram todos os meninos e as mulheres cativos, pilhando tudo o que havia nas casas. Os pastores deixaram o cajado e pegaram a espada e se transformaram em assassinos frios e calculistas. Tornaram-se sequestradores cruéis e estenderam sua vingança até mesmo a pessoas inocentes. Nisso se tornaram culpados!

Concordo com Warren Wiersbe quando diz que Simeão e Levi foram longe demais ao assassinar os cananeus, saquear sua cidade e sequestrar crianças e mulheres, a fim de vingar a irmã; e Jacó nunca se esqueceu disso (49:5-7).[17] Nessa mesma linha de pensamento, George Livingston diz que Jacó percebeu nitidamente que o episódio desqualificava Simeão e Levi como aptos para assumir as responsabilidades do pacto no futuro. Ele não esqueceu o fato, mas reservou a punição maior para depois.

[16] BRAUMER, Hansjorg. *Gênesis*, p. 144.

[17] WIERSBE, Warren W. *Comentário bíblico expositivo*, p. 176.

> Simeão e Levi são irmãos; as suas espadas são instrumentos de violência. No seu conselho, não entre minha alma; com o seu agrupamento, minha glória não se ajunte; porque no seu furor mataram homens, e na sua vontade perversa jarretaram touros. Maldito seja o seu furor, pois era forte, e a sua ira, pois era dura; dividi-los-ei em Jacó e os espalharei em Israel (49:5-7).[18]

Medo

Enquanto os filhos de Jacó estão ainda indignados por causa da desonra sofrida pela irmã, Jacó só demonstra aflição pelo que eles fizeram aos siquemitas. Como ele ficara com medo de que seu irmão Esaú pudesse eliminar sua família, agora ele teme que os cananeus e os ferezeus destruíssem a ele e a sua casa.

Seus filhos estão indignados pelo desatino da violação da irmã, e Jacó está indignado com seus filhos e com medo dos filisteus e dos ferezeus. Os filhos de Jacó estão indignados com a perda da honra; e Jacó está com medo de ser alvo de vingança. Derek Kidner diz que a explosão de Jacó (34:30) sugere maior preocupação pela paz do que pela honra (34:5).[19] Jacó reprova os filhos por sua imprudência; eles o repreendem por sua falta de indignação moral. As preocupações de Jacó são táticas e estratégicas,

[18] LIVINGSTON, George H. *O livro de Gênesis*, p. 100.

[19] KIDNER, Derek. *Gênesis: introdução e comentário*, p. 161.

longe de éticas.[20] Salta aos olhos nesta narrativa que Diná nunca é mencionada como "sua filha", desde o começo da história em Gênesis 34:1. Este é outro símbolo da terrível fenda familiar.[21]

Impenitência

Em face da amarga reação de Jacó a seus filhos, eles responderam: "Abusaria ele de nossa irmã, como se fosse prostituta?" (34:31). Os filhos de Jacó não demonstram nenhum arrependimento. Não sentem nenhum remorso pelo que fizeram. São impenitentes. Concordo com Derek Kidner quando escreve: "O apaziguador [Jacó] e os vingadores [Simeão e Levi] mutuamente exasperados, e dominados respectivamente pelo medo e pelo furor, talvez estivessem equidistantes da verdadeira justiça. Exemplificam duas perenes, mas estéreis reações ao mal".[22]

Concluímos este capítulo evocando quatro lições do texto em tela, expostas por James Montgomery Boice:

Primeira, *o nosso lar não deve ser apenas onde está nosso coração, mas, sobretudo, onde está o Senhor.*

Segunda, *os pais devem ter mais cuidado com os seus filhos.* Diná vai sozinha à cidade de Siquém. Sabemos que seus irmãos estavam trabalhando, mas onde estavam seus

[20] WALTKE, Bruce K. *Gênesis*, p. 580-581.

[21] Ibidem.

[22] KIDNER, Derek. *Gênesis: introdução e comentário*, p. 162.

pais? Mui provavelmente houve negligência no cuidado com Diná.

Terceira, *o mundo em que vivemos é realmente muito mau*. Uma moça é apanhada, estuprada, humilhada e levada refém para a casa do rapaz que abusou dela.

Quarta, *aqueles que deveriam ser luz no meio das trevas também são suscetíveis das maiores atrocidades*. Os crimes dos filhos de Jacó são ainda mais bárbaros e perversos do que o crime dos cananitas.[23]

[23] BOICE, James Montgomery. *Genesis*, p. 830-832.

Capítulo 10

Jacó vive um tempo de restauração

A vida é feita de muitos recomeços. Jacó, mesmo depois de sua conversão no vau de Jaboque, viveu dias tenebrosos em Siquém. Ali sua filha foi desonrada e seus filhos tornaram-se como feras de rapina. No capítulo anterior, o nome de Deus não aparece nenhuma vez. Quando Deus está ausente em nossa vida, o fracasso é inevitável. Agora, Deus mais uma vez toma a iniciativa de restaurar Jacó e salvar sua família. Se no capítulo 34 o nome de Deus não aparece nenhuma vez, no capítulo 35, o nome de Deus aparece em todo lugar, cerca de 11 vezes.[1] Como diz Warren Wiersbe: "É como sair de um deserto e ir para um jardim engrinaldado de flores".[2]

Veremos nove lições importantes na passagem em apreço.

[1] BOICE, James Montgomery. *Genesis*, p. 836.

[2] WIERSBE, Warren W. *Comentário bíblico expositivo*, p. 177.

Um tempo de restauração

A restauração é obra de Deus. Jacó não tinha forças morais e espirituais para reerguer-se das cinzas. Ele estava desmoralizado em Siquém. Seus filhos censuraram seu silêncio e sua omissão no caso de Diná. Uma vingança iminente por parte dos cananeus e dos ferezeus poderia varrer do mapa sua família (34:30). Jacó está encurralado por uma crise medonha. Ele está atordoado pelo medo. Quando tudo parece perdido, porém, Deus entra mais uma vez em sua história para restaurá-lo. É como diz George Livingston: "Deus encontrou Jacó na intensidade do vívido sofrimento espiritual produzido pelo crime contra Diná e pelos crimes cometidos por seus filhos contra Siquém".[3]

Destacaremos aqui seis pontos preciosos:

Primeiro ponto, *a restauração é obra de Deus* (35:1). "Disse Deus a Jacó: Levanta-te, sobe a Betel e habita ali; faze ali um altar ao Deus que te apareceu quando fugias da presença de Esaú, teu irmão". O parceiro pactual divino toma a inciativa de renovar a aliança com seu parceiro humano mais fraco.[4] Em Betel, Jacó tinha feito um voto a Deus. Vinte anos depois do voto, quando estava saindo de Padã-Arã, Deus deu uma ordem expressa a ele para voltar a Betel. Jacó descumpriu o voto, desobedeceu a Deus e se estabeleceu em Siquém. Agora, Deus está

[3] LIVINGSTON, George H. *O livro de Gênesis*, p. 100.

[4] WALTKE, Bruce K. *Gênesis*, p. 586.

novamente ordenando Jacó a tomar de volta o caminho da obediência e cumprir o voto que lhe fizera. Os altares a Deus, levantados por Abraão, Isaque e Jacó sempre foram espontâneos (12:7,8; 13:18; 22:9; 26:25; 33:20). Este é o primeiro altar que Deus exige que seja levantado (35:1).

Segundo ponto, *a restauração passa pelo rompimento com o pecado* (35:2). "Então, disse Jacó à sua família e a todos os que com ele estavam: Lançai fora os deuses estranhos que há no vosso meio, purificai-vos e mudai as vossas vestes". O primeiro requerimento da aliança é um compromisso exclusivo com o Senhor.[5] Por isso, os ídolos tinham que ser lançados fora.

A idolatria sempre seduziu o povo de Israel (31:19). Moisés precisou adverti-los sobre a idolatria antes de entrarem na Terra Prometida (Deuteronômio 7:25,26) e Josué teve de desafiar os israelitas a abandonar seus deuses depois que haviam conquistado a Terra (Josué 24:14,23,24). Os profetas repreenderam a nação, em várias ocasiões, por edificar santuários em lugares altos e ali servir a falsos deuses.[6]

Os ídolos são uma nulidade. São ouro, prata, pedra, madeira e barro forjados pelas mãos do homem. Não têm vida nem podem dar vida. Eles não carregam, precisam ser carregados. Braumer diz que os ídolos são figuras às

[5] WALTKE, Bruce K. *Gênesis*, p. 587.

[6] WIERSBE, Warren W. *Comentário bíblico expositivo*, p. 178.

quais as pessoas atribuem poder de uma forma blasfema.[7] As pessoas do clã de Jacó tinham transferido expectativas de poder para esses ídolos e amuletos. Não colocavam sua esperança somente no Senhor Deus, mas também em objetos feitos de madeira ou metal.[8]

Mudar as vestes significa recomeço. Assim como a sujeira, o pecado contamina e deve ser removido. As vestes velhas e sujas retratam a antiga vida e seus erros (Isaías 64:6). Vestes novas e limpas falam de uma nova vida (Lucas 15:22; Apocalipse 3:18).

Não precisamos permanecer do jeito que somos. Não importa quantas vezes fracassemos em nossa jornada com o Senhor, poderemos sempre voltar para casa, se nos arrependermos e obedecermos de coração.[9] Foi o que aconteceu com Abraão (13:1-4), Isaque (26:17), Davi (2Samuel 12), Jonas (Jonas 3:1-3); Pedro (João 21:15-19) e, então, com Jacó.

Terceiro ponto, *a restauração exige disposição e obediência* (35:3). "Levantemo-nos e subamos a Betel. Farei ali um altar ao Deus que me respondeu no dia da minha angústia e me acompanhou no caminho por onde andei." Jacó mais uma vez está liderando sua família no caminho certo. Ele toma a dianteira. Dá uma ordem expressa para todos se levantarem e subirem a Betel. Ele diz à sua

[7] BRAUMER, Hansjorg. *Gênesis*, p. 147.

[8] Ibidem.

[9] WIERSBE, Warren W. *Comentário bíblico expositivo*, p. 177.

família que lá em Betel, o território da obediência, ele levantará um altar ao Deus que o respondeu no dia de sua angústia e o acompanhou no caminho por onde andou. Jacó se afastou de Deus algumas vezes, mas Deus nunca deixou de acompanhá-lo na jornada. É preciso agir. É hora de levantar-se e subir para Betel. Subir a Betel exige disposição e esforço. Para subir a Betel não dá para levar bagagem extra.

Quarto ponto, *a restauração requer arrependimento sincero* (35:4). "Então, deram a Jacó todos os deuses estrangeiros que tinham em mãos e as argolas que lhes pendiam das orelhas; e Jacó os escondeu debaixo do carvalho que está junto a Siquém." Raquel havia roubado os terafins de seu pai Labão (31:19,34,35). Tera e Naor, pai e avô de Labão, respectivamente, viviam em Ur dos caldeus, uma terra idólatra (Josué 24:2).

A família de Labão e os servos e servas que o acompanhavam ainda tinham devoção a esses deuses estrangeiros. Em face da exigência de Jacó de lançar fora os deuses estranhos, todos tomam a decisão de fazer uma faxina espiritual e romper com as práticas idólatras. O arrependimento sincero é demonstrado pelo rompimento com o pecado. A bênção de Deus não flui onde o pecado está aninhado no coração. Primeiro vem o arrependimento sincero, depois a bênção da restauração. Jacó recolheu todos esses ídolos e amuletos e enterrou-os debaixo do carvalho de Siquém. Não era possível subir para Betel com o coração dividido. Deviam servir apenas ao Senhor.

Quinto ponto, *a restauração torna-se evidente no favor de Deus* (35:5,6). "E, tendo eles partido, o terror de Deus invadiu as cidades que lhes eram circunvizinhas, e não perseguiram aos filhos de Jacó. Assim, chegou Jacó a Luz, chamada Betel, que está na terra de Canaã, ele e todo o povo que com ele estava." Deus não somente ordena Jacó a subir a Betel, mas, também, coloca terror nas cidades próximas para não perseguirem os filhos de Jacó. Assim, Jacó e toda a sua comitiva chegam sãos e salvos a Betel. Quando mais tarde Josué liderou a conquista da terra, o terror de Deus, igualmente, era a proteção de Israel (Êxodo 23:27; Josué 2:9).

Sexto ponto, *a restauração é fruto de uma profunda experiência com Deus* (35:7). "E edificou ali um altar e ao lugar chamou El-Betel; porque ali Deus se lhe revelou quando fugia da presença de seu irmão." Jacó renova sua aliança com Deus. Deixa de construir casas em Siquém para construir um altar em Betel. Jacó dá o nome de El-Betel ao lugar. Não basta conhecer a casa de Deus, é preciso conhecer o Deus da casa de Deus. Como diz Warren Wiersbe, "o importante não era o lugar, mas sim o Deus do lugar e o que Ele havia feito em favor de Jacó".[10]

Jacó teve três profundas experiências com Deus em sua jornada. Vejamos.

A primeira delas aconteceu quando fugia de seu irmão rumo a Padã-Arã. Ali, em Luz, Deus se revelou a

[10] WIERSBE, Warren W. *Comentário bíblico expositivo*, p. 178.

ele, durante a noite, numa escada que ligava a terra ao céu. Deus fez promessas a Jacó e Jacó fez votos a Deus. Jacó chamou aquele lugar de Betel, "casa de Deus".

A segunda experiência aconteceu no vau de Jaboque, quando ele voltava de Padã-Arã, 20 anos depois. Ali o Senhor lutou com Jacó e o deixou manquejando para salvar-lhe a vida. No vau de Jaboque, Jacó viu Deus face a face e sua vida foi salva. Então, Jacó chamou aquele lugar de Peniel, "a face de Deus".

A terceira experiência de Jacó com Deus ocorre aqui neste episódio, quando Deus restaura Jacó. Ele levanta um altar a Deus e chama o lugar de El-Betel, "o Deus da casa de Deus". Em Betel, Jacó conhece o Deus de seus pais. Em Peniel, ele conheceu o Deus de sua salvação. Em El-Betel, ele conheceu o Deus de sua restauração.

Um tempo de gratidão

O narrador insere um fato assaz curioso no meio de três episódios sublimes na vida de Jacó: o altar da adoração, a renovação das promessas divinas e a morte de Débora. Vejamos: "Morreu Débora, a ama de Rebeca, e foi sepultada ao pé de Betel, debaixo do carvalho, que se chama Alom-Bacute" (35:8). A Bíblia não registra a morte de Rebeca ou quando a ama se uniu ao círculo familiar de Jacó, mas é evidente que ela estava com eles tempo o suficiente para ganhar o afeto da família. Chamaram o local do sepultamento de Alom-Bacute, que quer dizer:

"carvalho do choro".[11] Débora correspondia para Rebeca mãe de Jacó, o que Eliezer correspondia para Abraão, avô de Jacó. Ela veio com Rebeca quando esta aceitou casar-se com Isaque (24:59). Era sua ama de leite. Mais do que uma serva em sua casa, era uma ama que cuidava de Rebeca. Certamente, Jacó conviveu com ela longos anos, porque saiu de casa com 77 anos, quando Débora estava ainda em companhia de sua mãe.

Vale destacar que Deus quer honrar essa mulher, pois o narrador não faz registro da morte de Rebeca, mas destaca a morte e o sepultamento de Débora, sua ama. Jacó presta a essa mulher extraordinária, que certamente ajudou a cuidar dele por tantos anos, as suas últimas homenagens, dando-lhe um sepultamento digno.

Um tempo de renovo da aliança

Tendo Jacó cumprido o que Deus lhe ordenara, o Senhor renova com ele suas promessas. Vejamos:

A presença e a bênção de Deus são concedidas (35:9). "Vindo Jacó de Padã-Arã, outra vez lhe apareceu Deus e o abençoou". Oh, como Deus é compassivo com as fraquezas de seus servos. Deus aparece outra vez a Jacó para abençoá-lo. A presença e a bênção de Deus são as maiores necessidades da vida.

[11] LIVINGSTON, George H. *O livro de Gênesis*, p. 101.

O novo nome é reafirmado (35:10). "Disse-lhe Deus: O teu nome é Jacó. Já não te chamarás Jacó, porém Israel será o teu nome. E lhe chamou Israel." O suplantador será um príncipe. Não somente seu nome, mas sua vida é mudada. As vestes sujas de Jacó são mudadas, e agora ele se cobre com o manto de um novo homem, Israel.

As promessas da aliança são renovadas (35:11-13). "Disse-lhe mais: Eu sou o Deus Todo-poderoso; sê fecundo e multiplica-te; uma nação e multidão de nações sairão de ti, e reis procederão de ti. A terra que dei a Abraão e a Isaque dar-te-ei a ti e à tua descendência. E Deus se retirou dele, elevando-se do lugar onde lhe falara." Deus fala a Jacó como o El-Shadai, o Todo-poderoso Deus que cumpre suas promessas. Nessa teofania, as promessas feitas a Abraão e a Isaque estão de pé e cumprir-se-ão em Jacó e em sua descendência. O Todo-poderoso lhe promete fecundidade, multiplicação, proeminência e a dádiva da terra de Canaã.

Um tempo de consagração

"Então, Jacó erigiu uma coluna de pedra no lugar onde Deus falara com ele; e derramou sobre ela uma libação e lhe deitou óleo. Ao lugar onde Deus lhe falara, Jacó lhe chamou Betel" (35:14,15). Em resposta à renovação das promessas da aliança outrora feitas a Abraão e a Isaque, e, agora, uma vez mais a Jacó, este erige uma coluna de pedra no lugar onde Deus lhe falara, derramando ali óleo como libação ao Senhor. A esse lugar Jacó chamou Betel.

UM TEMPO DE CHORO

Passamos agora da voz de Deus para o choro de um bebê e para as últimas palavras de sua mãe. [12] A peregrinação neste mundo é marcada por alegrias e tristezas, altares e túmulos, celebrações e pranto. Jacó sai com sua comitiva de Betel e no caminho, nas proximidades de Efrata, Raquel, sua mulher amada que estava grávida, morre prematuramente no parto. Destacaremos aqui alguns pontos:

Primeiro ponto, *um parto penoso* (35:16,17). "Partiram de Betel, e, havendo ainda pequena distância para chegar a Efrata, deu à luz Raquel um filho, cujo nascimento lhe foi a ela penoso. Em meio às dores do parto, disse-lhe a parteira: Não temas, pois ainda terás este filho." Jacó caminhava com seu clã para o sul, quando Raquel, em estado adiantado de gestação, dá à luz e morre no parto. A cidade de Efrata, mencionada no contexto da morte de Raquel, fica ao norte de Jerusalém, entre Ramá e Gibeá. Efrata é também chamada de Belém (Miqueias 5:2). Essa cidade vai se tornar muito conhecida, pois, tanto o rei Davi (1Samuel 17:12) como Jesus, o Messias, nasceram em Belém (Lucas 2:4-7).

Raquel era estéril e viveu vários anos entristecida por ter o amor do marido, mas não os filhos dele. Chegou ao extremo de pedir a Jacó: "Dá-me filhos, senão morrerei" (30:1). Deus lembrou-se dela, ouviu e fê-la fecunda. Ela

[12] WIERSBE, Warren W. *Comentário bíblico expositivo*, p. 179.

concebeu e deu à luz um filho e lhe chamou José, dizendo: "Dê-me o Senhor ainda outro filho" (30:22-24). Raquel, ao ter seu desejo cumprido, no mesmo ato de ter sua oração respondida, sofre e morre no parto do segundo filho.

Segundo ponto, *uma morte prematura* (35:18). "Ao sair-lhe a alma (porque morreu), deu-lhe o nome de Benoni..." Alguns estudiosos dizem que Raquel não sabia o que exigia de seu marido ao dizer: "Dá-me filhos, senão morrerei" (30:1) ou mesmo que não sabia o que pedia a Deus ao nascer José, seu primogênito: "Dê-me o Senhor ainda outro filho" (30:24). Pois, ao ter seu desejo cumprido, pensando não poder viver sem filhos, morre exatamente no momento que os tem. Outros estudiosos ainda pensam que Raquel morre precocemente, porque Jacó, sem saber, pronuncia uma maldição de morte sobre ela, que escondia os deuses de seu pai na sela do seu camelo: "Não viva aquele com quem achares os teus deuses..." (31:32). Porém, ao registrar a morte de Raquel, o texto não a vincula com esses fatos precedentes.

O clamor de Jeremias combina com esta descrição: "Ouviu-se um clamor em Ramá, pranto e grande lamento; era Raquel chorando por seus filhos e inconsolável por causa deles, porque já não existem (Jeremias 31:15)". O profeta vê a matriarca Raquel em pé sobre o monte junto a Ramá, contemplando seus filhos, a população de Jerusalém, sendo levada para o cativeiro babilônico. Raquel inicia um lamento fúnebre, pois, para ela, os presos são como mortos. Depois do infanticídio em Belém ordenado por

Herodes, o Grande, a matriarca Raquel lamenta mais uma vez a morte de seus filhos. Ela chora sua dor junto às mães de Belém que choravam, ou seja, do começo ao fim, a igreja de Deus é uma unidade fortemente ligada.[13]

Terceiro ponto, *uma mudança de nome* (35:18). "... Mas seu pai lhe chamou Benjamim." Benoni significa "filho da minha aflição ou da minha tristeza", Benjamim significa "filho da minha destra". William MacDonald diz que esses dois nomes prefiguram os sofrimentos de Cristo e as glórias que os seguiriam.[14] Jacó rejeita a escolha de Raquel, tira um peso das costas do seu filho caçula e dá-lhe um nome que abre para ele as cortinas da esperança. Benoni não é um nome muito agradável para um homem levar consigo ao longo de toda a vida, lembrando-o de que seu nascimento havia contribuído para a morte da mãe. Porém, Jacó estava sempre pronto a dar novos nomes, de modo que chamou seu filho de Benjamim, que significa "filho da minha destra", ou seja, um filho a ser honrado. O primeiro rei de Israel, Saul, viria da tribo de Benjamim (1Samuel 9:1,2), bem como o apóstolo Paulo (Filipenses 3:5).[15] Concordo com Derek Kidner quando diz que foi um belo gesto de fé alterar o nome de "filho de minha de

[13] BRAUMER, Hansjorg. *Gênesis*, p. 151.

[14] MACDONALD, William. *Believer's Bible Commentary*, p. 70.

[15] WIERSBE, Warren W. *Comentário bíblico expositivo*, p. 179.

minha tristeza" para o de "filho da minha destra", aspecto positivo de uma experiência tão sombria.[16]

Quarto ponto, *um sepultamento honroso* (35:19,20). "Assim, morreu Raquel e foi sepultada no caminho de Efrata, que é Belém. Sobre a sepultura de Raquel, levantou Jacó uma coluna que existe até ao dia de hoje." Mais de 20 anos antes, Jacó erguera uma coluna de pedra em Betel para comemorar seu encontro com Deus (28:18). Então, colocou outra coluna para servir de memorial à sua amada esposa, Raquel (35:20).

Jacó tem agora a ausência da esposa amada e um bebê recém-nascido para cuidar. Num mesmo instante misturam-se lágrimas e esperança. Um presente doloroso e um futuroso esperançoso se entrelaçam.

Quinto ponto, *um recomeço necessário* (35:21). "Então, partiu Israel e armou a sua tenda além da terra de Eder." Jacó não enterrou seu coração no túmulo de Raquel. O luto tem seu tempo determinado. Depois, é hora de recomeçar a caminhada e marchar rumo ao futuro.

UM TEMPO DE DECEPÇÃO

Está escrito: "E aconteceu que, habitando Israel naquela terra, foi Rúben e se deitou com Bila, concubina de seu pai; e Israel o soube. Eram doze os filhos de Israel". Com a morte de Raquel, sua serva Bila sente-se mais livre para aproximar-se de Jacó novamente. Ao mesmo

[16] KIDNER, Derek. *Gênesis: introdução e comentário*, p. 163.

tempo, José, o filho primogênito de Raquel, ganha ainda mais atenção de Jacó. Rúben, o primogênito de Jacó, filho de Lia (29:31,32), quer demarcar seu território e reivindicar seu direito de primogenitura como o sucessor, o herdeiro do pai e o chefe do clã (Gênesis 35:22; 2Samuel 3:6-11; 16:20-23; 1Reis 2:13-25), então comete incesto com Bila, concubina de seu pai. Bruce Waltke diz que o vergonhoso ato de Rúben é motivado mais por política do que por concupiscência.[17] A intenção de Rúben de assumir a liderança da família, porém, torna seu ato ainda mais vil. Nas palavras de Livingston, "o incesto de Rúben não só era flagrante pecado contra a santidade do casamento, mas também desdenhoso desafio da autoridade tribal do seu pai".[18]

Rúben escolhe o caminho errado para atingir o seu propósito, usando a ética de que os fins justificam os meios. Mais tarde, a lei determina que o contato sexual do filho com a mulher do pai deveria ser punido com a morte. Os dois envolvidos eram executados (Levítico 18:8; 20:11). Jacó não pune Rúben no ato de seu delito, mas em sua velhice, Jacó expôs o pecado de Rúben e destituiu-o de seu direito de primogenitude, dando-o a José (49:3,4; 1Crônicas 5:1,2).

Durante esse tempo de restauração, Jacó sepultou Débora, a ama de sua mãe, sepultou Raquel, sua esposa

[17] WALTKE, Bruce K. *Gênesis*, p. 594.

[18] LIVINGSTON, George H. *O livro de Gênesis*, p. 102.

amada, também sepultou seu pai. Se não bastassem esses três funerais, Jacó é golpeado pela decepção de ver Rúben, seu filho primogênito, profanando seu leito e coabitando com Bila, sua concubina.

A vida cristã não é uma colônia de férias nem uma estufa, onde ficamos blindados das vicissitudes da vida. Aqui temos vales escuros, pântanos perigosos, mares revoltos, tempestades devastadoras. No percurso do berço à sepultura, enfrentamos muitos percalços. Essa jornada é feita com lágrimas nos olhos e dores na alma.

UM TEMPO DE VER A HERANÇA DO SENHOR

O narrador registra a descendência de Jacó e destaca seus nomes a partir de suas esposas e concubinas. O nome de Diná, filha de Lia, não é mencionado, porque ela não fará parte das doze tribos de Israel, que vai dar continuidade à história do povo de Deus. Vejamos:

Primeiro, *os filhos de Lia*: Rúben, Simeão, Levi, Judá, Issacar e Zebulom (35:23).

Segundo, *os filhos de Raquel*: José e Benjamim (35:24). O nome do décimo segundo filho de Jacó se completa com o nascimento de Benjamim. Através de todo o Antigo Testamento, bem como do Novo Testamento, doze será o número que simboliza o "Israel de Deus" completo", ou seja, as doze tribos e os doze apóstolos (Apocalipse 21:12,14).[19]

[19] KIDNER, Derek. *Gênesis: introdução e comentário*, p. 164.

Terceiro, *os filhos de Bila, serva de Raquel*: Dã e Naftali (35:25).

Quarto, *os filhos de Zilpa, serva de Lia:* Gade e Aser (35:26).

A expressão "são estes os filhos de Jacó, que lhe nasceram em Padã-Arã" (35:26) é generalizadora, uma vez que Benjamim nasceu na terra dos patriarcas, em Efrata (35:16-19).[20]

Um tempo de luto

Chegou a hora de Jacó retornar a Manre, a Quiriate-Arba (que é Hebrom), terra em que peregrinaram Abraão e Isaque, para ver o seu idoso pai, a quem muitos anos antes havia enganado. É claro que as velhas feridas tinham sido curadas e a volta ao lar foi em paz. Waltke diz que a peregrinação de Jacó completou o ciclo. O relato de Isaque termina com a reconciliação de Jacó com o filho.[21] Agora o velho patriarca está pronto para morrer.

Isaque morreu aos 180 anos, o mais longevo dos patriarcas (35:28). Esaú veio das montanhas de Seir e se juntou a Jacó para sepultar o pai, na caverna de Macpela (35:29; 49:29-33). Warren Wiersbe tem razão em dizer que a morte de Isaque mudou a situação de Jacó: ele passou a ser o chefe da família e herdeiro das bênçãos da aliança. Não apenas adquiriu a enorme riqueza de Isaque,

[20] BRAUMER, Hansjorg. *Gênesis*, p. 154.

[21] WALTKE, Bruce K. *Gênesis*, p. 595.

como também herdou tudo o que fazia parte da aliança com Abraão. Doravante seu Deus seria conhecido como o Deus de Abraão, Isaque e Jacó.[22]

Duas lições podem ser destacadas aqui:

Primeira lição, *Jacó vai ao seu pai antes dele morrer* (35:27,28). "Veio Jacó a Isaque, seu pai, a Manre, a Quiriate-Arba (que é Hebrom), onde peregrinaram Abraão e Isaque". Isaque já estava praticamente cego e perto de sua morte quando Jacó saiu de casa aos 77 anos (27:1,2). Nesse tempo, Isaque tinha 137 anos. Quando Jacó retornou de Padã-Arã, 20 anos depois, Isaque tinha 157 anos. Ele ainda sobreveu mais 23 anos. Muito embora ele tenha sido o patriarca que teve vida mais longa, ele fica na sombra tanto do pai, Abraão, quanto do filho Jacó.

A morte de Isaque nesta passagem é anacrônica. Isso porque Isaque, que viveu 180 anos, ainda sobreviveu até um ano antes de José ser promovido a governador do Egito. Como sabemos disso? Quando Jacó nasceu, Isaque tinha 60 anos (25:26). Quando José foi vendido para o Egito, com 17 anos (37:2), Jacó tinha 108 anos, e seu pai, Isaque, 168 anos. José foi levado ao trono do Egito como vice-governador com trinta anos, depois de completados 13 anos desde que fora vendido pelos seus irmãos. Nesse tempo, Jacó tinha 121 anos. Como Isaque morreu com 180 anos, ainda estava vivo 12 anos depois que José fora

[22] WIERSBE, Warren W. *Comentário bíblico expositivo*, p. 181.

levado ao Egito, ou seja, Isaque morreu um ano antes de José tornar-se governador do Egito.

Segunda lição, *Esaú e Jacó se unem pela última vez para sepultarem Isaque* (35:29). A reconciliação de Esaú e Jacó é demonstrada mais uma vez, quando esses dois irmãos se unem para sepultar Isaque, seu pai, na caverna de Macpela, em Hebrom. A partir daqui, cada um segue seu caminho, embora irmãos, com destinos e vocações diferentes e separadas. A partir deste ponto, diz Braumer, a história dos patriarcas fala apenas de Jacó. Muito embora os edomitas ainda sejam chamados de "irmãos" (Números 20:14), a ordem expressa de Deus era: "Não aborrecerás o edomita, pois é teu irmão" (Deuteronômio 23:7).[23]

[23] BRAUMER, Hansjorg. *Gênesis*, p. 154.

Capítulo 11

Jacó enfrenta divisão dentro de sua casa

Deus revelara a Abraão seu propósito de conduzir a família escolhida ao domínio estrangeiro, até que se enchesse a medida da iniquidade dos amorreus e Canaã estivesse madura para ser conquistada (15:13-16). A cadeia de acontecimentos que levaria Israel para o Egito é posta aqui em movimento. A providência de Deus está em ação.[1]

Jacó e seus filhos

Este capítulo abre a história épica de Jacó e de seus filhos (37:1,2). O ator principal desta cena, porém, não é Jacó, mas José, mencionado duas vezes mais que seu pai nos 14 capítulos a seguir. Esta história está repleta de profundas implicações teológicas. A mão de Deus fica evidente em cada uma das cenas, controlando e prevalecendo sobre as decisões das pessoas. No final, Deus constrói um herói,

[1] KIDNER, Derek. *Gênesis: introdução e comentário*, p. 167.

salva uma família e cria uma nação que será bênção para o mundo todo. Por trás desta história está o Deus da aliança que sempre cumpre suas promessas.[2]

José é o mais vívido tipo de Cristo em toda a Bíblia, muito embora ele não tenha sido mencionado como tal. Ele foi amado pelo pai, odiado pelos irmãos, vendido por vinte siclos de prata, sofreu injustiça, mas foi exaltado, com o propósito de livrar seu povo da morte. Ele salvou o mundo da fome e da morte. Faraó deu-lhe o nome de Zafenate-Panéia, cujo significado é "salvador do mundo" (41:45).

Destaco aqui um ponto importante: *Jacó enfrenta a hostilidade de seus filhos para com José, seu filho amado* (37:1-4). Jacó vai habitar na terra das peregrinações de seu pai, em Canaã (37:1). Nessa terra é que vai se desenrolar essa história marcada por amor, ódio, traição, tráfico humano, mentiras, lágrimas e dor. José tinha 17 anos e já trabalhava como pastor na companhia de seus irmãos, filhos de Bila e Zilpa. Seus irmãos Dã, Naftali, Gade e Aser não eram bons exemplos para José, por isso, trazia más notícias destes a seu pai. Não bastassem esses relatórios negativos de José a seu pai, Jacó não fazia questão de esconder seu amor especial e sua predileção a José, mormente depois da morte de Raquel. A predileção transformou-se em favoritismo. José era o filho primogênito e favorito da esposa favorita. José era diferente de seus irmãos em

[2] WIERSBE, Warren W. *Comentário bíblico expositivo*, p. 182.

caráter e atitude. A combinação dessas coisas alimentou uma profunda aversão dos irmãos por José.

É certo que Jacó não agiu de forma prudente ao amar mais a José do que aos outros filhos. Os pais não devem ter predileção por um filho em detrimento dos outros. Esse mesmo erro foi cometido por Isaque, seu pai. De geração em geração, essa mesma atitude foi sendo repetida e sempre gerando tensões na família.

Jacó não apenas amava mais a José do que a seus irmãos, mas não escondia isso. Jacó fez questão de tornar pública sua predileção por José ao presenteá-lo com uma túnica talar de mangas compridas. H. C. Leupold diz que "essa túnica tinha mangas e se estendia até os tornozelos".[3] Charles Swindoll diz que nos dias de José a roupa de trabalho era uma túnica curta, sem mangas. A túnica deixava os braços e as pernas livres para que os trabalhadores pudessem mover-se com facilidade.[4] Essa túnica era o emblema do amor de Jacó por José. A túnica ostensiva de José inflamou ainda mais a ojeriza de seus irmãos contra ele.

O passo seguinte foi o ódio dos demais filhos de Jacó por José (37:4). Era notório que essa distinção dada a José despertava no coração de seus irmãos uma inveja perigosa, um ódio velado e uma hostilidade que desembocou numa clamorosa injustiça. A primeira manifestação deste

[3] LEUPOLD, H. C. *Exposition of Genesis*, p. 955.

[4] SWINDOLL, Charles R. *José*, p. 25.

ódio estava no fato de que já não podiam lhe falar pacificamente. Essa postura de Jacó custou-lhe muito sofrimento, pois ficou privado de seu filho amado por 22 anos. A crueldade dos irmãos de José foi uma tempestade na alma deles. Não conseguiram viver em paz. A consciência deles bradava sem intermitência, acusando-os de violência ao irmão e mentira ao pai.

As virtudes de José denunciavam os pecados de seus irmãos; a sua luz apontava as trevas em que viviam; sua prontidão em obedecer ao pai de todo o coração apontava para a maldade deles. O sucesso de José era o fracasso deles. Eles não viam José como um irmão e amigo, mas como um rival e concorrente. Eles olhavam para ele não com benevolência, mas como um inimigo que deviam afastar do caminho.

Os sonhos de José

Os sonhos de José foram o pesadelo de seus irmãos. Destacamos dois pontos importantes aqui:

Primeiro, *Jacó precisa lidar com os sonhos de José e com o ódio crescente dos demais filhos contra José* (37:5-10). Além de ser amado pelo pai e odiado pelos irmãos, José era também um sonhador. Ele teve dois sonhos metafóricos ou parabólicos, com a mesma estrutura e mensagem. O primeiro sonho falava do seu feixe e dos feixes de sua família. José conta para sua família que enquanto atavam feixes no campo, o seu feixe se levantou e ficou em pé, e os feixes de seus irmãos se inclinavam perante o seu (37:5-8). Seus irmãos foram os intérpretes desse sonho.

O segundo sonho estava relacionado aos astros celestes, onde o Sol, a Lua e onze estrelas se inclinavam perante ele (37:9,10). Seu pai foi o intérprete do segundo sonho.

É digno de nota que os sonhos de José não eram delírios de juventude, mas revelações divinas acerca do que aconteceria no futuro com a família de Jacó. Nesses sonhos, José é apresentado como o grande líder da família e todos os seus irmãos curvar-se-iam perante ele (42:6; 43:26,28; 44:14). Os sonhos de José tornaram-se o pesadelo de seus irmãos. O fato de José não guardar esses sonhos apenas para si, mas compartilhá-los com seu pai e seus irmãos, agravaram ainda mais a já difícil relação de seus irmãos com ele. Passaram a odiar José ainda mais (37:5). Está escrito: "... E com isso tanto mais o odiavam, por causa dos seus sonhos e de suas palavras" (37:8). José chegou a ser repreendido por seu pai, quando este disse: "... Acaso viremos, eu e tua mãe e teus irmãos, a inclinar-nos perante ti em terra?" (37:10).

Segundo, *Jacó precisou lidar com o ciúme de seus demais filhos para com José* (37:11). "Seus irmãos lhe tinham ciúmes; o pai, no entanto, considerava o caso consigo mesmo" (37:11). A virtude desperta mais inveja do que a gratidão. É mais fácil sentir inveja de quem anda corretamente do que seguir seus passos. Os irmãos de José, em vez de imitarem seu exemplo, passaram a odiá-lo. Longe de pedirem a Deus discernimento acerca do que estava acontecendo, alimentaram sua alma do absinto do ciúme. Vale destacar que esse sentimento doentio de ciúme atingiu a todos os seus irmãos. Ele passou a ser uma espécie de *persona non grata* na família.

O ciúme é um sentimento destrutivo. Concordo com Charles Swindoll quando diz que nenhuma reação é mais cruel do que o ciúme.[5] Ele é duro como a sepultura (Cânticos 8:6). Em vez de os irmãos de José olharem para ele como o instrumento que Deus estava levantando para salvar sua família, viram-no como uma ameaça. Em vez de cuidarem dele, nutriam o desejo de destruí-lo. No meio dessa tempestade de ódio e de ciúmes dentro de sua casa, Jacó ponderava essas coisas em seu coração, considerando o caso consigo mesmo. Mesmo não tendo discernimento acerca da natureza dos sonhos de José, Jacó entregava-se à reflexão, sobre o que poderia significar. O patriarca nos ensina que há momentos em que devemos nos calar e meditar. O silêncio é melhor do que a loquacidade frívola. A meditação é melhor do que palavrórios insensatos. Não tenha ciúmes de quem Deus usa para cumprir seus propósitos!

A HOSTILIDADE DOS IRMÃOS DE JOSÉ

A preferência de Jacó por José, somada aos sonhos deste, só agravam as coisas na casa de Jacó. O velho patriarca

[5] SWINDOLL, Charles R. *José*, p. 34.

parece não perceber a gravidade do problema. Ele não consegue alcançar a profundidade do abismo existente entre seus filhos. Na verdade, Jacó subestima a hostilidade de seus filhos em relação a José ao enviá-lo a eles no campo (37:12-30).

Jacó era pastor de ovelhas. Tinha muitos rebanhos. Seus filhos exerciam a mesma profissão. Todos os filhos de Jacó, exceto José, estavam cuidando dos rebanhos de Jacó em Siquém. O estupro de Diná, a chacina e o rapto em Siquém haviam ocorrido cerca de dois anos antes, quando José tinha cerca de 15 anos. Portanto, Jacó tinha toda razão em preocupar-se com seus filhos em Siquém.[6] Mesmo Jacó sabendo que os irmãos de José o odiavam e tinham ciúmes dele, envia-o a eles, talvez na tentativa de pacificar os irmãos enciumados ao verem José indo ao encontro deles para saber se estavam em paz. José, mesmo sabendo que alguns de seus irmãos não tinham um bom comportamento, que todos o odiavam por causa do lugar especial que ocupava no coração do pai e também por causa de seus sonhos e de suas palavras, não hesita em obedecer a seu pai e ir ao encontro de seus irmãos.

José entende que, a despeito da indisposição de seus irmãos para com ele, eles são seus irmãos. Jacó entende que não envia José para o meio de inimigos, mas para o encontro de seus irmãos. Jacó imagina que o laço de sangue seja capaz de superar as diferenças entre seus filhos.

[6] WALTKE, Bruce K. *Gênesis*, p. 621.

Mesmo sublimando o ódio e o ciúme de seus filhos, Jacó agiu em pleno alinhamento com o propósito eterno de Deus.

Sem detença, José passa a procurar os seus irmãos (37:15-17). O propósito de Jacó em enviar José a Siquém era saber notícias de seus filhos e do rebanho. Está escrito: "Disse-lhe Israel: Vai, agora, e vê se vão bem [*Shalom*] teus irmãos e o rebanho; e traze-me notícias. Assim, enviou-o do vale de Hebrom, e ele foi a Siquém" (37:14). A jornada não era fácil. É uma região deserta, com montanhas, vales e muitos perigos. José estava errante pelo campo, quando um homem o encontra e lhe pergunta: "Que procuras?". Ele respondeu: "Procuro meus irmãos". O homem informou a José que seus irmãos não estavam mais em Siquém, mas tinham ido para Dotã, a 21 quilômetros noroeste de Siquém.[7]

Longe de desistir da jornada, José seguiu atrás de seus irmãos e os achou em Dotã. Dotã fazia parte da imemorial via de comunicação entre Damasco e a estrada costeira para o sul, e as suas especiarias eram produtos básicos do comércio com o Egito. José dispôs a sacrificar-se para obedecer a seu pai. Ele fez novas peregrinações. José não nutre suspeitas de seus irmãos, por isso, não desiste de procurá-los. O caminho da obediência leva-nos sempre mais além para fazermos a vontade daquele que nos envia. Dotã é lugar perigoso, é cenário de ameaça,

[7] Ibidem, p. 622.

mas a obediência não contorna a geografia do perigo, porém cumpre até o fim o seu mandato. Dotã, onde José gritou em vão (42:21), é o mesmo lugar onde Eliseu foi entrincheirado por inimigos, mas achou-se visivelmente cercado de carros de Deus (2Reis 6:8-23). José entendia que, mesmo quando sentimentos hostis são abrigados na família, isso não desfaz a relação de fraternidade. José não vai ao encontro de algozes, mas ao encontro de seus irmãos.

O desenlace dessa busca de José por seus irmãos foi assaz doloroso para José e seu pai (37:18-22). José não teve uma boa recepção entre seus irmãos. Está escrito: "De longe o viram e, antes que chegasse, conspiraram contra ele para o matar" (37:18). O ódio já transbordava no coração deles antes mesmo de José chegar. Eles o viram de longe, não como um portador do cuidado do pai, mas como um desafeto que precisava ser eliminado. O ódio paga o bem com o mal. José vai a seus irmãos como um mensageiro de paz. Ele vai para demonstrar a eles o cuidado do pai. Mas seus irmãos maquinam contra ele, antes mesmo dele chegar, intentando matá-lo. O ódio faz alianças malignas para o mal. Conspiração é um acordo feito no subterrâneo da maldade para atingir alguém com violência. Os irmãos de José estão aliançados para o mal, e não para o bem. O ódio faz registros distorcidos e negativos contra o próximo para prejudicá-lo.

Os irmãos de José já tinham rotulado o irmão como "o tal sonhador" (37:19). A única coisa que viam nos sonhos de José era o desejo de levantar-se como chefe sobre eles. Sentiam-se ameaçados por José. Faziam uma leitura falsa da realidade. O ódio usa toda a sua destreza para fazer o mal e escondê-lo (37:20). Querem matar José e esconder o corpo dele numa cisterna. Querem praticar um duplo crime: assassinato e ocultação de cadáver. Rúben, sendo o irmão mais velho, tinha a obrigação de dar satisfação a seu pai do paradeiro de José. Era sua responsabilidade representar o pai na ausência deste. Não fosse a intervenção de Rúben, José teria sido eliminado precocemente por seus irmãos (37:21,22).

A sanha do ódio não tem limites. Os irmãos de José, antes de jogá-lo num poço, despiram-no da túnica, a túnica de mangas compridas que trazia (37:23). A túnica de José era mais do que uma veste especial, era um emblema do amor diferenciado de Jacó por ele. Essa túnica perturbava mais os irmãos de José do que cobria o seu corpo. Era o sinal da predileção de um pai por um filho em detrimento dos outros. Era uma agressão não apenas aos olhos dos outros filhos de Jacó, mas uma flecha envenenada cravada no coração deles. O simples fato de José usar a túnica já causava um enorme desconforto em seus irmãos. Era como se José não disfarçasse o fato de que era mais amado que eles. A predileção de Jacó por José e a túnica que deu a ele eram as causas das maiores desavenças entre seus filhos. Os filhos de Lia, Bila e Zilpa engoliam a seco essa amarga realidade. Por isso, quando José chegou em Dotã, o primeiro sinal da vingança deles contra José foi despi-lo da túnica. Não uma túnica qualquer, mas a túnica de mangas compridas que trazia, o emblema da acepção de filhos naquela família patriarcal. Como afirma Waltke: "Ao despirem José da túnica, seus irmãos pensaram que estavam destronando o filho régio (37:3)".[8]

Depois de despirem José da túnica, seus irmãos deram mais um passo rumo à crueldade e "lançaram-no numa cisterna, vazia, sem água" (37:24). A crueldade dos irmãos de José não foi apenas emocional, mas também física. Não apenas o despojaram de sua túnica, mas também o lançaram na cisterna vazia, sem água. Uma espécie de masmorra (40:15; Jeremias 38:6). Depois desse crime horrendo, os irmãos de José se assentaram para comer pão (37:25). José, angustiado de alma, rogava a eles para acudi-lo, porém não atenderam ao seu clamor (42:21). Os irmãos de José, por inveja, o jogaram naquele buraco. Imaginavam que, assim, estariam matando os seus sonhos. Pensaram com isso em privá-lo para sempre do pai amoroso e afastá-lo definitivamente de seu caminho. Aquela cisterna era o símbolo mais vívido da maldade dos irmãos de José. Era a forma mais grotesca de imporem a ele uma humilhação esmagadora.

José sentiu-se agredido por quem devia protegê-lo. Sentiu o descaso de seus irmãos diante de seu clamor por socorro. Não só fizeram violência contra José, mas não se enterneceram diante das suas dolorosas súplicas.

[8] WALTKE, Bruce K. *Gênesis*, p. 622.

O ódio empurra as pessoas para o buraco. O ciúme não apenas quer o que é do outro, mas anseia também eliminar o outro. A cisterna de José tornou-se o mais escuro calabouço de seus irmãos. José saiu da cisterna, mas seus irmãos viveram 22 anos atormentados na masmorra da culpa.

Com insensível indiferença ante os gritos de seu irmão naquela nua masmorra (42:21), os irmãos de José desfrutaram de uma refeição (37:25). Sua próxima refeição na presença de José seria com este à cabeceira da mesa (43:32-34).[9] Enquanto comiam, olharam e viram uma caravana de ismaelitas se aproximando. Então, por sugestão de Judá, resolveram vender José em vez de matá-lo (37:26,27). Judá argumenta com seus irmãos: "... De que nos aproveita matar o nosso irmão e esconder-lhe o sangue?" (37:26). A proposta de Judá substitui um mal por outro, ou seja, a morte de José pela venda dele: "Vinde, vendemo-lo aos ismaelitas..." (37:27). Rúben já havia intentado, sem sucesso, livrar José da morte, a fim de devolvê-lo a seu pai (37:21,22). Agora, Judá demove seus irmãos de matar José, oferecendo-lhes a proposta de vendê-lo para uma caravana de ismaelitas que vinha de Gileade rumo ao Egito (37:25,26). O plano de Judá foi aceito e José foi vendido: "E passando os mercadores midianitas, os irmãos de José o alçaram, e o tiraram da cisterna, e o venderam por vinte siclos de prata aos

[9] Ibidem.

ismaelitas; estes levaram José ao Egito" (37:28). É digno de nota que o preço normal de um escravo no tempo de Moisés era de trinta siclos de prata (Êxodo 21:32; Zacarias 11:12; Mateus 26:15). José foi vendido por um preço inferior ao valor de um escravo.

Os irmãos de José entraram no desumano tráfico de escravos. Eles viram seu irmão como mercadoria a ser vendida, e não como um ser humano a ser amado. Olharam para José como um objeto a ser comercializado, e não como um ente de sangue a ser protegido. Olharam para José como objeto de exploração, e não como um indivíduo digno de investimentos. Fizeram dele um produto para auferirem vantagens, e não um alvo de seu amor. A comercialização de escravos tem sido uma mancha horrenda na história das civilizações. Tanto no antigo Egito como nas civilizações ocidentais, homens e mulheres foram vendidos como ferramentas vivas para atender a ganância insaciável dos poderosos. Triste saga!

Rúben não participou dessa transação. Ao voltar à cisterna e não encontrar seu irmão, ficou desesperado. Rasgou suas vestes e, com perplexidade, disse a seus irmãos: "Não está lá o menino; e, eu, para onde irei?" (37:29,30). Por seu o primogênito cabia a ele dar explicações a seu pai sobre o paradeiro de José.

Uma túnica ensanguentada

Destacamos, aqui, dois pontos:

Primeiro ponto, *Jacó recebe a túnica de José empapuçada de sangue* (37:31,32). Bruce Waltke diz que as fraudes anteriores de Jacó têm um preço terrível. Como Jacó enganara a seu pai com as peles de cabrito e as roupas de Esaú (27:9,16), agora será enganado com o sangue de cabrito e a roupa de seu filho.[10] Está escrito: "Então, tomaram a túnica de José, mataram um bode e a molharam no sangue" (37:31). A venda de José como escravo para os ismaelitas foi consumada. Os irmãos de José embolsaram os valores e viram seu irmão desaparecer nas curvas da estrada rumo ao Egito. Não era tão fácil se livrar de José. Mais difícil ainda era encarar Jacó. Precisariam de um bom álibi para escaparem desse crime horrendo. Então, resolveram enviar a túnica de José a Jacó (37:32). Não tiveram coragem de ir e encarar o pai nos olhos. A fim de apagar todas as pistas, os irmãos fizeram a túnica ensanguentada de José passar primeiro por mãos e casas alheias, antes que chegasse até o pai. O desvio tomado pela túnica manchada de sangue era uma manobra para despistar. O próprio Jacó deveria concluir que acontecera uma tragédia. Os irmãos queriam ocultar o que tinham feito.[11]

Os filhos de Jacó demonstraram pouca consideração pelo pai e nenhum afeto pelo irmão, porque uma suposta morte violenta de José nem sequer os tirou de Dotã para

[10] WALTKE, Bruce K. *Gênesis*, p. 624.

[11] BRAUMER, Hansjorg. *Gênesis*, p. 177.

irem ao encontro do pai aflito. A túnica de José tingida de sangue não apenas fez Jacó desistir de procurar seu filho, como atormentou seus irmãos por longos anos. Para que José, entretanto, fosse chamado de salvador do mundo, sua túnica precisou ser tingida de sangue. Dois mil anos depois, Jesus, o Filho amado de Deus, para ser o nosso Salvador, teve sua túnica tingida de sangue, não sangue de bode, mas de seu próprio sangue. Pelo seu sangue, recebemos vida. Pelo seu sangue, fomos reconciliados com Deus. Pelo seu sangue, temos entrada segura no céu.

Segundo ponto, *Jacó lamenta profundamente* (37:33,34). Ao receber a túnica ensanguentada do filho amado, Jacó lamenta, dizendo: "... É a túnica do meu filho, [...] e lamentou o filho por muitos dias" (37:33,34). Os filhos de Jacó não foram cruéis apenas com José, mas, sobretudo, com Jacó, seu pai. Com a túnica ensopada de sangue, enviaram o seguinte recado: "Achamos isto; vê se é ou não a túnica de teu filho" (37:32). Eles mataram José no coração antes de vendê-lo como escravo. Eles chamaram José de filho de Jacó, e não de "nosso irmão". Foram desumanos com José e gelados com Jacó. O velho patriarca, que estava nesse tempo com 108 anos, reconheceu a túnica de José e disse: "É a túnica de meu filho; um animal selvagem o terá comido, certamente José foi despedaçado" (37:33). Jacó olha fixamente para a túnica ensanguentada e dá três gritos de terror. Em todos eles, aparece o nome de José, o filho que ele amava acima de todas as outras coisas.

O luto de Jacó foi doloroso. Assim está escrito: "Então, Jacó rasgou as suas vestes, e se cingiu de pano-saco e lamentou o filho por muitos dias" (37:34). Diante desse pungente lamento de Jacó, seus filhos tentam, em vão, consolá-lo. "Levantaram-se todos os seus filhos [...] para o consolarem; ele, porém, recusou-se a ser consolado" (37:35). Os irmãos de José jamais poderiam imaginar que a ferida que causaram no coração de seu pai seria tão profunda. Aliás, incurável. Jamais pensaram que, mesmo depois de 22 anos, o crime que cometeram ainda estaria vivo em sua memória. Jamais poderiam imaginar que se transformariam em hipócritas contumazes, a ponto de verem o sofrimento de Jacó e manterem uma mentira por tantos anos.

O FALSO CONSOLO

O falso consolo não é consolo. Jacó disse a seus filhos que, chorando, desceria a José até à sepultura. De fato, seu pai chorou (37:35). É deplorável que mesmo diante do sofrimento alheio, alguns corações se endureçam a tal ponto de serem os agentes do mal e ao mesmo tempo os pretensos agentes do consolo. Eles fizeram a ferida no coração do pai e queriam curá-la com um falso consolo. Não lograram êxito. Teriam que conviver com os gritos não ouvidos de José, a tristeza de Jacó e o chicote impiedoso de uma consciência culpada.

A história de José não termina aqui. Diz a Escritura: "Entrementes, os midianitas venderam José no Egito a Potifar, oficial de Faraó, comandante da guarda" (37:36). O choro de Jacó por José era infundado, pois este não estava morto, mas abrindo o caminho para uma gloriosa história, regida pela mão invisível da providência divina, ainda que um caminho juncado de espinhos. José vai ser levantado por Deus. Mas antes de colocá-lo no trono do Egito, Deus o colocou no deserto da prova. Depois de sentir-se um objeto descartável nas mãos de seus irmãos, agora é revendido no Egito como uma mercadoria barata. José era um objeto, uma coisa, um produto comercial. Está no balcão da ganância, e, por isso, quem o comprou de seus irmãos lucra ao vendê-lo para Potifar, o oficial de Faraó, comandante da guarda.

Aqui fica claro que a mão invisível de Deus está agindo nos bastidores. José já se aproxima do centro nevrálgico do poder. Vai para a casa de um homem que tem influência no império egípcio. Vai servir quem lidera a soldadesca que protege o afamado Faraó. Nos planos de Deus não têm acaso. Não há sorte nem azar. A casa de Potifar foi o campo do primeiro treinamento de Deus dado a José. Ali, ele se destacou como líder e administrador. Ali, ele foi tentado, provado e aprovado. José, mesmo sendo acusado injustamente e lançado no cárcere, saiu vitorioso.

Capítulo 12

Jacó enfrenta mais um desgosto na família

Este capítulo narra mais um episódio doído para Jacó. O velho patriarca não se expressa aqui, mas, no silêncio do narrador, escutamos a dor que lateja em seu peito e os gemidos pungentes que brotam de sua alma. Os acontecimentos deste capítulo parecem interromper a história, mas, na verdade, ocorrem simultaneamente à história de José. O jovem sonhador é vendido por seus irmãos aos 17 anos, e 22 anos depois, sua família desce ao Egito. Esses 22 anos foram tempo o suficiente para Judá apartar-se de sua família, casar-se, ter três filhos, enterrar dois deles, bem como sua mulher e, ainda, envolver-se com Tamar, sua nora, tendo com ela dois filhos. Os fatos narrados aqui, portanto, ocorreram nesse tempo e preparam o cenário para a liderança que Judá ocupará no cenário bíblico, como a família de onde procederão reis e o próprio Messias.

Os israelitas foram para o Egito como uma grande família, e quatro séculos mais tarde, voltaram de lá como uma grande nação. Tendo em vista que a tribo de Judá é a tribo da linhagem real, da qual surgiria o Messias (49:10), qualquer coisa que se relacione com Judá é de suma importância para a história relatada em Gênesis. Se não existisse este capítulo, ficaríamos admirados de encontrar Tamar e Perez na genealogia de Cristo (Mateus 1:3). Perez foi um antepassado do rei Davi (Rute 4:18-22) e, portanto, um antepassado de Jesus Cristo (Mateus 1:1).

O texto em apreço pode ser dividido em sete episódios, como seguem:

Afastamento perigoso

Eis o registro bíblico: "Aconteceu, por esse tempo, que Judá se apartou de seus irmãos e se hospedou na casa de um adulamita, chamado Hira" (38:1). Judá desgruda-se de seu pai e de sua família em busca de novos ares, novas oportunidades, novos horizontes. Mesmo que seus irmãos não fossem homens de refinado comportamento, Judá corre mais riscos longe deles do que em comunhão com os cananitas.

Judá, como filho de Jacó e membro da família de aliança, na mesma medida que se aparta de seus irmãos, se aproxima dos cananitas e ameaça a família por meio de casamentos mistos com esses povos pagãos. Essa união profana vai lhe custar um alto preço. Judá fracassa como marido (38:2), como pai (38:7,10) e como sogro (38:26). Não fosse a graça soberana de Deus para restaurá-lo, teria se afundado nessa cultura pagã.

Concordo com Warren Wiersbe quando diz que a história dos patriarcas nos lembra a graça de Deus e de sua soberania sobre a vida humana. Esses homens não eram perfeitos e alguns demonstraram-se deliberadamente desobedientes, mas ainda assim o Senhor os usou para realizar seus propósitos soberanos. Isso não significa que Deus concordasse com seus pecados, já que esses mesmos pecados acabaram sendo revelados e julgados. Significa, sim, que Deus pode utilizar as coisas fracas deste mundo para cumprir seus propósitos.[1]

Casamento fora da aliança

O narrador registra: "Ali viu Judá a filha de um cananeu, chamado Sua; ele a tomou por mulher e a possuiu" (38:2). Judá quebra a tradição de sua família. Abraão se preocupou com o casamento de Isaque e mandou seu servo Eliezer buscar uma esposa para seu filho no meio de sua parentela. A mesma atitude foi tomada por Isaque e Rebeca com respeito a Jacó. Agora, Judá desconsidera esse princípio e, como Sansão (Juízes 14:1,2), vê uma jovem cananeia e a toma para si como esposa. O problema desse tipo de casamento não era apenas a questão racial, mas sobretudo, o problema espiritual. Os cananeus tinham outros deuses, outros costumes e outros valores. Esses casamentos fora da aliança colocavam em risco a semente de onde deveria proceder o Messias.

[1] WIERSBE, Warren W. *Comentário bíblico expositivo*, p. 188.

Ao casar-se com a filha de um cananeu, agiu conscientemente contra o juramento que Abraão pedira ao seu servo Eliezer: "... Não tomarás esposa para meu filho das filhas dos cananeus" (24:3).

Filhos ímpios

Judá teve três filhos com esta mulher, filha de Sua. Ela permanece incógnita na narrativa bíblica. Seus filhos foram Er, Onã e Selá (38:3-5). Derek Kidner diz que a não especificada perversidade de Er, como a específica perversidade de Onã (38:9,10), acentua o abismal declínio moral da família escolhida, contida por um pouco somente pela notável piedade de José. Essa tendência para um imediato salto para longe da graça, sempre que a fé deixa de ser força ativa, é evidente mais de uma vez em Gênesis.[2]

Judá tomou esposa para Er, seu primogênito. O nome dela era Tamar. Por ser um homem perverso perante o Senhor, o próprio Senhor o fez morrer (38:6,7). O narrador não especifica quais foram os pecados de Er, mas fica nas entrelinhas que Judá fracassa como pai e Er fracassa como homem. É a primeira vez que a Bíblia menciona de forma direta que Deus faz alguém morrer por causa de sua perversidade.

O segundo filho de Judá, Onã, segundo as leis do levirato, casou-se com Tamar, viúva de seu irmão, para

[2] KIDNER, Derek. *Gênesis: introdução e comentário*, p. 174.

lhe suscitar descendência. Porém, Onã desonra a lei do levirato, desonra a memória de seu irmão e desonra Tamar, coabitando com ela, mas interrompendo o coito na hora da ejaculação. Desta forma, Onã mantinha relações sexuais com Tamar, mas impedia a concepção. Como Simeão e Levi profanaram a circuncisão (34:15), Onã profana um dever sagrado. Assim, ele abusa tanto de seu irmão como da esposa deste.[3] Onã cumpriu o levirato apenas na aparência. Ele se casou com Tamar, mas praticava com ela o coito interrompido.[4] Derek Kidner ainda acrescenta: "A enormidade do pecado de Onã está em seu planejado ultraje à família, à viúva do seu irmão e ao seu próprio corpo".[5] Isso também foi mau perante o Senhor, e, também, a este o Senhor fez morrer (38:8-10).

O narrador silencia a respeito da vida de Selá, o filho caçula de Judá. Porém, como Judá o sonega a Tamar para cumprir a lei do levirato, tudo faz crer que ele segue a mesma esteira reprovável de sua família (38:11,26). Assim, a associação de Judá com os cananitas lhe rende casamento fora da aliança, filhos perversos e luto precoce. Waltke destaca ainda que a ausência de tristeza em Judá pela morte de seus filhos contrasta flagrantemente com a inconsolável tristeza de Jacó pela perda de José.[6]

[3] WALTKE, Bruce K. *Gênesis*, p. 632.

[4] BRAUMER, Hansjorg. *Gênesis*, p. 186.

[5] KIDNER, Derek. *Gênesis: introdução e comentário*, p. 174.

[6] WALTKE, Bruce K. *Gênesis*, p. 629.

Levirato frustrado

O levirato era uma prática muito comum naquele tempo e perdurou até aos dias de Jesus (Mateus 22:23-30). Se um irmão casado morresse sem ter filhos, seu irmão mais velho deveria se casar com a viúva para suscitar-lhe descendência (Deuteronômio 25:5,6; Rute 4:5,10,17). Como Er morreu antes de ter filhos com Tamar, Onã precisou casar-se com ela para cumprir o papel de suscitar filhos ao seu irmão falecido. Onã, porém, escarneceu da lei do levirato, desonrou a memória de seu irmão e afrontou Tamar, pois todas as vezes que a possuía deixava o sêmen cair na terra.

Judá dá mais um passo na violação da lei do levirato, porque em vez de acolher Tamar, oferecendo-lhe bem-estar e *status* na comunidade, até Selá ter a idade para desposá-la, transfere sua responsabilidade para outros, mandando-a de volta para a casa de seu pai (38:11), devendo esta permanecer viúva até que seu terceiro filho viesse a ser homem, com idade própria para o casamento. O fato é que Selá cresceu, mas Judá não demonstrou nenhum interesse em dá-lo a Tamar como marido (38:14,26). Só uma coisa Judá não abre mão, e é de manter a autoridade sobre Tamar, mesmo ela morando na casa de seu pai (38:24). Assim, a família de Judá está afrontando a lei do levirato entre os cananeus. Waltke diz que, como Rute, que escolherá por sua família uma israelita imperfeita, contra suas raízes moabitas, Tamar permanece fiel à sua família israelita a despeito de seus flagrantes fracassos e se deixa absorver por ela.[7]

ESTRATÉGIA SUTIL

Quando Tamar percebeu que os anos se passavam e ela estava ligada à família de Judá apenas com os deveres, mas não desfrutando dos privilégios, pôs-se a agir e arquitetou um plano sutil para fisgar o próprio sogro. O que aconteceu?

Em primeiro lugar, *Judá ficou viúvo* (38:12). Judá, que já havia enterrado seus dois filhos mais velhos, agora sepulta também sua mulher. Passados os dias de luto, ele e seu amigo Hira vão a Timna para as celebrações festivas da tosquia das ovelhas. O luto rápido de Judá por sua mulher é contrastado pelo narrador pelo longo luto de Tamar por Er, seu marido (38:14). Ela é leal ao esposo falecido, tentando suscitar-lhe semente. Ela não se casou com outro cananita.

Em segundo lugar, *Tamar se despiu de suas vestes de viuvez* (38:13-15). Ao ser informada de que Judá subia para Timna, para a tosquia das ovelhas, cuidadosamente tirou suas vestes de viuvez, cobriu-se com um véu, se disfarçou e assentou-se à entrada de Enaim, no caminho de Timna. Hansjorg Braumer diz que o véu servia para lhe dar a aparência de prostituta. Naquela época, as prostitutas se vestiam de forma que ninguém soubesse quem

[7] WALTKE, Bruce K. *Gênesis*, p. 630.

elas eram, mas que todos soubessem o que elas faziam (Provérbios 7:10).[8]

O propósito de Tamar era chamar a atenção de Judá e despertar-lhe desejos libidinosos. O viúvo carente afetivamente, mais uma vez atraído pelos olhos (38:2;15), pensou ser ela uma meretriz e logo já foi se enchendo de volúpia, solicitando "seus serviços". Warren Wiersbe destaca que Jacó usou uma túnica para enganar o pai, Isaque, Judá e seus irmãos também usaram uma túnica para enganar Jacó (37:32). Aqui, Tamar usa uma túnica para enganar Judá (38:14). Colhemos o que semeamos.[9]

Em terceiro lugar, *Judá quis ter relações com a suposta meretriz* (38:16a). "Então, se dirigiu a ela no caminho e lhe disse: Vem, deixa-me possuir-te; porque não sabia que era a sua nora...". Que contraste com José que, mesmo com a mulher de Potifar se oferecendo, ele se recusa a deitar-se com ela. Judá é um homem carnal, guiado pelos olhos cheios de luxúria. Ele age de acordo com a torrente impetuosa de suas paixões. Tanto no caso de Judá como no caso de José, a mulher retém os objetos do homem com o fim de produzir condenatória evidência.[10]

Em quarto lugar, *Tamar estabeleceu as condições para a relação sexual* (38:16b-18a). A suposta meretriz pergunta a Judá: "Que me darás para coabitares comigo" (38:16b). Ele

[8] BRAUMER, Hansjorg. *Gênesis*, p. 188.

[9] WIERSBE, Warren W. *Comentário bíblico expositivo*, p. 188.

[10] WALTKE, Bruce K. *Gênesis*, p. 628.

respondeu: "Enviar-te-ei um cabrito do rebanho" (38:17a). Tamar, de forma sagaz, pede um penhor até que o cabrito seja enviado (38:17b). Ao interrogá-la sobre que tipo de penhor ela requeria, a resposta foi precisa: "O teu selo, o teu cordão e o cajado que seguras" (38:18a). Como a paixão sexual já era um fogaréu em seu coração, e ele tinha pressa de possuí-la, ele prontamente atendeu a exigência dela.

Em quinto lugar, *Tamar engravidou de seu sogro* (38:18b). "... Ele, pois, a possuiu; e ela concebeu dele" (38:18b). A viúva Tamar, enfrentando todos os riscos, alcança seu objetivo, suscitar descendência a Er. Como os irmãos de seu marido não cumpriram sua obrigação, ela consegue engravidar do próprio sogro com astúcia.

Em sexto lugar, *Tamar se recolheu à sua viuvez* (38:19-23). Tamar volta à casa de seu pai, remove o véu e torna às vestes de sua viuvez. Judá, para preservar sua "reputação", não vai pessoalmente entregar o cabrito e reaver o penhor, mas envia o pagamento por intermédio de seu amigo adulamita. Este procura-a e não a encontra. Judá fica com uma pulga atrás da orelha. Alguma coisa não estava batendo nessa história. Waltke tem razão em dizer que Judá é como um nobre respeitável que não está disposto a "perder" seu cartão de crédito num bordel. A prostituta delongando-se com seus valiosos pertences o faz parecer um idiota por tê-los entregue. A única coisa que o preocupa é sua reputação pessoal.[11]

[11] Ibidem, p. 636.

Revelação bombástica

Passados quase três meses, chegou a Judá a informação que sua nora havia adulterado e estava grávida. Embora Tamar estivesse na casa de seu pai, Judá ainda exercia poder sobre ela, segundo a lei do levirato, pois cabia a ele providenciar meios para que ela tivesse filhos, a fim de preservar a memória de Er.

Destacamos aqui alguns pontos:

Primeiro ponto, *um juízo temerário* (38:24). As notícias geralmente são espalhadas com graves distorções. Como as informações chegaram a Judá, Tamar tinha desonrado sua família, uma vez que estava comprometida a casar-se com Selá. Embora viúva, não estava livre para contrair novas núpcias. Na avaliação apressada e prematura de Judá, Tamar tinha quebrado a lei do levirato e desonrado sua família.

Segundo ponto, *uma condenação sumária* (38:24b). O veredito de Judá é sumário e implacável: "... Tirai-a fora para que seja queimada". Fogueira à adúltera! Eis o brado do sogro "santarrão". Judá se fez juiz sobre Tamar. Condenou-a sem que ela tivesse qualquer chance de defesa. É digno de nota que o veredito da "fogueira" é o pior possível.

Terceiro ponto, *um álibi poderoso* (38:25). Quando Tamar estava sendo levada para a fogueira, apresenta um álibi que reverte a situação. Ela tinha retido consigo o penhor: o selo, o cordão e o cajado do sogro (38:25). Assim, Tamar tira o sogro do anonimato e revela que sua gravidez não era fruto de um adultério, mas um resgate da lei do levirato que lhe fora negado por Judá. Tamar não acusa ou envergonha Judá de forma pública. Somente ao ser levada para fora, para ser queimada, é que ela apresenta seu trunfo. Tamar revela os fatos, mas nem mesmo agora ela diz: "Você, Judá, é o pai deste bebê", mas "estou grávida de determinado homem, que é dono destes objetos". Assim, em vez de Tamar acusar o juiz, ela permite que ele decida entre confessar seu pecado ou destruí-la.[12]

George Livingston diz que Tamar conseguiu filhos através do homem responsável em providenciar que um parente de seu marido lhe fosse dado como marido substituto. Diante de todos, ficou comprovado que Judá foi negligente em seu dever de dar Selá a Tamar e que era o responsável por engravidar a mulher a quem tinha condenado furiosamente à morte. Logicamente que nenhum dos dois está à altura dos sublimes conceitos de justiça na Bíblia, mas Judá estava mais errado que Tamar.[13]

Quarto ponto, *uma absolvição imediata* (38:26). "E reconheceu-os Judá e disse: 'Mais justa é ela do que eu, porquanto não a dei a Selá, meu filho'. E nunca mais a possuiu". Judá foi apanhado pelas próprias cordas de seu pecado. Pela primeira vez, ele o reconhece. A confissão de Judá de seu erro ocorre mais ou menos no mesmo tempo em que todos os irmãos confessam seu erro contra José

[12] BRAUMER, Hansjorg. *Gênesis*, p. 190.

[13] LIVINGSTON, George H. *O livro de Gênesis*, p. 110.

(42:21). É provável que a confissão de Judá concernente a Tamar o prepare para a outra. A partir daqui, começa a história de sua restauração e de seu levantamento como líder entre os filhos de Jacó, de onde procederiam reis para Israel e o próprio Messias, o Salvador do mundo.

Apesar da atitude de Tamar não ser moralmente aprovada, Waltke diz que ela é uma heroína em Israel, porquanto arrisca a vida pela fidelidade familiar. Judá está também sendo preparado para sua restauração (44:1-34; 49:8-12). Confrontado com seu fracasso e fraude, ele confessa o pecado.[14] Além de Maria e, indiretamente, Bate-Seba, outras três mulheres são citadas na genealogia de Jesus em Mateus 1:1-17: Tamar (Mateus 1:3), Raabe e Rute (Mateus 1:5). Tamar era cananeia que se passou por prostituta; Raabe era prostituta em Jericó e Rute era uma moabita que se converteu ao judaísmo. As três eram gentias. Essa é uma expressão eloquente da graça de Deus e do propósito divino de alcançar com sua salvação também os gentios.

Filhos gêmeos

Quando Tamar estava para dar à luz, havia gêmeos em seu ventre (38:27). Na hora do parto, um pôs a mão para fora, e a parteira atou um laço vermelho em sua mão, dizendo: este é o primeiro. Porém, recolhendo ele a mão, o outro rompeu na frente, e por isso chamaram-lhe Perez

[14] WALTKE, Bruce K. *Gênesis*, p. 636.

(38:28,29). O menino que estava com o laço vermelho nasceu em seguida, e lhe chamaram Zera.

Bruce Waltke destaca que há uma notável similaridade entre os nascimentos de Perez e Zera e de Jacó e Esaú. Ambos os nascimentos envolvem gêmeos; em ambos o mais jovem corta caminho ao mais velho e o substitui; e em ambos aquele de quem se espera obter a primogenitura e a perde é associado com vermelho: ensopado vermelho, no caso de Esaú; um cordão vermelho, no caso de Zera.[15] Perez, cujo significado é aquele "que rompe saída" é considerado o primogênito nas genealogias, e foi a linhagem dele que levou a Davi (Rute 4:18) e, assim, a Cristo (Mateus 1:1).[16] A genealogia no fim do livro de Rute, que se encerra com Davi, não começa com Jacó ou Judá, mas com Perez, filho de Tamar (Rute 4:18-22).

O nascimento dos gêmeos Perez e Zera encerra o capítulo que fala sobre a vida de Judá durante o tempo em que viveu longe da casa paterna, como um separatista. Seus filhos Perez e Zera ocuparam o lugar de Er e Onã. Daqui para frente, a história mostra que Judá está novamente reunido com a casa de Jacó, seu pai. Ele se torna o líder na segunda viagem dos irmãos ao Egito (43:1-34; 44:14-34; 46:28).[17]

[15] WALTKE, Bruce K. *Gênesis*, p. 627.

[16] KIDNER, Derek. *Gênesis: introdução e comentário*, p. 176.

[17] BRAUMER, Hansjorg. *Gênesis*, p. 192.

Capítulo 13

Jacó enfrenta uma providência carrancuda

Gênesis 39:1 recapitula a narrativa que havia sido terminada em Gênesis 37:36, fazendo uma transição do "vendido" (37:36) para o "comprado" (39:1). Um adolescente amado pelo pai, odiado pelos irmãos e vendido por vinte siclos de prata é arrematado no Egito pelo oficial de Faraó, o comandante da guarda real.

A mão invisível da providência estava tecendo um dos mais belos quadros da história. O jovem que vivia no anonimato das montanhas de Hebrom, em Canaã, está agora no centro nevrálgico do mundo, sendo preparado pelo próprio Deus para ser o governador do Egito. O problema é que Jacó não tem conhecimento desses acontecimentos. Ele não enxerga na curva. Ele não vê no escuro. Ele não discerne o futuro. Enquanto seu filho amado está vivo, ele chora sua morte. Enquanto seu filho está sendo preparado para estar no topo do mundo, ele está nos vales profundos da dor, chorando a amarga dor do luto.

George Livingston destaca que as reações de José ao estresse e ao infortúnio foram notadamente diferentes das expressadas pelos seus irmãos quando enfrentaram situações difíceis. Eles tinham reagido com fortes sentimentos negativos, envolvendo ciúme, concupiscência e ódio, que resultaram em assassinato (34:25), incesto (35:22), tramas de morte seguidas da venda à escravidão (37:20-28), empedernido logro de seu pai (37:31-33) e imoralidade irresponsável (38:15-26). Em contraste com os irmãos, José era jovem de extraordinária força moral, que não se entregou à amargura, à autopiedade ou ao desespero. Venceu as dificuldades com corajoso senso de responsabilidade e altos valores morais.[1]

O levantamento de José ao poder segue uma via acidentada, pois nesta cena ele é exaltado ao mais alto nível na casa de seu senhor, para em seguida ser novamente humilhado.

Jacó não sabe, mas o Senhor está dirigindo as circunstâncias em favor de José. O filho amado não foi devorado por uma fera selvagem. José foi levado ao Egito, o presente do Nilo, o celeiro do mundo, a terra das pirâmides milenares, e não a outro lugar qualquer. José, passado de mão em mão, é vendido a Potifar, o oficial de Faraó, o comandante da guarda real, e colocado no centro nevrálgico do poder do maior império do mundo.

Jacó chorava a morte de seu filho, enquanto o Senhor era com José na casa de Potifar. José, guiado pela mão divina, é colocado bem próximo do trono do Egito. O

[1] LIVINGSTON, George H. *O livro de Gênesis*, p. 111.

narrador é enfático: "O Senhor era com José, que veio a ser homem próspero; e estava na casa do seu senhor egípcio" (39:2). A comunhão íntima entre Deus e José é mais do que estar debaixo da proteção divina. É uma ligação que, da parte de José, é retribuída com fé e adoração.[2] Ainda que a situação de José mudasse drasticamente, a relação de Deus com ele permaneceu a mesma. O Senhor era com ele. A família patriarcal, a família da aliança, sempre experimentou a benfazeja presença de Deus, e isso nas circunstâncias mais adversas (26:3,24,28; 28:15; 31:3).

As dobras do futuro estão fora do nosso alcance. O plano humano era rasteiro, nefasto e humilhante para José. Para seus irmãos, para os ismaelitas e para Potifar, José não passava de uma mercadoria, um objeto de consumo. Porém, no plano divino, uma história emocionante estava sendo escrita. José não era uma vítima, mas o protagonista de um plano maior traçado pelo próprio Deus. Inobstante as circunstâncias desfavoráveis, Deus conduzia os passos desse jovem sonhador. José enfrentou a carranca de seus irmãos, mas recebeu o sorriso de Deus. Suportou o ódio de seus irmãos, mas foi alvo do amor de Deus. Sofreu as consequências da inveja de seus irmãos, mas recebeu o afago dos braços de Deus. Mesmo sendo um escravo no Egito, Deus era com ele.

Deus fez de José um homem próspero (39:2b). Tudo que José colocava as mãos prosperava. Por intermédio

[2] BRAUMER, Hansjorg. *Gênesis*, p. 206.

dele, bênçãos divinas fluíam para as pessoas à sua volta. Fica claro que não é o lugar que faz o homem, mas o homem que faz o lugar. Mesmo sob opressão humana, é possível perceber a presença de Deus e ser próspero.

Enquanto Jacó imaginava que a vida de seu filho amado tinha sido encerrada precocemente de maneira trágica, José está sendo promovido no Egito (39:3-6). Está escrito: "Vendo Potifar que o Senhor era com ele e que em tudo o que ele fazia o Senhor prosperava em suas mãos, logrou José mercê perante ele, a quem servia..." (39:3,4a). Potifar tinha ciência das convicções religiosas de José. O fato é que José podia estar sobre a casa de Potifar, mas ele está sob a bênção e a orientação do Senhor.[3] É a presença de Deus que traz prosperidade, e não a prosperidade a presença de Deus.

Potifar colocou José como administrador de tudo que tinha em sua casa e no campo. Tudo lhe foi confiado. José passou a ser o procurador geral de sua casa. Antes, José só cumpria ordens; agora, toma decisões. O relacionamento de José com Potifar passou de dependência para equivalência. Deus abençoou a casa de Potifar por amor de José (Gênesis 39:5). A bênção de Deus estava não apenas sobre José, mas jorrava por meio dele para a casa de Potifar.

Jacó está de luto, convicto de que José tinha sido atacado por uma fera selvagem, enquanto o filho amado está lidando com as mais intensas pressões antes de

[3] WALTKE, Bruce K. *Gênesis*, p. 644.

ser guindado ao poder. O caminho para o trono é íngreme. Provas difíceis precisam ser experimentadas. O José abençoado por Deus é agora tentado pela mulher de seu patrão (39:6b,7).

Charles Swindoll escreveu que não existe ninguém que tenha passado por esta terra, inclusive Jesus Cristo, que não tenha enfrentado a tentação. E não há uma única pessoa, exceto Cristo, que não tenha cedido a ela uma ou outra vez e sofrido as consequências.[4] Dietrich Bonhoeffer, com clareza diáfana, descreve o poder da tentação nessas palavras:

> Em nossos membros, há uma inclinação latente em direção ao desejo, a qual é tanto súbita quanto impetuosa. Com irresistível poder, o desejo domina a carne. De repente, um fogo secreto, sem chamas, se acende. [...] A lascívia assim despertada envolve a mente e a vontade do homem na mais negra escuridão. Os poderes da clara discriminação e da decisão são removidos de nós.[5]

A senhora Potifar era audaciosa e desavergonhadamente agressiva. Seu apelo a José foi: "Venha para cama comigo. Vamos fazer sexo".[6] A mulher de Potifar, a senhora da casa, é uma escrava de sua própria luxúria ante

[4] SWINDOLL, Charles R. *José*, p. 38.

[5] BONHOEFFER, Dietrich. *Temptation*, p. 116-117.

[6] SWINDOLL, Charles R. *José*, p. 43.

o escravo de seu esposo.[7] José era um jovem de 17 anos quando foi levado para o Egito (37:2). Era formoso de porte e de aparência (39:6). Era ainda um líder carismático (39:2-5). Tudo isso despertou a atenção de sua patroa. A mulher de Potifar ficou por longo tempo observando esse jovem estrangeiro e escravo. Via sua destreza na administração da casa e do campo. Via como tudo em suas mãos prosperava. Via como seu marido ia abrindo portas e mais portas para ele, confiando cada vez mais tudo o que possuía em suas mãos. Tudo isso encheu os olhos dessa mulher. A admiração transformou-se em desejo proibido. O desejo secreto irrompeu como um vulcão no coração dessa mulher, e ela, sem rodeios, joga seus galanteios sobre José, chamando-o para a cama.

A tentação é um convite ao pecado. É uma oferta de prazer efêmero. É uma proposta que apela aos desejos. Não é pecado ser tentado, mas ceder à tentação é a porta de entrada para uma grande tragédia. A tentação sexual é ainda hoje um terreno escorregadio, onde muitos homens de Deus tropeçam e caem. José, porém, permaneceu inabalável. Deus lhe deu escape e vitória!

José poderia elencar várias razões para justificar a sua queda moral com a mulher de Potifar, seu patrão. Ele era adolescente (39:2). Ele era forte e bonito (39:6). Ele estava longe da família (39:1). Ele era escravo (39:1). Ele foi tentado diariamente (39:7,10). Ele foi agarrado (39:11,12).

[7] WALTKE, Bruce K. *Gênesis*, p. 645.

A resposta de José à mulher tentadora foi categórica: "Ele, porém, recusou e disse à mulher do seu senhor: 'Como cometeria eu tamanha maldade e pecaria contra Deus?'" (39:8,9). José fugiu, e fugir é ser forte (39:10-12). Em certas ocasiões, fugir pode ser sinal de covardia (Salmos 11:1,2; Neemias 6:11), no entanto, há momentos em que fugir é prova de coragem e integridade.[8]

A Palavra de Deus nos ensina a resistir ao diabo (1Pedro 5:9), mas a fugir das paixões da mocidade (2Timóteo 2:22). No que concerne à tentação sexual, ser forte é fugir. Dialogar com o tentador e continuar na zona de perigo é insensatez. Nenhum de nós, por mais maduro na fé, conhece seus limites. José saiu daquele ambiente escorregadio. Ele preferiu correr todos os riscos e fugir com a consciência limpa, do que ficar prisioneiro nas grossas correntes do pecado. Um fiapo frágil pode tornar-se uma corrente grossa. Fuja!

O mordomo próspero é agora um escravo acusado, mas um réu inocente (39:13-20). A mulher de Potifar agora torna-se uma acusadora cruel. Charles Swindoll diz que cada centímetro da senhora Potifar se transformou em fúria.[9] Seus desejos não satisfeitos transformam-se em ódio. Ela inverte os fatos. Sendo a sedutora, faz-se vítima de assédio moral. Ela tinha um álibi forte nas mãos, as vestes de José, mas a verdade não estava do seu

[8] WIERSBE, Warren W. *Comentário bíblico expositivo*, p. 191.

[9] SWINDOLL, Charles R. *José*, p. 48.

lado (39:13,16). Sua acusação contra o jovem hebreu foi avassaladora, mas a inocência deste era indubitável. Sua paixão inflamada por José transformou-se em ódio vulcânico. Ela colocou os homens de sua casa (39:14,15) e seu marido contra José (39:17,18).

José foi parar na prisão, onde ficavam os prisioneiros do rei (39:20), e isso era mais um passo rumo ao trono. A providência era carrancuda, pois está escrito: "Adiante deles enviou um homem, José, vendido como escravo; cujos pés apertaram com grilhões e a quem puseram em ferros" (Salmos 105:17,18), mas a face de Deus era sorridente. José passou vários anos na prisão. Ele preferiu viver como um prisioneiro e ter a consciência limpa do que viver em liberdade sob as algemas do pecado e da culpa. O pecado é o mais cruel castigo e a culpa, a mais severa prisão. Transigir com o pecado é uma loucura. Ceder à tentação é uma tragédia. O prazer imediato do pecado não compensa seu tormento constante. A verdade prevaleceu, e mesmo na prisão, José era o mais livre dos homens. A inocência de José foi comprovada, e a mentira da mulher de Potifar veio à tona. Nada é mais forte do que uma mentira, exceto a verdade!

O Senhor era com José no cárcere (39:21-23), e o jovem hebreu tornou-se líder na prisão. O mesmo Deus que fora com José como mordomo na casa de Potifar é benigno com ele na prisão. José se torna o administrador do presídio. Foi Deus quem deu mercê a José perante o carcereiro. Assim como Potifar depositou toda a confiança em José como mordomo de sua casa, agora o carcereiro confia a José todos presos do cárcere. José tornou-se o administrador da prisão, e o fez com tanta eficiência que o carcereiro não precisava mais ter qualquer cuidado (39:22,23).

A razão da eficácia de José estava no fato de Deus estar com ele. Deus o fazia prosperar (39:23b). Porque José foi fiel a Deus em sua casa, Deus o honrou. Porque José foi fiel a Deus na casa de seu senhor, Deus o livrou. Porque José honrou a Deus na prisão, ele se destaca dentre seus pares e ganha o respeito de seus superiores.

José é bênção por onde passa. Ele floresce onde está plantado. Não é o lugar que determina seus valores. Ele não é produto do meio. Ao contrário, ele influencia o ambiente onde vive e o transforma. José anda com Deus, e Deus é com ele. Nem sempre para livrá-lo das adversidades, mas sempre para livrá-lo nas adversidades. As adversidades não vêm para destruí-lo, mas para tonificar as musculaturas da sua alma. Deus usa as circunstâncias carrancudas para alçar José a voos mais altos. Jacó está de luto, mas José está vivo e caminhando sobranceiro rumo ao trono!

Capítulo 14

Jacó chora enquanto seu filho interpreta sonhos

Jacó tem pesadelos, José interpreta sonhos. Jacó não tem futuro, José decifra as dobras do futuro. Jacó está preso na masmorra do luto, José está prestes a sair do cárcere para ser governador do Egito. A prova de José vai acabar e o luto de Jacó está chegando ao fim.

Antes de José subir ao trono, ele precisa, primeiro, passar pela escola do quebrantamento. Antes de galgar as alturas do reconhecimento, precisa descer às profundezas da humilhação. A proximidade de Deus e a ligação com Deus pela fé não equivalem sempre à "proteção contra sofrimentos", mas também podem ser experimentadas como "proteção em meio ao sofrimento.[1] Como bem acentua Waltke: "Deus não remove o sofrimento de José, porém permanece com ele em meio ao sofrimento" (39:21).[2] Todas essas experiências faziam parte do enredo

[1] BRAUMER, Hansjorg. *Gênesis*, p. 213.

[2] WALTKE, Bruce K. *Gênesis*, p. 650.

traçado na eternidade pela mão onipotente de Deus. Este o provou, a fim de aprová-lo. Suas tribulações tonificaram as musculaturas de sua alma para que ele viesse a ocupar o trono do Egito.

O narrador não informa quantos anos se passaram desde a chegada de José ao Egito até sua prisão. Não há registro sobre o tempo que ele ficou na casa de Potifar, nem mesmo quanto tempo passou na prisão.

Enquanto José estava preso, foram mandados para o cárcere o copeiro-chefe e o padeiro-chefe de Faraó. Os dois presos são funcionários do alto escalão. Ambos eram chefes. A palavra hebraica *sarim* significa literalmente "príncipes".[3]

Esses homens ofenderam a seu senhor e eles foram detidos e enviados exatamente para o mesmo cárcere onde estava José. O comandante da guarda colocou-os a serviço de José na prisão, uma vez que este era o administrador de todos os presos, o supervisor que organizava as atividades diárias dos prisioneiros.

Esses dois oficiais, o copeiro-chefe e o padeiro-chefe, eram oficiais altamente considerados.[4] Eram com frequência ricos que exerciam influência política (Neemias 1:11).[5] Eles cuidavam da bebida e da comida do rei. Ambos administravam o alimento de Faraó em seus próprios

[3] BRAUMER, Hansjorg. *Gênesis*, p. 215.

[4] KIDNER, Derek. *Gênesis: introdução e comentário*, p. 179.

[5] WALTKE, Bruce K. *Gênesis*, p. 651.

postos domésticos: o copeiro, com o vinho em seu copo; o padeiro, com o pão e os bolos em sua mesa. Ambos tinham íntimo acesso a Faraó e ambos podiam exercer um papel sinistro numa conspiração contra ele.[6] Charles Swindoll diz que o copeiro-chefe era a pessoa que experimentava o vinho do rei antes de ele beber. Desse modo, se estivesse envenenado, "adeus, copeiro", mas "vida longa a Faraó!".[7]

Tanto o copeiro-chefe quanto o padeiro-chefe haviam ofendido o seu senhor, o rei do Egito. Faraó indignou-se contra eles e mandou detê-los na casa do comandante da guarda, no mesmo cárcere onde José estava preso. Como José já tinha sido colocado como administrador da prisão (39:20-23), esses dois oficiais do rei foram entregues para servi-lo. José passa a agir no lugar do carcereiro (39:22). Ele dá assistência àqueles que davam assistência a Faraó.

Uma das tarefas de José na prisão era verificar, todas as manhãs, como estavam os presos sob seus cuidados e se tinham alguma necessidade. Certa noite, esses dois homens tiveram um sonho enigmático e acordaram perturbados e tristes, porque não entenderam o significado do sonho nem encontraram ninguém capaz de interpretá-los.

É nesse momento que José chega e os vê entristecidos. José pergunta: "Por que tendes, hoje, triste o semblante?" (40:7). Eles responderam: "Tivemos um sonho, e não há

[6] WALTKE, Bruce K. *Gênesis*, p. 651.

[7] SWINDOLL, Charles R. *José*, p. 61.

quem o possa interpretar". Disse-lhes José: "Porventura, não pertencem a Deus as interpretações? Contai-me o sonho" (40:8).

José, ao ouvir os sonhos dos prisioneiros, não arroga para si a capacidade de interpretação, mas afirma a suficiência de Deus para dar entendimento e interpretação aos sonhos. Deus confere o dom a quem Ele quer (41:16; Daniel 2:24-49). José compreende que a sabedoria não vem do homem, mas de Deus. Ele é apenas um instrumento para manifestar o poder de Deus, e não a fonte desse poder. Ele tributa a Deus toda a glória em vez de exaltar a si mesmo. A humildade era o seu distintivo. José havia compreendido o princípio de que Deus não divide a sua glória com ninguém (39:9; 41:16,51,52; 45:8).

Waltke diz que os três pares de sonhos – José (37:5-11), copeiro e padeiro (40:1-23) e Faraó (41:1-40) – mostram que Deus soberanamente controla o destino (41:28). Aqui está um conhecimento que se acha fora do poder imperial.[8] O mesmo autor destaca, ainda, que a capacidade de José de interpretar sonhos também lhe fornece a capacidade de interpretar a Providência (45:5-8; 50:20). A Ele pertencem autoridade e poder mais elevados que do próprio Faraó (40:8; 41:16,25,28,32).[9]

Aqui os sonhos vêm em pares, mas seus significados diferem. O sonho do copeiro é um sonho metafórico

[8] WALTKE, Bruce K. *Gênesis*, p. 652.

[9] Ibidem, p. 655.

ou parabólico, isto é, ele contém informações sem trazer orientação divina direta.[10] O copeiro narra o sonho a José (40:9-11) e José dá a interpretação (40:12,13).

O sonho do copeiro tinha a ver com sua atividade. O chefe dos copeiros precisava supervisionar todo o processo de produção do vinho. Braumer diz que no sonho do copeiro, da plantação de uvas, do processo de fabricação do vinho, até o momento da entrega do copo a Faraó, tudo acontece como em um filme acelerado. A posição do copeiro-chefe era um cargo de confiança especial, em virtude da constante ameaça de tentativas de assassinato por envenenamento. O copeiro-chefe acompanhava o Faraó até mesmo nas suas campanhas militares (1Reis 10:5; Neemias 1:11; 2:1).[11]

O contexto é a vida profissional do copeiro. Na metáfora, o copeiro vê as uvas amadurecendo, espreme-as no copo do Faraó e entrega-o ao seu senhor. A partir da metáfora, José retrata uma ação bem-sucedida, e constata a inocência do copeiro.[12] Os três ramos da videira representavam três dias. Dentro de três dias, ele seria reconduzido ao seu posto de honra.

Como o sonho do copeiro apontava para sua absolvição em três dias, José aproveita o ensejo para pedir a ele para lembrar-se de sua causa junto a Faraó, uma vez

[10] BRAUMER, Hansjorg. *Gênesis*, p. 217.

[11] Ibidem, p. 218.

[12] Ibidem, p. 217.

que estava preso injustamente (40:14,15). No seu pleito, José ressalta o aspecto ilegal da sua escravização, mas sem mencionar o crime cometido por seus irmãos. José também defende sua inocência em relação ao que aconteceu na casa de Potifar. Ele não tinha feito nada que justificasse seu encarceramento.[13]

O padeiro estava atemorizado, uma vez que sua culpa era real. Só contou o seu sonho depois de ver que a interpretação do sonho do copeiro era boa (40:16).

O sonho do padeiro-chefe era também um sonho metafórico. O contexto é a vida profissional do padeiro. Na metáfora ou parábola, o padeiro leva três cestos sobre a cabeça. Os pássaros comem a comida que está no cesto superior. O padeiro não consegue servir a comida ao rei. José percebe que o sonho contém punição ou medo e vê nisso a culpa do padeiro.

O sonho do padeiro-chefe tinha a ver, portanto, com sua atividade. O padeiro transportava três cestos sobre a cabeça. No cesto mais alto, havia todos os manjares de Faraó, arte de padeiro. Antes, porém, de Faraó saborear esses manjares que levava no cesto superior, as aves os comiam do cesto na sua cabeça (40:17). Os três cestos também falavam de três dias. Porém, o destino do padeiro-chefe seria diametralmente oposto ao do copeiro-chefe. Em três dias, ele seria decapitado por ordem de Faraó e seu corpo seria exposto numa estaca até que as

[13] Ibidem, p. 219.

aves comessem sua carne, enquanto o copeiro-chefe seria reconduzido ao seu posto de honra.

Como José destaca em sua interpretação para o padeiro-chefe, a cabeça levantada não representa reabilitação, mas execução e vilipêndio de seu cadáver.

O terceiro dia apontado pelos sonhos e interpretado por José era o dia do aniversário de Faraó (40:20). Este deu um banquete a todos os seus servos. No meio do banquete, reabilitou o copeiro-chefe e condenou o padeiro-chefe. O copeiro-chefe tinha novamente a honra de servi-lo, mas o padeiro-chefe foi enforcado, como José havia interpretado (40:21,22).

O pedido de José ao copeiro-chefe, para lembrar-se dele junto a Faraó (40:14,15), caiu no esquecimento (40:23). A gratidão tem a memória curta. O esquecimento do copeiro-chefe de Faraó estava também dentro do cronograma divino. José continuou na prisão mais dois anos (41:1), mas nesse tempo Deus estava construindo a rampa do palácio para José sair do cárcere e se tornar governador do Egito.

Capítulo 15

Jacó sofre, porque não enxerga na curva

Grande parte do sofrimento de Jacó decorre de fato de ele desconhecer o futuro. Sua queixa é dolorida: "Então lhes disse Jacó, seu pai: 'Tendes-me privado de filhos: José já não existe. Simeão não está aqui, e ides levar Benjamim! Todas estas coisas me sobrevêm'" (42:36). Jacó está lamentando porque as circunstâncias que consegue ver lhe são desfavoráveis, porém, as que estão nas dobras do futuro lhe são alvissareiras. O que ele pensa ser uma tragédia está laborando a seu favor, e não contra ele. Vejamos:

José não está morto, mas sendo promovido a governador do Egito

Gênesis 41 é como uma dobradiça na vida de José. Fecha os anos de humilhação e começa os anos de exaltação. José vai sair da masmorra para o palácio; do cárcere para o trono. Em todo esse tempo, Deus esteve trabalhando por José, mesmo quando a providência era carrancuda. Como diz James Montgomery Boice, "nosso Deus é o Deus de todas as circunstâncias".[1] G. Frederick Owen escreveu sobre José:

> Uma tentativa de sedução; um plano diabólico; ingratidão ignóbil; a prisão com todos os seus horrores. Todavia, sua impecável varonilidade, sua fidelidade em fazer o que era reto e sua lealdade ao Deus de seus pais levaram o jovem ao palácio – ele tornou-se governador na terra dos faraós.[2]

Vejamos o caminho que Deus usou para exaltar José:

Primeiro passo, *os sonhos de Faraó* (41:1-8). Dois anos depois que o copeiro-chefe do Faraó havia sido libertado da prisão e reconduzido ao seu honroso posto, conforme José havia lhe dito, Faraó teve dois sonhos. Ambos da mesma natureza, com os mesmos significados. Assim como os dois sonhos de José, os sonhos do copeiro-chefe e do padeiro-chefe, os dois sonhos de Faraó são também metafóricos. Sonhos metafóricos normalmente não têm falas. Eles não contêm uma orientação direta de Deus. Consistem antes de imagens, figuras e eventos.[3]

No primeiro sonho, Faraó está em pé junto do rio Nilo, quando viu sete vacas formosas e gordas que subiam

[1] BOICE, James Montgomery. *Genesis*, p. 963.

[2] OWEN, F. Frederick. *Abraham to the Middle-Est,* p. 29.

[3] BRAUMER, Hansjorg. *Gênesis*, p. 238.

do Nilo e pastavam no carriçal. Depois viu sete vacas feias e magras, que pararam junto às primeiras, na margem do rio. As vacas feias e magras comiam as sete vacas formosas e gordas.

Faraó acordou. Tornou a dormir e sonhou outra vez. Agora, de uma só haste saíam sete espigas cheias e boas. E após elas, nasciam sete espigas mirradas, crestadas do vento oriental. As espigas mirradas devoravam as sete espigas grandes e cheias. Faraó acorda de seu sonho. De manhã, com espírito perturbado, convoca todos os magos do Egito, ou seja, os peritos em manusear os livros rituais do ofício sacerdotal e da magia (Êxodo 7:11)[4] e todos os seus sábios, então conta-lhes os sonhos. Mas ninguém pode dar-lhe a interpretação.

Segundo passo, *a lembrança do copeiro-chefe de Faraó* (41:9-13). Diante do fracasso dos magos e dos sábios do Egito, o copeiro-chefe do Faraó lembrou-se de José, uma vez que tinha uma dívida de gratidão com ele, e contou ao Faraó sua experiência na prisão vivida há dois anos (40:14; 41:1). Falou como José, um jovem hebreu, havia interpretado o seu sonho e o sonho do padeiro-chefe e como tudo acontecera rigorosamente como José havia interpretado.

Terceiro passo, *José é levado a Faraó* (41:14-16). Imediatamente, Faraó mandou buscar José na prisão. Fizeram-no sair às pressas, barbear e mudar suas vestes.

[4] KIDNER, Derek. *Gênesis: introdução e comentário*, p. 181.

Matthew Henry diz que a ordem de Faraó o libertou tanto de sua prisão quanto da sua servidão.[5] Quando José chegou à presença de Faraó, este logo lhe relatou que teve um sonho e que ninguém foi capaz de interpretá-lo. Em seguida, Faraó diz a José que tinha sido informado de que ele tinha poder de interpretar sonhos. José, imediatamente, responde: "Não está isto em mim; mas Deus dará resposta favorável a Faraó" (41:16). José, com eloquente laconicidade, passa de si para Deus como o único revelador, governador e benfeitor.[6] Esta atitude de José está em contraste com os adivinhos pagãos que se vangloriavam de possuir poderes próprios.[7] José aponta para Deus, dando-lhe a devida glória. Como fizera antes com o copeiro e o padeiro (40:8), também agora José desvia os olhos de Faraó do mediador humano para Deus (41:16,25,28,32). Somente Deus pode interpretar sonhos.[8]

Quarto passo, *Deus concede a José a interpretação dos sonhos de Faraó* (41:17-32). Faraó relata seus sonhos a José, como relatara aos magos e aos sábios do Egito (41:1-7), acrescendo um fato novo na narrativa: "E, depois de terem engolido [as vacas gordas], não davam aparência de

[5] HENRY, Matthew. *Comentário Bíblico Antigo Testamento Gênesis a Deuteronômio*, p. 190.

[6] KIDNER, Derek. *Gênesis: introdução e comentário*, p. 181.

[7] LIVINGSTON, George H. *O livro de Gênesis*, p. 113.

[8] BRAUMER, Hansjorg. *Gênesis*, p. 228.

as terem devorado, pois o seu aspecto continuava ruim como no princípio..." (41:21).

José, então, revela a natureza dos sonhos de Faraó (41:25). Trata-se de dois sonhos com um único significado. Ambos os sonhos apontam para os mesmos fatos, não podendo ser vistos por ângulos diferentes. José deixa claro que o agente do sonho é Deus (41:25). Tudo acontecerá da forma determinada por Deus. O Egito só poderá ser protegido contra o pior, a morte pela fome, se Faraó souber dar ouvidos à advertência. Fica evidente que os sonhos de Faraó apontam para fatos futuros (41:26-32). As sete vacas gordas e as sete espigas cheias apontam para sete anos de fartura e abundantes colheitas. As sete vacas magras e as sete espigas mirradas vaticinam sete anos de fome. Deus antecipa o conhecimento do futuro para que medidas fossem tomadas no presente, a fim de livrar o povo da fome e da morte.

Quinto passo, *José se torna conselheiro de Faraó* (41:33-36). Após interpretar os sonhos de Faraó, José passa à posição de conselheiro de Faraó (41:33-36). Aconselha-o a escolher um homem a juizado e sábio para ser o administrador geral do Egito (41:33) e colocar administradores regionais (41:34). Um administrador geral precisa de bons gestores regionais. O poder não pode ser concentrado ou centralizado nas mãos de apenas uma pessoa. O poder compartilhado, com acompanhamento responsável, produz melhores resultados. Sob o comando de um líder maior, administradores eficientes eram fundamentais para o sucesso do projeto de armazenar toda a abundante safra nos sete anos de fartura. Esses administradores deveriam recolher e armazenar um quinto de toda a produção (41:34b). José aconselha Faraó a juntar alimento na fartura para não faltar nos anos de escassez (41:35,36).

Sexto passo, *José é constituído governador do Egito por Faraó* (41:37-46). José aconselha Faraó, e ele nomeia José como vice-rei do Egito. A instalação de José como vice-rei sobre o Egito consiste em um ato público de instalação (41:41-43) e o ato familiar de conferir um novo nome com a elevação à nobreza por meio de casamento (41:44,45).[9] Faraó enaltece José diante dos seus oficiais, reconhecendo que nele havia o Espírito de Deus (41:38). Faraó o investe de autoridade sobre toda a terra do Egito. Todo o povo deveria obedecer às ordens de José. O povo não poderia escolher se queria ou não atender sua palavra; quando José falar, o povo só terá a opção de se submeter e obedecer.[10] O silêncio de José diante de tantas honras revela que a Providência, não José, é que provê tais honras. José deixa que outros o louvem e o exaltem, em vez de ele mesmo (Provérbios 27:2).[11] José recebe o anel de sinete, as roupas de linho fino e o colar de ouro, símbolos de poder (41:42), sendo apresentado num cortejo público (41:43) como o gestor do grande império egípcio.

[9] WALTKE, Bruce K. *Gênesis*, p. 662.

[10] BRAUMER, Hansjorg. *Gênesis*, p. 253.

[11] WALTKE, Bruce K. *Gênesis*, p. 662.

JOSÉ NÃO ESTÁ MORTO, MAS É O SALVADOR DO MUNDO

As lágrimas de Jacó teriam sido estancadas se enxergasse na curva, se tivesse um vislumbre das circunstâncias que envolviam seu filho amado. Enquanto Jacó pensa o pior, Deus está fazendo o melhor pelo seu filho. Enquanto Jacó sofreu por imaginar que seu filho estava morto, José está livrando da morte toda uma geração. Destacamos aqui, alguns pontos importantes:

Primeiro ponto, *José armazenou mantimento em tempos de fartura* (41:47-49). Conforme José havia interpretado os sonhos de Faraó, nos sete anos de fartura a terra produziu abundantemente. José não permitiu que nada fosse desperdiçado nos tempos de fartura. Ele ajuntou todo o mantimento durante a abastança e o guardou nas cidades. As cidades próximas aos campos férteis eram celeiros de recolhimento e armazenamento das safras farturosas (41:48). Usando uma linguagem hiperbólica, José ajuntou muitíssimo cereal, como a areia do mar, até perder a conta, porque ia além das medidas conhecidas (41:49). Não é sábio desperdiçar só que porque se tem com fartura. O desperdício ou o gasto abusivo e perdulário é uma insensata mordomia. O perdulário joga fora o que vai precisar amanhã. O administrador tolo não recolhe todos os frutos nos tempos de bonança. José supervisionou com sabedoria não apenas o recolhimento dos cereais, mas também sua distribuição estratégica nos anos de fome.

Segundo ponto, *José não armazenou mágoa em relação ao seu passado* (41:50,51). Depois que saiu do cárcere para o trono, José não nutriu sede de vingança aos que o fizeram amargar 13 anos de sofrimento. Não começou uma caçada a seus irmãos para dar-lhes o troco, nem se insurgiu contra Potifar e sua mulher. Ao contrário, ao atingir o pico da fama, da riqueza e do poder, José ergueu um monumento vivo de perdão, chamando a seu filho primogênito de Manassés, cujo significado é: "Deus me fez esquecer de todos os meus trabalhos e de toda a casa de meu pai" (41:51). José não se esqueceu de sua família nem dos acontecimentos que haviam ocorrido, mas se esqueceu da dor e do sofrimento que haviam lhe causado. José foi capacitado, pela graça de Deus, a apagar suas dores e memórias do passado e a começar de novo.[12] Não podemos administrar as circunstâncias que nos cercam, mas podemos administrar os nossos sentimentos. Não podemos administrar o que as pessoas fazem contra nós, mas podemos decidir como vamos reagir a essas ações. José escolheu guardar o seu coração da mágoa. O perdão cura, liberta e restaura. O perdão é a assepsia da alma, a faxina da mente, a alforria do coração.

Terceiro ponto, *José demonstrou gratidão em relação ao seu presente e ao futuro* (41:52). O segundo filho de José é um monumento vivo da generosa providência divina. Se ao nascer o primeiro filho ele olhou para trás e reconheceu

[12] WIERSBE, Warren W. *Comentário bíblico expositivo*, p. 194-195.

que Deus o fez esquecer das injustiças sofridas, ao nascer o segundo filho, ele olhou para frente e reconheceu que foi a mão de Deus que o fez prosperar na terra de sua aflição. Se Manassés significa perdão, Efraim significa "duplamente frutífero", prosperidade. A prosperidade é resultado do perdão. Ninguém é verdadeiramente próspero até que esteja com o coração completamente livre de mágoa. A vida de José é uma trajetória de prosperidade. Foi próspero na casa do pai, na casa de Potifar, na prisão e no palácio.

Quarto ponto, *José abriu os celeiros do Egito para ser o provedor do mundo* (41:53-57). Os sete anos de fartura terminaram (41:53). Os sete anos de fome começaram não só no Egito, mas em toda a terra, conforme José havia predito. Inobstante essa escassez mundial, havia pão no Egito (41:54). Quando a fome apertou em todo o mundo, José abriu todos os celeiros e vendeu cereal aos egípcios (41:56). As circunstâncias foram tenebrosas na vida de José, mas sua luz, do pico dos montes, alumiou todos os povos. Porque ele não se insurgiu contra Deus no processo do treinamento, foi usado por Ele para salvar as nações da fome cruel. Concordo com Waltke quando escreve: "José é o modelo para os que nasceram para governar".[13]

[13] WALTKE, Bruce K. *Gênesis*, p. 668.

Capítulo 16

Jacó enfrenta a fome em Canaã

A fome chegou à casa de Jacó. A crise era mundial. A fome assolava a Terra (41:56) e prevalecia em todo o mundo (41:57). De todos os lugares, caravanas vinham ao Egito, o celeiro do mundo, para comprar alimento. A fome atingiu também Canaã, e a família de Jacó está em apuros. Jacó não sabia nada sobre José, mas via caravanas carregadas de grãos vindas do Egito, por isso toma a iniciativa para suprir sua família (42:1-5).

Deus usa a providência carrancuda para mostrar sua face sorridente a Jacó. A fome não assolou o mundo para matar a família de Jacó, mas para restaurá-la. A crise medonha não mostrou sua face cavernosa para destruí-los, mas para levá-los ao Egito. José não estava morto como pensava Jacó, mas era o governador do Egito. O filho por quem vertera tantas lágrimas há 22 anos estaria vivo e honrado diante de seus olhos em poucos meses. Deus não só pouparia os filhos da aliança da fome e da morte, mas livrá-los-ia de se contaminarem com casamentos mistos com os cananitas.

A fome assolava o mundo, inclusive Canaã, mas o Egito tem celeiros abarrotados de provisão para os famintos. Essa informação foi para Jacó um lampejo de esperança, uma providência suficiente para evitar que sua família perecesse de fome. A fome foi instrumento divino para levar a família patriarcal ao Egito. A fim de realizar seus propósitos divinos, o Senhor pode usar uma época de fome, um rapto (2Reis 5:2,3), um concurso de beleza (Ester 2:1-20), um sonho (Daniel 2:1-49), uma peste (Joel 1:1-20) e até mesmo um censo do governo (Lucas 2:1-7).[1]

Os filhos de Jacó estavam petrificados, sem ação, diante da crise medonha (42:1). Então Jacó dá uma ordem expressa a eles (42:2-5). Jacó conta a seus filhos sobre as notícias alvissareiras vindas do Egito, ordena-os a descer até lá e comprar cereais dos egípcios, para que possam viver e não perecer pela fome (43:8). Os filhos obedecem prontamente a Jacó e descem para comprar alimento no Egito. Era uma viagem longa, de mais de 400 quilômetros.[2] Jacó não enviou Benjamim, o caçula, com seus filhos. O texto dá a entender que Jacó não confiava neles para cuidarem do irmão mais novo. Derek Kidner diz que restava pouca dúvida a Jacó acerca da culpa dos filhos. Aos olhos de um pai, os seus crimes concretizados podiam ser acobertados,

[1] WIERSBE, Warren W. *Comentário bíblico expositivo.* Vol. 1, p. 198.

[2] Ibidem, p. 197.

mas o caráter deles, não.[3] Os irmãos de José, porém, entram no Egito como uma nação embrionária e deixarão o Egito como uma nação poderosa.[4]

José era o governador da terra do Egito, o homem que vendia alimento às caravanas estrangeiras. Devido à sua elevada posição, as pessoas chegavam e se prostravam diante dele, e assim fizeram também seus irmãos (42:6). José os reconhece de primeira (42:7,8), mas não se deu a conhecer a eles. Havia 22 anos que seus irmãos não o viam. José vestia trajes de nobreza e falava a língua egípcia com seus irmãos por meio de intérpretes. Eles jamais podiam imaginar que o governador do maior império do mundo era exatamente o jovem sonhador que eles jogaram numa cova e depois venderam por vinte siclos de prata. Como diz Braumer, "não havia nada de familiar na figura de José que permitisse que seus irmãos o reconhecessem".[5]

José usou vários expedientes pedagógicos para levar seus irmãos ao arrependimento e preparar o coração deles para a revelação de quem era. Conforme Warren Wiersbe diz: "O arrependimento superficial leva a uma falsa reconciliação".[6] Por trás da dura atitude assumida, havia caloroso afeto (42:24) e bondade irresistível. Mesmo as ameaças foram temperadas com a misericórdia (42:16-19;

[3] KIDNER, Derek. *Gênesis: introdução e comentário*, p. 184.

[4] WALTKE, Bruce K. *Gênesis*, p. 676.

[5] BRAUMER, Hansjorg. *Gênesis*, p. 265.

[6] WIERSBE, Warren W. *Comentário bíblico expositivo*, p. 197.

44:9,10), e os choques aplicados tomaram a forma de embaraço, não de golpes.[7] Nas palavras de Waltke, "as táticas de José são duras, mas suas emoções são ternas".[8]

Quando José viu seus irmãos prostrados diante dele, lembrou-se de seu primeiro sonho, em que os feixes de trigo se curvavam diante do seu feixe. O tema do segundo sonho era o resplendor e a honra que José já tinha alcançado. A lembrança dos sonhos não encheu José de orgulho e de ódio, mas de gratidão pelo caminho pelo qual Deus o conduzira.[9] Os sonhos de José não eram devaneios de adolescente, mas revelação divina sobre o futuro.

José acusa seus irmãos de espiões, afirmando que tinham vindo não para comprar alimento, mas para ver os pontos fracos da terra, a fim de saquear seus celeiros. José acusou-os quatro vezes de estarem no Egito sob falsos pretextos (42:9,12,14,16).

Os irmãos de José se defendem dizendo que em vez de espiões, são pessoas necessitadas de alimento para sobreviver. Agregam à sua peça de defesa a informação de que eram todos filhos do mesmo pai e que eram homens honestos. José, porém, insiste na acusação (42:12). José empareda e acua seus irmãos para arrancar deles informações sobre Benjamim, seu irmão, e sobre Jacó, seu pai. José sabe que uma revelação precoce de si mesmo a seus

[7] KIDNER, Derek. *Gênesis: introdução e comentário*, p. 184.

[8] Ibidem, p. 675.

[9] BRAUMER, Hansjorg. *Gênesis*, p. 266.

irmãos poderia ser prejudicial ao processo da restauração deles. Os irmãos de José acrescentam uma nova informação sobre a identidade deles (42:13). Eles dizem que são doze irmãos, e não apenas dez; são filhos de um homem na terra de Canaã. Então, falam dos outros dois irmãos: "O mais novo está hoje com nosso pai, outro já não existe" (42:13b). José já está com todos os dados no tabuleiro. Seu pai está vivo e seu irmão caçula está em companhia do pai.

José usa a sabedoria para tratar o coração de seus irmãos, a fim de produzir neles o arrependimento para a vida. Acusa-os pela terceira vez de espionagem (42:9,12,14). Ameaça retê-los no Egito até que Benjamim seja trazido (42:15,16). Coloca-os sob custódia, três dias na prisão (42:17). Eles são lançados juntos por três dias na prisão, para sentirem um pouco do que José amargou por vários anos. Era tempo suficiente para conversarem, para trazerem à memória seus pecados e terem o coração quebrantado. José, então, despede seus irmãos, mas retém Simeão até que tragam Benjamim (42:18-20). Essa seria a prova da honestidade deles. Os irmãos de José concordam com essas exigências e partem, deixando Simeão e levando consigo muitas interrogações sem esclarecimento.

Os métodos usados por José estavam logrando êxito. Seus irmãos tiveram a consciência despertada para perceberem que estavam colhendo o que haviam plantado há 22 anos (42:21-23). A ansiedade que estavam sentindo agora estava intimamente relacionada à crueldade deles para com aquele José que clamava do fundo de uma cova, mas eles não ouviram os seus rogos (42:21). Rúben faz sua defesa ao mesmo tempo que diagnostica a causa do aperto que estão passando (42:22). José está ouvindo toda a conversa deles sem que notassem, uma vez que José só falava com eles por meio de intérpretes (42:23). Ressoam aqui as palavras de Braumer: "A voz da consciência não pode ser sufocada para sempre".[10] A expressão "somos culpados" se refere tanto à culpa quanto ao seu castigo. Os dois elementos são inseparáveis.[11] Na verdade, os irmãos de José estão colhendo o que semearam há 22 anos.

José sai do ambiente para não comprometer o processo adotado e chora sozinho (42:24). Foi a primeira das seis ocasiões em que José chorou nessa sucessão de acontecimentos. Lágrimas vieram-lhe aos olhos quando viu Benjamim (43:29,30), quando revelou sua identidade aos irmãos (45:2), quando se encontrou com o pai no Egito (46:29), quando o pai morreu (50:1) e quando garantiu aos seus irmãos que haviam sido perdoados de todo coração (50:17). Uma boa prova do caráter de uma pessoa é observar o que a leva a chorar.[12]

Enxugadas as lágrimas, retorna, algema Simeão na presença deles e os demais partem. Braumer diz que, com

[10] BRAUMER, Hansjorg. *Gênesis*, p. 268.

[11] WALTKE, Bruce K. *Gênesis*, p. 680.

[12] WIERSBE, Warren W. *Comentário bíblico expositivo*, p. 199.

a prisão de Simeão, também os irmãos "são presos e comprometidos com o retorno".[13]

Retido Simeão no Egito, como garantia de que voltariam trazendo Benjamim e como prova de que eram honestos, e não espiões, José os envia de volta a Canaã, provando que teme a Deus e que se importa com o bem-estar de seus familiares (42:18,19). Mesmo usando uma metodologia severa para despertar a consciência de seus irmãos, José cuida deles (42:25). José vende alimento a eles, devolve o dinheiro e ainda providencia comida para eles durante a jornada. Quando seus irmãos veem o dinheiro na boca do saco, são tomados de medo e de perplexidade (42:26-28). Numa das paradas estratégicas rumo a Canaã, constataram que o dinheiro que levaram para comprar alimento estava sendo trazido de volta. Tendo em vista que foram acusados de serem espiões, agora caía sobre eles a acusação de ladrões. Então o coração deles ficou desfalecido; e atemorizados, se entreolhavam, perguntando: "Que é isto que Deus nos fez?". Esta é a primeira vez que os irmãos fazem menção de Deus; a consciência está atormentada. Deus estava trabalhando neles por intermédio dessas circunstâncias. Agora veem Deus em ação por trás de seu crime e punição (42:21,22). Para darem uma prova de sua honestidade (42:11), ao retornarem para a segunda viagem, relataram o fato e levaram de volta o dinheiro (43:21).

[13] BRAUMER, Hansjorg. *Gênesis*, p. 269.

Ao chegarem em Canaã, os irmãos de José relataram, seletivamente, a experiência deles no Egito (42:29-35). Os filhos de Jacó não relataram tudo; eles omitiram do pai que eles ficaram três dias presos. Omitiram também que Simeão foi algemado na presença deles e que ficou lá como refém. Omitiram sobre o remorso que sentiram, os protestos de Rúben e a descoberta do dinheiro na estalagem. Eles abrandaram a dramaticidade dos fatos aos olhos de Jacó, pois sabiam que precisariam voltar ao Egito para levar Benjamim, resgatar Simeão e comprar mais alimento. A reação de Jacó foi um lamento pesaroso: "Então, lhes disse Jacó, seu pai: 'Tendes-me privado de filhos: José já não existe. Simeão não está aqui, e ides levar a Benjamim! Todas essas coisas me sobrevêm'" (42:36). A autopiedade de Jacó é compreensível, porém, indesculpável.[14] Jacó lamenta porque não tem conhecimento de todos os fatos. Ele acusa, veladamente, seus filhos por estar privado de filhos, ou seja, José e Simeão, e agora, a ameaçadora perda de Benjamim. Para ele, José está morto e Simeão ficara no Egito como prisioneiro. Levar Benjamim para o Egito seria expô-lo a um risco fatal. Essas coisas que pareciam laborar contra ele trabalhavam, na verdade, pela providência divina em seu favor. Aquilo que Jacó achou que seria sua ruína foi sua grande alegria. José não só estava vivo, mas era o governador do Egito. O Egito não era a prisão de Simeão, mas o lar hospitaleiro para

[14] WALTKE, Bruce K. *Gênesis*, p. 683.

a família patriarcal. Todas essas coisas não eram contra ele, mas cooperavam para o seu bem (Romanos 8:28).

Rúben procurou acalmar os temores de Jacó fazendo uma proposta miseravelmente disparatada (42:37), demonstrando mais uma vez sua fraqueza e falta de liderança como filho mais velho. Como garantia de que levaria e traria de volta Benjamim, oferece a seu pai seus dois filhos, dizendo: "Se eu não voltar com Benjamim, mate os meus dois filhos". Mas, como um avô poderia se consolar matando seus netos? Por que ele oferece seus filhos em vez de oferecer a si mesmo? Concordo com Waltke quando escreve: "Judá eclipsa Rúben como o líder da família. Este, covarde e de forma imbecil, oferece a vida de seus filhos como garantia da segurança de Benjamim; Judá oferece sua própria vida (43:1-14)".[15]

Jacó repudia a néscia proposta de Rúben e radicaliza: "Meu filho não descerá convosco" e justifica "seu irmão é morto, e ele ficou só; se lhe sucede algum desastre no caminho por onde fordes, fareis descer minhas cãs com tristeza à sepultura" (42:38).

[15] WALTKE, Bruce K. *Gênesis*, p. 673.

Capítulo 17

Jacó envia seus filhos de volta ao Egito

A escassez chegou à mesa de Jacó e de seus filhos. A despensa está vazia. A comida acabou. A fome era severa. O Egito era a única saída para fugir dos tentáculos da morte. Era hora de voltar ao Egito e comprar mais cereais, mas nenhum dos filhos de Jacó ousou falar com ele sobre essa necessidade. Sabiam da tensão que havia no coração do velho patriarca em liberar Benjamim para ir com eles.

O velho patriarca Jacó está entre a cruz e a espada. Quem tem fome não pode esperar. Ele, seus filhos e seus netos não podem sobreviver em Canaã sem comida. Seus filhos precisam voltar ao Egito. Mas ele não quer renunciar a Benjamim (42:38), especialmente depois da proposta ridícula de Rúben (42:37). Porém, a volta ao Egito era inevitável, uma vez que a fome era severa. "A fome persistia gravíssima na terra" (43:1). Não tinha para onde correr. Somente no Egito havia pão com fartura. Só dos celeiros do Egito manava alimento naquele tempo de amarga escassez. Somado a isso, a provisão deles havia esgotado: "Tendo eles acabado de consumir o cereal que trouxeram do Egito..." (43:2). Eles estavam constrangidos de voltar ao Egito em razão do dilema de Jacó de autorizar Benjamim a partir com eles. Quando, porém, acabou a comida para a última refeição, o próprio Jacó, como cabeça da família, toma a iniciativa novamente, como da primeira vez, e delibera as decisões finais, dando aos seus filhos esta ordem: "Voltai, comprai-nos um pouco de mantimento" (43:2b). Em tempos de crise, um pouco é suficiente.

Nessa crise medonha, Judá emerge no vácuo da fraqueza de Rúben, assume a liderança de sua família e enfrenta seu pai não com argumentos disparatados, como Rúben, mas com uma lógica irresistível. Mais tarde, ele se oferecerá como escravo por seu irmão por amor a seu pai (44:33,34). Sua tribo virá a ser proeminente entre os filhos de Israel (49:8-10; Mateus 1:2,17; Lucas 3:23,33).

É digno de nota que a descida de Benjamim ao Egito era uma exigência inegociável (43:3-5). Judá tira seu pai do sentimentalismo para o campo da razão, deixando claro que eles não desceriam ao Egito para comprar mantimento sem levarem consigo Benjamim. Essa foi a exigência peremptória do homem do Egito para provarem sua honestidade e resgatarem Simeão.

Nesse momento, a autopiedade de Jacó estava fora de foco (43:6,8). Israel tenta lançar sobre seus filhos a responsabilidade do agravamento de seu sofrimento por terem mencionado o nome de Benjamim ao governador do Egito, no que seus filhos foram unânimes em responder: "O homem nos perguntou particularmente por nós e pela nossa parentela, dizendo: 'Vive ainda vosso pai? Tendes outro irmão?' Respondemos-lhe segundo as suas palavras. Acaso poderíamos adivinhar que haveria de dizer: 'Trazei vosso irmão?'".

Judá não quer gastar tempo com discussões. Ele interrompe a querela entre o patriarca e seus filhos. É hora de agir. Por isso disse Judá a Israel, seu pai, o cabeça do clã: "Envia o jovem comigo, e nos levantaremos e iremos; para que vivamos e não morramos, nem nós, nem tu, nem os nossos filhinhos". A abordagem de Judá é franca, firme, sóbria e vai direto ao ponto. Deixar de partir já era lavrar uma sentença de morte sobre três gerações: Jacó, seus filhos e seus netos. Judá deixa meridianamente claro que se tratava de uma questão de vida ou morte (43:8,10) e chegou a lembrar Jacó de suas próprias palavras (42:2). Como Benjamim havia nascido antes que José ter descido ao Egito, ele já tinha mais de 22 anos de idade.

Judá assume a responsabilidade sobre Benjamim nas seguintes palavras: "Eu serei responsável por ele, da minha mão o requererás; se eu não o trouxer e não puser à presença, serei culpado para contigo para sempre" (43:9). A cruel pressão da fome e a calorosa iniciativa pessoal de Judá eram necessárias, uma para reforçar a outra.[1] Quan-

[1] KIDNER, Derek. *Gênesis: introdução e comentário*, p. 188.

do Judá se compromete pessoalmente pela segurança de Benjamim, está dizendo: "Serei um penhor por ele".[2]

Judá arremata seu argumento lógico, racional e convincente, dizendo: "Se não nos tivéssemos demorado, já estaríamos, com certeza, de volta pela segunda vez" (43:10). Diante desses argumentos de Judá, Jacó, chamado Israel, envia seus filhos ao Egito pela segunda vez (43:11-14). Jacó cede aos argumentos de Judá e libera Benjamim para partir com seus irmãos. Agora, não é mais Jacó que age, mas Israel, o homem de fé.

Israel dá orientações a seus filhos (43:11b-13):

Primeiro lugar, levem presentes ao governador do Egito – este tipo de presente não se destaca pela abundância, mas pela modéstia.

Segundo lugar, levem dinheiro em dobro – para pagar a conta anterior.

Terceiro lugar, levem Benjamim, o irmão de vocês – é digno de nota que Israel chama Benjamim aqui não de "meu filho", mas de "vosso irmão".

Quarto lugar, Israel invoca a bênção do Deus Todo-poderoso sobre seus filhos (43:14). Israel, porém, como um pêndulo, oscila entre a fé e a incredulidade. Ao mesmo tempo que invoca a bênção de *El Shaddai* sobre seus filhos, para que encontrem mercê diante do governador do Egito, resgatem Simeão e traguem também em segurança Benjamim, abre uma fresta da porta para o medo ao

[2] WALTKE, Bruce K. *Gênesis*, p. 688.

dizer: "Quanto a mim, se eu perder os filhos, sem filhos ficarei" (43:14b).

Warren Wiersbe diz que este tipo de resposta, sem dúvida, não condiz com o Jacó de Betel que se apropriou das promessas de Deus e que tinha anjos cuidando dele! Também não parece vir do mesmo Jacó que conduziu sua família de volta a Betel para começar de novo com o Senhor. Seus sentimentos de dor e de desespero haviam quase apagado sua fé.[3] Braumer, por sua vez, entende que estas palavras finais não são um grito de desespero, mas, no máximo, uma "submissão pesarosa", a "rendição ao inevitável".[4]

Os filhos de Jacó chegam ao Egito e precisaram lidar com três problemas sérios: o problema do dinheiro (43:16-23a), a libertação de Simeão (43:23b) e a proteção de Benjamim (43:24.-34). Os temores dos irmãos de José, porém, se desfizeram logo que chegaram ao Egito e encontraram o governador. O problema do dinheiro estava resolvido, e isso trouxe-lhes paz. Simeão foi-lhes restituído, isso trouxe liberdade ao irmão. O problema de Benjamim parecia estar resolvido, porque foi tratado com especial deferência pelo governador.

José, ao ver seu irmão Benjamim, ordena ao despenseiro de sua casa para matar reses e preparar um banquete,

[3] WIERSBE, Warren W. *Comentário bíblico expositivo*, p. 201.

[4] BRAUMER, Hansjorg. *Gênesis*, p. 275.

porque comeria com eles ao meio-dia. O mordomo da casa obedeceu à risca as ordens de José (43:16,17).

Quando os irmãos de José perceberam que estavam indo para a própria casa do governador, ficaram atemorizados (43:18). A consciência deles estava desassossegada com respeito ao dinheiro que encontraram de volta no saco dos alimentos. O medo fê-los cogitar as piores coisas. Pensaram que esse banquete não passava de uma estratégia para serem acusados e feitos escravos no Egito. Temiam que o convite para ir à casa do governador fosse uma armadilha.

Logo que chegaram na casa do governador, procuraram remediar a situação, fazendo sua defesa diante do mordomo da casa (43:19-22). Contaram a ele o que ocorrera e como trouxeram dinheiro em dobro para pagar os cereais da primeira compra e, também, dinheiro para a segunda compra (43:19-22)

O mordomo, alto funcionário do palácio, homem que gozava confiança máxima do governador do Egito, responsável pelas recepções aos seus hóspedes, tranquiliza os irmãos de José, dizendo-lhes: "Paz seja convosco, não temais" (43:23). Depois o mordomo continua dizendo a eles que o Deus de seu pai lhes havia dado tesouro nos sacos de mantimento e o dinheiro deles havia chegado em suas mãos. Essa era uma forma legal de confirmar o recebimento do pagamento completo. Com isso, ele está dizendo que alguém havia pagado por eles. O próprio José fez o pagamento no lugar de seus irmãos. Como o pagamento havia sido feito, Simeão foi-lhes restituído. A libertação de Simeão representava a anulação da acusação de espionagem. José cumprira sua palavra. Ele tinha se mostrado confiável e verdadeiro. Agora podiam entrar sem medo na casa. Eram hóspedes bem-vindos.[5]

O mordomo de José levou-os à casa do governador, dando-lhes água para lavar os pés e, também, ração aos seus jumentos. Essa era uma forma de demonstrar acolhida fidalga e calorosa (43:24).

Os irmãos de José prepararam o presente que trouxeram de Canaã, ou seja, um pouco de bálsamo, um pouco de mel, arômatas e mirra, nozes de pistácia e amêndoas (43:11), e logo que ele chegou, entregaram-lhe os presentes (43:25,26a). Após entregar os regalos, do mais precioso da terra de Canaã, eles se prostraram perante José. Mais uma vez, os sonhos de José estavam se cumprindo (43:26b).

Então, José passa a interrogar seus irmãos sobre o bem-estar, *shalom,* deles e sobre o ancião, pai deles, se estava bem e se ainda vivia (43:27-29). Com esta pergunta, José demonstra a preocupação e o medo de que o pai pudesse morrer antes de reencontrá-lo. Os irmãos confirmam ao governador que o pai vive e está bem. Dada a resposta, abaixaram a cabeça e se prostraram. Ao perguntar se o jovem que estava com eles era o irmão mais novo

[5] BRAUMER, Hansjorg. *Gênesis*, p. 277.

e tendo recebido a resposta afirmativa, José deu-lhe uma palavra de bênção: "Deus te conceda graça, meu filho".

José conseguia disfarçar bem seus sentimentos em público, mas a emoção foi tão forte que, ao ver Benjamim, apressou e entrou na câmara, e ali chorou (43:30). Como Waltke diz acerca de José: "Por baixo da máscara da aparência egípcia palpitava o amor por sua família".

José lava o rosto, volta e dá uma ordem aos serviçais da casa para servirem a refeição (43:31-34). Os irmãos de José comeram, beberam e se regalaram num régio banquete. Então, partiram de volta a Canaã com farta provisão. Entrementes, José ainda estava trabalhando para despertar a consciência amortecida deles e levá-los ao arrependimento.

As ações de José não eram motivadas pela maldade, mas pela misericórdia. Ele sabia que um falso arrependimento produziria uma falsa restauração. Todas as medidas tomadas foram planejadas cuidadosamente para produzir em seus irmãos arrependimento e restauração.

José armou um plano estratégico (44:1-3). Pela segunda vez, José ordena que o dinheiro seja devolvido na boca do saco de cada um de seus irmãos. Mas, agora, ordena ao mordomo, também, para colocar seu copo de prata na boca do saco de Benjamim. Depois do generoso e lauto banquete da noite anterior, onde comeram, beberam e se alegram, o dia amanheceu e era hora de partir. Desta vez, tudo tinha dado certo. Foram bem recebidos. Simeão tinha sido libertado. Benjamim marchava em segurança com eles de volta para casa. Levavam não apenas um pouco de cereal, mas tudo quanto podiam levar. Se da primeira vez eles foram tratados como espiões, agora são despedidos com um banquete.

Logo que saíram da cidade, sem que houvessem ainda se distanciado, José ordena a seu mordomo para ir no encalço de seus irmãos, fazendo-lhes severa acusação de terem pagado o bem com o mal, pois haviam furtado o seu copo de prata, o copo em que ele bebia e por meio do qual fazia suas adivinhações. O mordomo os alcança e, sem demora, despeja sobre eles os raios fuzilantes dessa devastadora tempestade (44:4-6). A acusação parecia descabida. Estavam seguros de sua inocência. A prova de que não tinham más intenções com o governador do Egito é que levaram de volta o dinheiro que encontraram na boca dos sacos. Como agora furtariam da casa do seu senhor ouro e prata? Na defesa deles, falaram o mesmo que Jacó havia dito há 33 anos para Labão, seu sogro (31:32), ou seja: "Aquele dos teus servos com quem for achado morra; e nós ainda seremos escravos do meu senhor" (44:9).

O mordomo rejeita a sugestão radical deles, de morte do culpado e escravidão de todos, mas acata a palavra de que o culpado seja feito escravo no Egito. Começa-se, então, uma investigação cuidadosa e meticulosa. Curiosamente, para aumentar a tensão, o mordomo, que já conhecia a ordem cronológica da idade deles, em virtude do banquete da noite anterior (43:33), começa a sondagem do mais velho para o mais novo. A cada saco aberto, havia uma acusação velada de roubo, pois o dinheiro que haviam levado estava na boca do saco. Porém, a acusação não tinha a ver com o dinheiro, e sim com o copo de prata. Então, sentiam-se aliviados a cada saco aberto. Sentiam-se cada vez mais seguros da comprovação de sua inocência. Até que chegaram no saco de mantimentos de Benjamim. Ao abri-lo, lá estava o copo de prata do governador!

A descoberta do copo de prata do governador do Egito no saco de Benjamim caiu como um raio na cabeça deles (44:13). Ficaram completamente atordoados. Estavam encurralados, num beco sem saída. Não tinham como fugir da evidência das provas. Então, transtornados, rasgaram suas vestes; e cheios de vergonha e opróbrio, carregaram de novo os jumentos; e sem dizer uma palavra, voltaram para a cidade, a fim de encarar o governador. Waltke escreve que Benjamim, como José, é inocente, mas eles estão livres para abandoná-lo como escravo no Egito. Suas ações, porém, confirmam a mudança de seu caráter. Passaram no teste; não abandonaram a seu irmão. Agora revelam afeição pelo pai e pelo irmão (37:34).[6]

Os irmãos de José estão decididos a ficar juntos, aconteça o que acontecer. Assumiram a responsabilidade uns pelos outros (responsabilidade coletiva). Ninguém acusa ou repreende Benjamim, que se torna culpado – ao menos de acordo com as evidências encontradas. Pelo contrário,

[6] WALTKE, Bruce K. *Gênesis*, p. 697.

todos rasgaram as vestes em sinal de luto (vergonha coletiva). Assumem a palavra dada de que, caso a culpa de algum deles pelo roubo ficasse comprovada, todos assumiriam a punição (punição coletiva). Lembram da unanimidade com que antigamente odiavam José e do crime cometido contra ele (culpa coletiva).[7]

A saída de manhã do Egito rumo a Canaã foi marcada por alegria, mas o retorno para a casa de José foi cheio de constrangimento e de vergonha. Certamente as pessoas devem ter olhado aquele regresso com suspeitas e acusações veladas. Ao chegarem na casa do governador, ele ainda estava esperando por eles. Eles se prostraram em terra diante dele. Era a terceira vez que se prostravam (42:6; 43:26; 44:14). O governador sustentou a pesada acusação com justificativas: "... Que é isto que fizestes? Não sabíeis vós que tal homem como eu é capaz de adivinhar?".

Judá, o porta-voz e líder de seus irmãos, assume o comando e faz uma sincera confissão, em seu primeiro discurso. Judá apresenta três itens em seu discurso: protesta a inocência dos irmãos de furto, confessa seu dilema, como devido, ao juízo divino por culpas anteriores e finalmente oferece todos os irmãos como escravos. Desse modo, ele desfaz o temerário juramento de matar o culpado e evita ter de enfrentar seu pai.

[7] BRAUMER, Hansjorg. *Gênesis*, p. 282.

Judá não se defende. Não se justifica. Não se exaspera. Reconhece que a causa deles não tem defesa. São culpados. Porém Judá faz a confissão mais importante, pela qual José esperava: "... Achou Deus a iniquidade de teus servos..." (44:16a). Em sua primeira visita ao Egito, haviam expressado esse sentimento de culpa levando José às lágrimas (42:21-24). Assim, confessam seu crime contra José duas vezes em sua presença. Com essa confissão, Judá fala por todos. Muito mais importante do que o copo encontrado pelo mordomo é o que Deus encontrou no coração dos irmãos de José. O conflito é mais profundo, a questão não gira em torno do copo, mas da culpa que está sobre eles.[8]

Aquele pecado escondido há 22 anos foi destampado. O crime que haviam cometido contra José e contra Jacó precisava ser resolvido. Agora admitem que Deus os levou a essa situação de constrangimento para reconhecerem que não podiam mais caminhar sem arrependimento. Como escreve Braumer: "Judá admite que todos eram igualmente culpados da atual situação devido ao que acontecera no passado".[9]

Depois disso, Judá se rende humildemente: "... Eis que somos escravos de meu senhor, tanto nós como aquele em cuja mão se achou o copo" (44:16b). O governador, porém, como o mordomo, não aceita a proposta radical

[8] Ibidem, p. 283.

[9] BRAUMER, Hansjorg. *Gênesis*, p. 282.

de Judá e responde: "... Longe de mim que eu tal faça; o homem em cuja mão foi achado o copo, esse será meu servo; vós, no entanto, subi em paz para vosso pai". José está testando seus irmãos aqui. Quer verificar se eles não aproveitarão alguma oportunidade para obter liberdade para si às custas de Benjamim. Quer saber se fariam com Benjamim o mesmo que fizeram com ele. Se deixariam Benjamim como escravo no Egito ao serem liberados. Braumer diz que a expressão "subi em paz para vosso pai", *beshalom*, tem por objetivo convencê-los a partir. Porém, longe de deixarem Benjamim, essa expressão provocadora inspira a fala de Judá, na qual a felicidade e a paz do pai ocupam o foco.[10]

Judá, como advogado de seus irmãos, faz o mais longo discurso registrado em Gênesis. Num arroubo candente para salvar Benjamim, Judá apela para que o governador demonstre misericórdia por seu pai. O discurso de Judá é marcado por beleza retórica e argumentos irresistíveis. Braumer o chama de "uma pequena obra-prima".[11] James Montgomery Boice diz que o discurso de Judá não apenas é o mais longo de Gênesis, mas um dos mais emocionantes da história universal.[12] Bruce Waltke diz que o discurso de Judá representa o reverso das transgressões dos irmãos. Estes, irados e indiferentes para com seu pai,

[10] Ibidem, p. 283.

[11] Ibidem, p. 285.

[12] BOICE, James Montgomery. *Genesis*, p. 1043.

nutriram tanto ciúme por seu irmão que conspiraram vendê-lo como escravo. Agora, porém, rogam pelo bem-estar de seu pai.[13]

Este segundo discurso de Judá tem três pontos: Primeiro, ele recita a história de suas duas viagens ao Egito (44:18-29); segundo, enfatiza que a perda de Benjamim matará seu pai (44:30,31); terceiro, culmina seu apelo rogando a José que lhe permita cumprir sua promessa e o faça escravo no lugar do jovem, e assim poupe seu pai de atroz sofrimento (44:32,34).[14] Concordo com Livingston quando diz que Judá, que ajudou a enganar Jacó acerca da morte de José, agora se porta audaciosamente leal a Jacó, mesmo a grande custo pessoal. Anteriormente, a ganância e a paixão lhe governavam a vida, mas agora estava pronto para fazer um sacrifício altíssimo em prol do outro.[15] Como persuadira seu pai em seu primeiro e extenso discurso (43:3-10), ele agora atinge o coração de José e reconcilia os irmãos.[16]

Usando os melhores recursos da oratória, Judá inicia seu discurso humilhando a si mesmo e exaltando aquele a quem dirige sua palavra. Pede permissão para falar. Roga paciência para ser ouvido. Reconhece que aquele que o ouve é como Faraó, que pode irritar-se com seu discurso e

[13] WALTKE, Bruce K. *Gênesis*, p. 694.

[14] Ibidem, p. 698.

[15] LIVINGSTON, George H. *O livro de Gênesis,* p. 118.

[16] WALTKE, Bruce K. *Gênesis*, p. 695.

tem até mesmo poder para matá-lo. Depois, Judá faz uma retrospectiva fidedigna dos fatos (44:19-23). Judá faz um relato espontâneo dos fatos, afirmando que só falaram da situação familiar porque o governador o pedira. Judá relembra-o do que houve na primeira viagem deles ao Egito. Como este perguntara a eles se tinham pai e irmão. Judá acentua novamente que eles têm um pai já velho, um filho da sua velhice, o mais novo, cujo irmão é morto, e que este filho é o único que lhe restou de sua mãe, e por isso é muito amado pelo pai. Judá também relembra ao governador o que haviam dito para ele, que se o filho mais novo deixasse o pai, este não suportaria sua ausência e morreria. Judá finaliza, dizendo que a única condição dos irmãos retornarem ao Egito para comprarem mais alimento era trazer com eles de volta esse filho mais novo do seu velho pai.

Depois de Judá fazer uma retrospectiva do que havia acontecido no Egito por ocasião da primeira viagem deles, começa agora a narrar o que aconteceu com o velho pai, em Canaã, ao lhe informarem sobre a exigência inegociável do governador de não os receber mais sem a companhia de Benjamim (44:24-29). Judá disse ao governador sobre o dilema de seu velho pai, quando a fome apertou e precisaram retornar ao Egito. A princípio, o velho pai se recusou peremptoriamente a enviar Benjamim (42:38). Depois, permitiu, mas não sem antes fazer profundo lamento: "Sabeis que minha mulher me deu dois filhos; um se ausentou de mim, e eu disse: 'Certamente foi despedaçado, e até agora não mais o vi; se agora também tirardes da minha presença, e lhe acontecer algum desastre, fareis descer as minhas cãs com pesar à sepultura'" (44:27-29).

Judá é enfático ao afirmar que retornar para Canaã sem Benjamim é sentenciar seu velho pai à morte (44:30,31). Outrora, ele e seus irmãos, no caso de José, não se importaram com o sofrimento de José nem com o sofrimento do pai. Porém, agora, eles demonstram amor tanto pelo pai quanto por Benjamim. Não queriam mais impor sofrimento ao pai, fazendo-o descer à sepultura com tristeza.

Judá chega ao apogeu de sua argumentação e à defesa mais robusta de seu próprio caráter ao testemunhar que ele havia se colocado diante do seu pai como fiador de seu irmão (44:32-34). Então, roga ao governador para ele mesmo ficar como escravo em lugar do irmão, a fim de que Benjamim pudesse retornar com os outros a seu pai. Voltar para Canaã sem Benjamim seria uma carga pesada demais para o pai, já velho e sofrido, suportar. Judá quer sacrificar-se em favor de Benjamim. Quer ser escravo no lugar dele. Judá está decidido a não ser apenas corresponsabilizado, mas mostrou-se disposto a "sofrer vicariamente". Judá está disposto a ser escravo no Egito para salvar Benjamim, por amor a ele e a seu pai.

O discurso de Judá mostrou a José, pela primeira vez, o que acontecera na sua família desde que ele fora vendido como escravo. Ele ouvia agora as palavras com as quais o pai, que o julgava morto, o lamentara. Ele sabia que o luto do pai por sua perda ainda persistia. Mas ao mesmo tempo, o discurso lhe mostrou que seus irmãos agora lidavam de forma totalmente diferente com a predileção do pai pelos filhos de Raquel. Agora José tem certeza: os irmãos se arrependeram. Eles se converteram. Não são mais como eram antigamente.[17] Transborda desse magnífico discurso a evidência que a vida dos irmãos de José está transformada. A relação deles mudou com Deus e uns com os outros.

Bruce Waltke diz que Jacó coroará Judá com a realeza em razão de haver demonstrado que ele se tornara apto a governar segundo o ideal divino de realeza com que o rei serve ao povo, não ao contrário. Judá é transformado daquele que vende seu irmão como escravo naquele que está disposto a ser escravo por seu irmão. Com essa oferta, ele exemplifica a realeza ideal de Israel.[18] Diz o mesmo autor que Judá acaba prefigurando Cristo. Ele é a primeira pessoa nas Escrituras que dispõe a oferecer sua própria vida por outro. Seu amor, que se auto sacrifica por seu irmão, por amor a seu pai, prefigura a expiação vicária de Cristo, que por seus sofrimentos voluntários fecha a brecha entre Deus e os seres humanos.[19]

[17] BRAUMER, Hansjorg. *Gênesis*, p. 287.

[18] WALTKE, Bruce K. *Gênesis*, p. 706.

[19] Ibidem, p. 707.

Capítulo 18

Jacó vê a reconciliação em sua família

Jacó estava apreensivo em Canaã com o destino de Benjamim e o futuro de seus filhos. Nem sabia ele que a viagem deles não seria apenas para comprar comida, mas para encontrarem-se com José, agora governador do Egito.

A história de José chega ao seu clímax. O eloquente e sincero discurso de Judá tocou o seu coração. Os sentimentos represados não podiam mais ser contidos. Tinha alcançado o limite do seu autocontrole. José destampa sua alma e abre as comportas do seu coração, quando, em meio a abundantes lágrimas, dá-se a conhecer seus irmãos. O medo da revelação é transformado em evidências de perdão e de graça. O temor da vingança se converte em presentes generosos. A ação maldosa dos irmãos de José, governada por ciúmes e ódio, é transformada pela providência divina em livramento da morte para eles e para o mundo. A providência carrancuda escondia a face sorridente de Deus.

Destacamos alguns pontos importantes:

JOSÉ SE DÁ A CONHECER A SEUS IRMÃOS

Esta cena é carregada de profundas emoções. Os métodos usados por José lograram pleno êxito. Estava convencido do arrependimento dos irmãos e da mudança profunda no coração deles. Eles haviam passado no teste, e era hora oportuna de remover os disfarces de sua dureza e mostrar a eles a ternura do seu coração. Vejamos:

Em primeiro lugar, *a revelação surpreendente* (45:1-3a). As emoções estavam vazando pelos poros da alma quando José ordena a todos os egípcios para saírem de sua presença, ficando ele só com seus irmãos. Ele que até então falava privativamente com seu mordomo egípcio (44:1-15), agora fala privativamente com seus irmãos. A voz do choro precedeu à voz de sua declaração. Esta é a terceira vez que José chora. Cada vez ele vai perdendo mais controle de suas ternas emoções em relação a seus irmãos (42:24; 43:30,31; 45:2). Suas lágrimas foram o prelúdio de sua revelação. Seu choro foi o prefácio de sua apresentação. Então, com o rosto banhado de lágrimas, dirige-se a seus irmãos pela primeira vez em sua língua materna, fazendo a mais retumbante revelação: "Eu sou José". Deixando de lado toda a liturgia protocolar, emenda a pergunta abafada em seu peito: "Vive ainda meu pai?". Derek Kidner diz que esta pergunta, depois de tudo que Judá dissera, ilustra o fato de que *viver*, no Antigo Testamento, tende a incluir a ideia de gozo de saúde e bem-estar.[1]

[1] KIDNER, Derek. *Gênesis: introdução e comentário*, p. 191.

Em segundo lugar, *o medo aterrador* (45:3b). Essa revelação caiu como um raio na cabeça de seus irmãos e foi como o estrondo de um trovão em seus ouvidos. Estavam sem fôlego. O sangue congelou em suas veias. Não sabiam o que pensar nem o que dizer. A única coisa que sentiram foi um medo aterrorizante. O irmão vendido como escravo e a quem davam como morto era o governador do Egito, e estava bem ali na frente deles. Calados, viram-se todos como culpados diante de seu juiz.

Em terceiro lugar, *o convite gracioso* (45:4). O desejo dos irmãos de José era fugir e se esconder. Porém, ele disse a eles: "Agora, achegai-vos a mim". A doce voz de José, temperada por suas lágrimas, pavimentou para eles o caminho da graça e do perdão. Não tinham que fugir acuados pelo medo, atormentados pela culpa, mas podiam achegar a ele, e foi o que fizeram: "E chegaram". Então, disse: "Eu sou José, vosso irmão; a quem vendestes para o Egito". Derek Kidner diz que a convicção de que a vontade de Deus, e não a do homem, era a realidade diretora em cada acontecimento refulge como luz orientadora de José e é o segredo de sua espantosa falta de rancor.[2]

Em quarto lugar, *o discurso esclarecedor* (45:5-9). O discurso de José começa pelo passado, descreve o presente e fornece um vislumbre do futuro. Como diz Warren Wiersbe, os irmãos eram responsáveis pelo seu sofrimento, mas Deus usou esses sofrimentos para cumprir seus

[2] KIDNER, Derek. *Gênesis: introdução e comentário*, p. 191.

propósitos (Romanos 8:28). Deus enviou José ao Egito para que a família de Jacó fosse preservada, e a nação de Israel viesse a nascer e, por fim, dar ao mundo a Palavra de Deus e o Salvador.[3] Desta forma, José direcionou a visão deles de seus pecados para a graça de Deus.[4] Nesse episódio, quatro vezes José se descreve como agente de Deus (45:5,7,8,9; leia 42:25; 43:23). Fica evidente que Deus, na sua soberana graça, tem guiado a história de José (42:2; 45:5-8; 50:20).

James Montgomery Boice diz que toda a vida de José foi governada pela consciência da centralidade de Deus. O narrador destaca as várias vezes que José referiu-se a Deus em sua vida:

1) 39:9 – Ele fugiu do adultério por entender que seria um pecado contra Deus.
2) 40:8 – Ele interpreta os sonhos do copeiro-chefe e do padeiro-chefe, dizendo: "Porventura, não pertencem a Deus as interpretações?".
3) 41:16 – Ele interpreta os sonhos de Faraó, dizendo: "Não está isso em mim; mas Deus dará resposta favorável a Faraó".
4) 41:25,28,32 – José faz a seguinte declaração a Faraó: "O sonho de Faraó é apenas um; Deus manifestou a Faraó o que há de fazer".

[3] WIERSBE, Warren W. *Comentário bíblico expositivo*, p. 207.

[4] WALTKE, Bruce K. *Gênesis*, p. 701.

5) 41:51 – Quando nasce o primogênito de José, ele o chamou de Manassés, pois disse: "Deus me fez esquecer de todos os meus trabalhos e de toda a casa de meu pai".
6) 41:52 – Quando nasce o segundo filho, chamou-lhe Efraim, pois disse: "Deus me fez próspero na terra da minha aflição".
7) 50:20 – Ao explicar pela última vez a seus irmãos a providência divina em sua vida, disse-lhes: "Vós, na verdade, intentastes o mal contra mim; porém Deus o tornou em bem, para fazer, como vedes agora, que se conserve muita gente em vida".[5]

Vejamos examinar as três dimensões do discurso de José:

A primeira dimensão é o *passado* (45:5). A fim de se identificar de forma inequívoca, José precisa lembrar o passado. Porém, a intenção dessa lembrança dolorosa não é para causar vergonha nos irmãos. José quer ajudar os irmãos a superar esse passado que ainda lhes pesa. A retrospectiva de José é determinada por três declarações sobre a sua confiança em Deus:

Primeira: *"Para conservação da vida, Deus me enviou adiante de vós"* (45:5b). Esta é uma das afirmações clássicas do governo providencial de Deus. O próprio Deus direciona o emaranhado da culpa humana para a

[5] BOICE, James Montgomery. *Genesis*, p. 1057-1058.

concretização de seus bons e afinados propósitos (Atos 2:23; 4:28).[6] A fala de José a seus irmãos tem o seguinte teor: "Irmãos, aquela venda cruel se tornou um envio abençoado. Vocês podem aprender a ver tudo com outros olhos, mesmo que não consigam entender isso. É preciso confiar em Deus, que tem o poder de intervir em algo que começou a partir de um plano mau e transformá-lo em algo bom".

Segunda: *"Deus me enviou adiante de vós para conservar vossa sucessão na terra e para vos preservar a vida por um grande livramento"* (45:7,8a). O que José está dizendo a seus irmãos é que Deus o enviou para o Egito, a fim de possibilitar a sobrevivência do mundo, inclusive a vida deles;

Terceira: *"Assim, não fostes vós que me enviastes para cá, e sim Deus..."* (45:8a). José está exortando seus irmãos a não deixarem que as memórias de culpa e da forma com que ele chegara ao Egito pudessem tirar a alegria deles desse encontro. Na verdade, o passado só pode ser superado se confiarmos que Deus pode transformar o mal em bem.[7]

A segunda dimensão é o *presente* (45:8b). Para descrever aos irmãos sua atual posição no Egito, José destaca uma honra tríplice:

[6] WALTKE, Bruce K. *Gênesis*, p. 701.

[7] BRAUMER, Hansjorg. *Gênesis*, p. 288-289.

1) "Deus me pôs por pai de Faraó" (45:8b). Isso significa que José era o conselheiro do rei.
2) "Deus me pôs por senhor de toda a sua casa" (45:8c), ou seja, José tem autoridade máxima.
3) "Deus me colocou como governador em toda a terra do Egito" (45:8d). Isso significa que no país inteiro nada acontece sem sua permissão.[8]

A terceira dimensão é o *futuro* (45:9). A terceira parte do discurso de José trata de seus desejos mais caros para o futuro. Ele transforma seus irmãos em mensageiros. Ele lhes entrega uma mensagem: "Apressai-vos, subi a meu pai e dize-lhe que assim manda dizer teu filho José: 'Deus me pôs por senhor em toda a terra do Egito, desce a mim, não te demores'".[9] Braumer tem razão em dizer que o novo futuro só se abre quando o passado for vencido e o presente, refeito.[10]

José não apenas perdoa seus irmãos, mas oferece-lhes dádivas maravilhosas. Vejamos:

José oferece a eles o melhor do Egito bem como sua presença (45:10). A terra de Gósen era a mais fértil do Egito (47:6), também conhecida como terra de Ramessés (47:11). José dá-lhes o melhor da terra e dá-lhes também seu coração. Chama-os para perto de si.

[8] BRAUMER, Hansjorg. *Gênesis*, p. 289.

[9] Ibidem.

[10] Ibidem, p. 290.

José oferece a eles sustento nos tempos de fome (45:11). José alerta-os de que ainda haveria mais cinco anos de estiagem, onde não haveria semeadura nem colheita. Porém, garante-lhes nesse tempo sustento e provisão.

José oferece plena evidência de sua identidade e de sua glória (45:12,13) ao deixar claro sua aparência semelhante à de Benjamim, não só física, mas também moral, uma vez que Benjamim é o único irmão cujo caráter está além da dúvida e cujo testemunho é plenamente crível. José pede a eles para falar a Jacó, seu pai, acerca de toda a sua glória no Egito, reitera seu desejo de que seu pai venha com eles para o Egito.

O que se segue é uma emocionante reconciliação (45:14,15). José se lança ao pescoço de Benjamim, que nessa época tinha mais de 22 anos, e chora abraçado com o irmão caçula. Depois, José beija a todos os seus irmãos, chorando sobre eles. Até aqui os irmãos de José estavam mudos, calados, intimidados. Porém, depois do abraço, do beijo e do choro, os irmãos falaram com ele, rompendo o abafado silêncio. O narrador nos deixa em suspense sobre o teor dessa conversa. É muito provável que tenha sido pedido pungente de perdão!

James Montgomery Boice vê na passagem em tela quatro paralelos entre José e Jesus:

Primeiro lugar, *José conheceu seus irmãos antes que eles o reconhecessem.*

Segundo lugar, *José amou seus irmãos antes que eles o amassem.*

Terceiro lugar, *José salvou seus irmãos antes deles terem consciência de sua salvação.*

Quarto lugar, *José chamou seus irmãos para si quando eles preferiam fugir dele.*[11]

Faraó convida a família de José para descer ao Egito

A notícia de que os irmãos de José tinham vindo ao Egito chega à casa de Faraó, e isso foi agradável a ele e a seus oficiais (45:16). Então Faraó fala a José e reitera o convite que este havia feito à família, acrescentando ainda novos privilégios. Vejamos:

Faraó despede os irmãos de José com generosa provisão (45:17). Faraó não os despede de mãos vazias, mas ordena que seus animais sejam carregados de mantimento. Além disso, convida a família de José e oferece a ela o melhor da terra do Egito (45:18). Faraó não apenas daria à família de José o melhor da terra do Egito, mas eles também comeriam a fartura da terra. Esse convite de Faraó –"Vinde a mim e dar-vos-ei..." –, feito a um Israel próximo ao fim da esperança e aos dez irmãos carregados de culpa, dificilmente pode deixar de remeter, para o cristão, ao convite de Jesus: "Vinde a mim todos os que estão cansados e sobrecarregados, e eu vos aliviarei" (Mateus 11:28).

[11] BOICE, James Montgomery. *Genesis*, p. 1051-1055.

Faraó, outrossim, envia carros para trazer ao Egito a família de José (45:19). Os irmãos, que vieram com seus jumentos buscar um pouco de comida, retornam com seus animais abarrotados de cereal e acompanhados de carros para trazerem Jacó ao Egito, bem como suas mulheres e seus filhinhos. Por fim, Faraó promete à família de José toda provisão material (45:20). "Não vos preocupeis com coisa alguma dos vossos haveres, porque o melhor de toda a terra do Egito será vosso". Faraó orienta a família de José a não ficar apegada a seus bens em Canaã, porque eles teriam tudo em abundância no Egito. Nas palavras de Braumer, é como se Faraó dissesse: "Vocês não sentirão falta do que for deixado para trás, pois no Egito vocês terão do bom e do melhor".[12]

JOSÉ OFERECE PRESENTES A SEUS IRMÃOS

As palavras de José já haviam demonstrado seu amor gracioso. Agora, ele evidencia ainda mais seu perdão, oferecendo a seus irmãos ofertas generosas. Vejamos:

José deu a seus irmãos carros, conforme mandato de Faraó, e provisão para o caminho (45:21). A família de José é tratada como família real. Os pastores de rebanho chegam de volta a Canaã como uma comitiva real.

José deu a seus irmãos vestes festivas. A cada irmão deu vestes festivas, mas a Benjamim deu 300 moedas de prata e cinco vestes festivas (45:22). As vestes festivas

[12] BRAUMER, Hansjorg. *Gênesis*, p. 291.

eram roupas caras, usadas em ocasiões solenes. Há 22 anos, seus irmãos haviam arrancado à força as vestes de José (37:23); agora, ele presenteia-os com vestes nobres. Há 22 anos, eles haviam vendido José por vinte siclos de prata, agora José dá a Benjamim 300 moedas de prata e cinco vestes festivais. Essa é a dádiva do amor, a evidência do perdão, a demonstração da graça. José, ainda, envia a seu pai farta provisão (45:23), com dez jumentos carregados do melhor do Egito e mais dez jumentos carregados de cereais e pão. Mandou, por fim, provisão para o seu pai, para a viagem que faria de Canaã ao Egito.

JOSÉ ACONSELHA A SEUS IRMÃOS

Ao se despedir dos seus irmãos, sabendo que o pecado deles estava prestes a vir à luz perante Jacó, e sabendo que era provável que proliferassem as acusações recíprocas, José dá-lhes um sábio conselho: "Não contendais pelo caminho". José sabia que a longa viagem de mais de 400 quilômetros de retorno a Canaã poderia suscitar muitas discussões entre eles (42:21,22). Acusações mútuas sobre quem teria mais ou menos culpa seriam levantadas, e, assim, a viagem empolgante poderia se tornar penosa. Uma vez que eles haviam recebido o perdão de José, eles deveriam perdoar uns aos outros.

É como escreve Warren Wiersbe: "A questão havia sido resolvida de uma vez por todas, e não havia necessidade de discuti-la nem de tentar colocar a culpa em alguém ou de determinar o tamanho dessa culpa".[13] Era tempo de agradecer a providência divina que havia transformado a tragédia em triunfo.

Jacó é informado de que José está vivo

Os irmãos de Jacó subiram do Egito rumo a Canaã. A situação com José estava resolvida. Agora, precisariam enfrentar Jacó. Seriam obrigados a confessar o que tinham feito com José tanto tempo atrás. O narrador omite a emoção dos irmãos ao darem a notícia a Jacó, bem como suas palavras de pedido de perdão ao pai, que foi enganado por eles por 33 anos.

Destacamos aqui alguns pontos:

Primeiro ponto, *uma informação chocante* (45:25,26a). A chegada deles era ansiosamente aguardada por Jacó. Afinal, Simeão estava preso e Benjamim fora liberado para descer ao Egito sob muita tensão. Quando Jacó olha os filhos se aproximando, percebe que a comitiva é maior do que a que saíra de Canaã. Tem mais animais carregados e ainda tem a presença de carros. Jacó percebe que tem mais alimento do que eles se propuseram a comprar. Para alegria de Jacó, Benjamim está são e salvo. Simeão foi restituído à família. Não poderia ser um cenário mais feliz para Jacó. Porém, de repente, sem qualquer prelúdio, como que tirando um peso que os esmagava há 22 anos,

[13] WIERSBE, Warren W. *Comentário bíblico expositivo*, p. 208-209.

os filhos de Jacó lhe disseram, sem rodeios: "José ainda vive e é o governador de toda a terra do Egito" (45:26a).

Segundo ponto, *uma reação paralisante* (45:26b). "... Com isto, o coração lhe ficou como sem palpitar, porque não lhes deu crédito." Jacó andava desconfiado de seus filhos em todos esses anos acerca do paradeiro de José (42:36). O efeito da mentira usada pelos irmãos para encobrir sua culpa ainda não tinha perdido a sua força.[14] A mentira deles tinha destruído a paz, a integridade da comunhão em que viviam como família. Jacó não confiava mais. Seu coração esfriou. Agora, seus filhos chegam com uma notícia que parece boa demais para ser verdade, mas Jacó não acredita. O velho patriarca, com 130 anos, não podia mais alimentar falsas esperanças (47:9). O relato dos filhos não foi capaz de libertar Jacó de sua paralisia. James Montgomery Boice diz que 22 anos atrás Jacó tinha crido na má notícia de que José estava morto, embora essa informação fosse falsa. Agora, ele se recusa a crer na boa nova de que seu filho está vivo quando essa informação é verdadeira.[15]

Terceiro ponto, *um relatório minucioso* (45:27a). "Porém, havendo eles lhe contado todas as palavras que José lhes falara...". Os irmãos de José não omitem nada agora. São mensageiros fidedignos. A vida deles foi transformada. Agora, são embaixadores da verdade e agentes do bem.

[14] BRAUMER, Hansjorg. *Gênesis*, p. 293.

[15] BOICE, James Montgomery. *Genesis*, p. 1094.

Quarto ponto, *uma evidência irrefutável* (45:27b). "... E vendo Jacó, seu pai, os carros que José enviara para levá-lo, reviveu-se-lhe o espírito." Aquele aparato de carruagens reais em Canaã, no meio de uma fome mundial, não poderia ser uma encenação enganosa. Os carros egípcios, que os filhos nunca teriam conseguido trazer sem a permissão dos egípcios, foram para Jacó uma sombra do próprio José. A evidência de que seus filhos estavam falando a verdade, de repente, se torna irrefutavelmente consistente. Imediatamente, o espírito de Jacó reviveu. Os olhos que choraram tantos anos são banhados de um novo brilho. Ele foi tomado por alegre agitação e ânimo. Terminara duas décadas de luto. A comunhão, outrora interrompida pela notícia "José morreu", foi restabelecida. O espírito de Jacó reviveu. A consolação divina o alcançou, e Jacó já não pensa mais na possibilidade de descer triste à sepultura, perdendo a esperança na vida. Fortalecido por alegria indizível, apressa-se para ver seu filho amado.

Charles Swindoll diz que a partir desse momento, Jacó não se interessa pelas roupas novas, pelo dinheiro de Benjamim nem pelo cereal que os animais haviam carregado. A reação de Jacó ao ouvir que José está vivo é paralela à dos discípulos quando souberam que Jesus vivia – espanto e incredulidade, que depois se transformam em alegria incontrolável.[16]

[16] SWINDOLL, Charles R. *José*, p. 185.

Uma decisão inabalável 45:28). "E disse Israel: Basta; ainda vive meu filho José; irei e o verei antes que eu morra." No passado, Jacó lutara com Labão, seu sogro, por posses e bens, mas agora, como Israel, usando o nome do pacto, anela por seu filho; não por posses (46:30). Para Jacó, ver seu filho José era o apogeu da vida, a missão cumprida, a realização maiúscula de sua carreira. Concluo este capítulo com as palavras de Warren Wiersbe:

> O Deus soberano havia prevalecido sobre as intrigas dos pecadores e realizado seu plano para Jacó, José e seus irmãos. Durante os quatro séculos seguintes, os hebreus ficaram no Egito, primeiro como convidados de honra, e, depois, como escravos sofredores, mas, em meio a tudo isso, o Senhor iria moldá-los até se transformarem no povo que precisavam ser, a fim de fazer a vontade de Deus.[17]

[17] WIERSBE, Warren W. *Comentário bíblico expositivo*, p. 209.

Capítulo 19

Jacó se encontra com seu filho José

Aos 130 anos de idade, Jacó escuta as notícias mais alvissareiras de sua vida. José, seu filho amado, por quem chorara por 22 anos num luto doído, está vivo e governa o império mais poderoso do mundo. Agora é tempo de descer ao Egito e celebrar esse encontro.

A partida para o Egito

Jacó parte com suas posses rumo ao Egito, mas faz uma parada estratégica em Berseba. Antes de encontrar o filho amado no Egito, precisa prestar seu culto de adoração a Deus. Vamos destacar aqui alguns pontos importantes:

Primeiro ponto, *Jacó oferece sacrifícios a Deus* (46:1). Jacó tem seu coração cheio de gratidão. Os sonhos de seu filho José não eram fantasias, mas revelações divinas. Deus não havia perdido o controle da história, Ele estava trabalhando nas circunstâncias para exaltar José.

Então, Jacó faz uma parada estratégica em Berseba para oferecer sacrifícios ao Deus de seu pai. Berseba era a última cidade na antiga pátria, a última cidade antes da fronteira com o Egito. Em Berseba, estava o santuário dos patriarcas.[1] Ali havia sido um local litúrgico para Abraão e Isaque, mas não para Jacó. Ao adorar junto ao altar que Isaque construíra, Jacó mostra que adora o mesmo Deus de seus pais.[2]

Inobstante esse fato, Berseba era um lugar muito especial para Jacó, pois Abraão havia cavado um poço naquele local, feito aliança com Abimeleque, invocando o nome do Senhor, o Deus eterno (21:30-33), e vivido ali depois de oferecer Isaque no monte Moriá (22:19).

Isaque também viveu em Berseba (26:23,32,33), e foi de seu lar em Berseba que Jacó partiu para casa de Labão em busca de uma esposa. Em Berseba, Deus havia aparecido a Agar (21:17), a Isaque (26:23,24) e ainda apareceria a Jacó.[3] Waltke destaca: "A odisseia de Jacó fora da Terra Prometida começa e termina em Berseba (28:10; 46:1)".[4]

Segundo ponto, *Deus fala com Jacó* (46:2-4). O Jacó que passara 22 anos chorando, debaixo do gelado silêncio de Deus, agora, escuta novamente a voz de Deus, que se apresenta a ele como o Deus de seu pai, o Deus da aliança. A exclamação: "Jacó! Jacó!" nos faz lembrar de "Abraão, Abraão" (22:11), "Samuel, Samuel" (1Samuel

[1] BRAUMER, Hansjorg. *Gênesis*, p. 296.

[2] WALTKE, Bruce K. *Gênesis*, p. 714.

[3] WIERSBE, Warren W. *Comentário bíblico expositivo*, p. 210.

[4] WALTKE, Bruce K. *Gênesis*, p. 714.

3:10); "Marta, Marta" (Lucas 10:41) e "Saulo, Saulo" (Atos 9:4).[5]

Em Berseba, Deus ordenou a Jacó a descer ao Egito sem qualquer temor. Mas por que Jacó poderia ter medo em descer ao Egito? Primeiro, porque já era um homem velho; segundo, porque o Egito lhe trazia más memórias (12:10-20); terceiro, porque o Egito era uma terra pagã; quarto, porque sabia que o Egito traria, no futuro, grande sofrimento aos seus descendentes (15:13).[6] Em Berseba, Deus não apenas lidou com os medos de Jacó, mas também lhe fez várias promessas:

A primeira promessa é a de *multiplicação* (46:3b). "... Porque lá eu farei de ti uma grande nação." Na verdade, Deus está reiterando a Jacó as mesmas promessas que já fizera a ele em Betel (28:14). O Egito seria o lugar da preservação de sua família e o berço que Deus usaria para a transformar seu clã numa grande nação.

A segunda promessa é a de *companhia* (46:4a). "Eu descerei contigo para o Egito e te farei tornar a subir, certamente...". Mais importante do que as bênçãos de Deus é o Deus das bênçãos. Mais importante do que multiplicação no Egito é a presença de Deus no processo dessa multiplicação. Os descentes de Jacó, no tempo oportuno, retornariam a Canaã para possuírem a terra. Nas palavras

[5] WIERSBE, Warren W. *Comentário bíblico expositivo*, p. 210.

[6] BOICE, James Montgomery. *Genesis*, p. 1099-1101.

de Charles Swindoll, "essa é uma referência profética ao grande êxodo de Israel do Egito".[7]

A terceira promessa é a de *consolo pessoal* (46:4b). "... A mão de José fechará os teus olhos." Com essa promessa, Deus diz a Jacó que José cuidará de tudo o que diz respeito a ele. Viverá uma velhice sem preocupações e não perderá José nunca mais.[8] Jacó não morrerá amargurado, na solidão do luto, mas seu filho amado estará com ele quando tiver que atravessar o vau da morte, e seu corpo for levado de volta a Canaã e for sepultado na caverna onde jazem Abraão, Sara, Isaque, Rebeca e Lia (49:30,31). Firmando-se nessas promessas, Jacó deixou Canaã e rumou ao Egito.[9] Waltke destaca que enquanto José viveu seus primeiros 17 anos sob o cuidado de Jacó, este viverá seus últimos 17 anos sob o cuidado de José (47:8,28).[10]

Terceiro ponto, *Jacó parte para o Egito com sua família* (46:5-7). Jacó se levantou de Berseba, mas foram seus filhos que o levaram, bem como seus netinhos e as noras nos carros que Faraó enviara para transportá-los (46:5). Jacó segue intrépido rumo ao Egito, não em busca de riquezas, de conforto e de segurança, mas movido de amor por um filho.[11] Nessa jornada, Jacó não deixa nada

[7] SWINDOLL, Charles R. *José*, p. 187.

[8] BRAUMER, Hansjorg. *Gênesis*, p. 297.

[9] WIERSBE, Warren W. *Comentário bíblico expositivo*, p. 211.

[10] WALTKE, Bruce K. *Gênesis*, p. 726.

[11] Ibidem, p. 723.

para trás. Trouxe consigo todo o gado e bens que havia adquirido na terra de Canaã (46:6). Ele também não deixa ninguém para trás, levou toda a sua família: filhos, noras, netos, enfim, toda a sua descendência (46:7).

Quarto ponto, *Jacó leva consigo os filhos de Lia e seus descendentes* (46:8-15). Rúben, Simeão, Levi, Judá, Issacar, Zebulom, Diná e seus respectivos filhos — 33 pessoas ao todo.

Quinto ponto, *Jacó leva consigo os filhos de Zilpa e seus descendentes* (46:16-18). Gade, Aser e seus respectivos filhos. Digno de nota é que dentre os descendentes de Zilpa há menção de dois bisnetos de Jacó, ou seja, Héber e Malquiel. Ao todo, 16 pessoas.

Sexto ponto, *Jacó leva consigo os filhos de Raquel e seus descendentes* (46:19-22). Os filhos de Raquel foram José e Benjamim. José já estava no Egito com seus dois filhos, Manassés e Efraim (46:20). Benjamim, por sua vez, teve dez filhos: Bela, Bequer, Asbel, Gera, Naamã, Eí, Rôs, Mupim, Hupim e Arde. Os descendentes de Raquel foram 14 pessoas. Sigo Henry Morris quando diz que muito embora os dez filhos de Benjamim, mui provavelmente, não tenham nascido em Canaã, eles foram listados com o objetivo de fazer parte deste rol de membros fundadores da nação, uma vez que todos os netos de Jacó foram reconhecidos entre esses fundadores. Eles estavam nos lombos de Benjamim quando desceram ao Egito com Jacó.[12]

[12] MORRIS, Henry M. *The Genesis Record*, p. 633.

Sétimo ponto, *Jacó leva consigo os filhos de Bila e seus descendentes* (46:23-25). Dã e Naftali, com seus respectivos filhos, também desceram com Jacó para o Egito — ao todo sete pessoas; a menor das quatro famílias de Jacó.

Oitavo ponto, *a totalidade da família de Jacó no Egito* (46:26,27). Braumer diz que a lista das 70 pessoas da casa de Jacó está organizada de acordo com as mães dos filhos dele. Isso demonstra a grande importância dada às mulheres como mães.[13] Derek Kidner diz que esta lista dispõe a família em seus grupos de Lia e Raquel: primeiro os descendentes de Lia e de sua serva Zilpa (33 + 16); depois os de Raquel e Bila (14 + 7). Isto dá um total de 70, conforme os subtotais arrolados nos versículos 15, 18, 22 e 25. Mas Diná (46:15) deve ser acrescentada, dando 71, e 5 nomes devem ser subtraídos: Er e Onã, que foram enterrados em Canaã (46:12); José, Manassés e Efraim, já no Egito (46:20), para chegar-se ao número da progênie de Jacó que de fato viajou com ele, isto é, 66 (46:26). O versículo 27 acrescenta depois os dois filhos de José e, por inferência, o próprio José, além de Jacó, para dar a nome de "todas as almas da casa de Jacó" que chegaram ao Egito, mais cedo ou mais tarde, na história. As noras, embora membros da família, não são contadas nestes totais, que se referem somente aos descendentes de Jacó propriamente ditos (46:26).[14]

[13] BRAUMER, Hansjorg. *Gênesis*, p. 298.

[14] KIDNER, Derek. *Gênesis: introdução e comentário*, p. 193 e 194.

O clã de Jacó no Egito somou 70 pessoas (Êxodo 1:5; Deuteronômio 10:22). Porém, a referência em Atos 7:14 à mudança de Jacó para o Egito menciona 75 pessoas. Não há aqui qualquer discrepância. É que o registro de Atos 7:14 segue a tradução grega, que inclui mais cinco descendentes de José pelos filhos dele.[15] A genealogia em 46:8-27 é repetida verbalmente de forma abreviada em Êxodo 1:1-5 para ligar o livro de Êxodo, o qual relata a história do povo de Israel como nação do Egito ao Sinai.[16]

Waltke diz que a nação em miniatura é representada pelo número ideal e completo (5:5.; 10:2; 46:8; Deuteronômio 10:22), sendo um microcosmo das nações (10:1-32; Deuteronômio 32:8), uma vez que 70 é o múltiplo de dois números perfeitos.[17] Quatrocentos anos depois, as 70 pessoas já eram uma grande nação. Saíram do Egito rumo à Terra Prometida 600 mil homens, fora mulheres e crianças, cerca de 2 milhões de pessoas (Êxodo 12:37).

O ENCONTRO DE JACÓ COM JOSÉ

Com o coração palpitando de fortes emoções, Jacó entra no Egito. Com a alma em festa, José espera para abraçar o pai. Cinco fatos são dignos de registro:

[15] LIVINGSTON, George H. *O livro de Gênesis*, p. 121.

[16] WALTKE, Bruce K. *Gênesis*, p. 711.

[17] Ibidem, p. 719.

Primeiro fato, *Judá, o precursor do pai* (46:28). Judá definitivamente havia assumido a liderança dos filhos de Jacó. Agora é o embaixador do pai para conduzi-lo até Gósen, onde encontrará seu filho. Cabe somente a Judá, que assumiu a responsabilidade de separar José de Jacó (37:26), seja agora responsável em organizar a reunião.[18]

Segundo fato, *José vai ao encontro do pai* (46:29). "Então, José aprontou o seu carro e subiu ao encontro de Israel, seu pai, a Gósen. Apresentou-se, lançou-se lhe ao pescoço e chorou assim longo tempo." Este é o encontro apoteótico no livro de Gênesis. Não de um governador exaltado esperando por seus servos, mas de um filho ansioso correndo para saudar seu pai. As lágrimas amargas da saudade transformam-se em torrentes de lágrimas de alegria. Abraçados, pai e filho, por um longo tempo, não têm qualquer palavra, apenas a emoção do encontro. Braumer diz que ao cumprimentar o pai, José deixa de ser o alto oficial do governo, que sai para receber sua família, e volta a ser simplesmente filho.[19]

Terceiro fato, *Jacó faz uma confissão aliviada a José* (46:30). "Disse Israel a José: Já posso morrer, pois já vi o teu rosto, e ainda vives." As ondas e vagas passaram sobre a cabeça de Jacó trazendo-lhe muito sofrimento por longos anos. Jacó, que já dava seu filho José como morto (42:36), ao chorar abraçado com ele, está dizendo que não

[18] Ibidem, p. 729.

[19] BRAUMER, Hansjorg. *Gênesis*, p. 299.

espera mais nada na vida depois de ter visto o rosto do filho amado. Já tinha alcançado o maior desejo de sua vida. Agora, estava pronto para morrer. Jacó tivera uma experiência prévia de ver um rosto, por cujo resultado jamais conseguiria ser o mesmo. Rosto que no momento era o de Deus. Ele vira o rosto de Deus, contudo continuou vivo. Tendo visto o rosto de José, não carece que viva mais. O homem que temia que seus filhos o conduzissem à sepultura em pranto, agora pode morrer em paz.[20]

Porém, por bondade de Deus, Jacó ainda desfrutou de mais dezessete anos na companhia de sua família pacificada. As palavras de Jacó nos fazem lembrar das palavras de Simeão, ao contemplar o menino Jesus: "Agora, Senhor, pode despedir em paz o teu servo, segundo a tua palavra; porque os meus olhos já viram a tua salvação" (Lucas 2:29,30).

Quarto fato, *José comunica a Faraó a chegada de sua família* (46:31,32). José vai a Faraó e comunica a ele que sua parentela acabava de chegar e que seus irmãos eram pastores, homens de gado e que haviam trazido com eles seus rebanhos e todos os seus bens. O objetivo da audiência era obter a confirmação expressa de Faraó de que eles poderiam ficar na terra de Gósen, uma terra de pastagens, onde os rebanhos do próprio Faraó também pastavam (47:6b). A terra de Gósen ficava na região nordeste do delta do Nilo, uma área com cerca de 2.300 quilômetros

[20] HAMILTON, V. P. *The Book of Genesis 18-50,* p. 602.

quadrados de solo muito fértil e excelentes pastagens. José articula seu plano, a fim de introduzir a família diante de Faraó como pastores, de modo que Faraó os mantenha longe dos egípcios e os estabeleça em Gósen, onde possam exercer sua profissão sem influência da cultura e da religião egípcia e possam florescer como um povo sem se contaminarem com casamentos intertribais.

Quinto fato, *José orienta seus irmãos* (46:33,34). José orienta seus irmãos a falarem a Faraó que eles eram homens de gado desde a juventude e que procediam de uma família de pastores. Isso visava abrir portas para habitarem na terra de Gósen, uma vez que essa profissão era uma coisa abominável para os egípcios. Vemos nas palavras de José sua sabedoria em dois aspectos. Primeiro, pois isso mostrava a Faraó que seus irmãos eram pastores e queriam continuar sendo pastores, não tendo quaisquer outras ambições de subir na vida sob a proteção de seu irmão, o governador do Egito. Segundo, com isso José também adverte seus irmãos a não ultrapassar irrefletidamente o limite da corte de Faraó, o próprio José pertence a ela em decorrência de seu cargo.[21] Concordo com Waltke quando diz que mesmo que os pastores sejam detestáveis aos egípcios, José quer que sua família seja honesta. Ele também quer isolá-la para que mantenha sua identidade singular até que as promessas patriarcais se concretizem.[22]

[21] BRAUMER, Hansjorg. *Gênesis*, p. 301.

[22] WALTKE, Bruce K. *Gênesis*, p. 730.

Capítulo 20

Jacó e sua família no Egito

É tempo da família de Jacó ser apresentada a Faraó. Estabelecida na terra de Gósen, José toma as medidas legais para dar a seu pai e seus irmãos o "visto de entrada" e estabelecê-los no Egito. Destacamos alguns pontos importantes:

Primeiro fato, *uma apresentação amável* (47:1,2). Muito embora José fosse governador do Egito, precisava do aval de Faraó para estabelecer sua família na terra do Egito como estrangeiros residentes. Por isso, comunica-o que seu pai e seus irmãos, com seus rebanhos e o seu gado, e com tudo o que já tinham, já haviam chegado ao Egito e estavam na terra de Gósen. José escolhe dentre seus irmãos cinco para irem com ele, a fim de apresentá-los representativamente a Faraó.

Segundo fato, *uma pergunta intrigante* (47:3a). Faraó, ao recebê-los, faz-lhes a mais comum das perguntas dos governantes, uma pergunta estratégica: "Qual é o vosso trabalho?". Ele pergunta pela profissão dos irmãos de José e sua situação de vida.

Terceiro fato, *uma resposta estratégica* (47:3b,4a). Eles respondem conforme haviam sido instruídos por José: "Os teus servos são pastores de rebanho, assim nós como nossos pais" (47:3b). Além de responderem sobre a ocupação deles, falam também acerca dos motivos que os trouxeram ao Egito: "Viemos habitar nesta terra; porque não há pasto para o rebanho de teus servos, pois a fome é severa na terra de Canaã..." (47:4a). Com isso, afirmam que a estada deles no Egito será temporária, "sem querer para si mesmos os mesmos direitos que os habitantes do país".[1]

Quarto fato, *um pedido humilde* (47:4b). Depois de afirmarem sobre a profissão deles e seu projeto de não se estabelecerem de forma permanente no Egito, fazem a Faraó um humilde pedido: "... Agora, pois, te rogamos, permitas que habitem os teus servos na terra de Gósen" (47:4b). Esta era a terra ribeirinha, banhada pelas águas do Nilo, a região mais fértil do Egito.

Quinto fato, *uma concessão feita* (47:5,6). Pedido feito e atendido. Faraó, por gratidão a José, como comandante-chefe da nação, confere a ele o privilégio de outorgar à sua família o pleito feito, fazendo-os habitar Gósen.

Sexto fato, *um emprego garantido* (47:6b). Ao saber que os irmãos de José eram pastores e esperando que tivessem o mesmo estofo moral do irmão, Faraó ordena que os irmãos de José sejam constituídos como chefes do gado que lhe pertencia. Assim, os irmãos de José passam

[1] BRAUMER, Hansjorg. *Gênesis*, p. 302.

a ser empregados de Faraó, para cuidarem também dos rebanhos do supremo comandante da nação.

Depois que as mudanças são finalizadas, José leva seu pai a Faraó para uma apresentação formal do patriarca ao rei. Destacamos aqui alguns pontos:

Primeiro ponto, *Jacó abençoa Faraó* (47:7). O patriarca está na frente do rei, e aquele abençoa a este. Henry Morris destaca que Faraó é o mais rico e o mais poderoso homem do mundo, mas Jacó é maior do que ele, pois Jacó o abençoa.[2] O narrador usa aqui a mesma cena de Melquisedeque abençoando Abrão (14:19). O autor aos Hebreus, referindo-se a esse episódio, escreve: "Evidentemente, é fora de qualquer dúvida que o inferior é abençoado pelo superior" (Hebreus 7:7). Portanto, para o narrador, assim como Melquisedeque era superior a Abraão, o velho patriarca Jacó é superior ao poderoso Faraó. Visto pelos olhos da fé, o maior está abençoando o menor.

Segundo ponto, *Faraó interroga Jacó* (47:8). "Perguntou Faraó a Jacó: Quantos são os dias dos anos da tua vida?" A pergunta de Faraó define bem o significado da existência. Não devemos medir a vida apenas pelo critério dos anos, mas sobretudo pela realidade dos dias. Cada dia é um tempo único e ao mesmo tempo um milagre da providência. Com esta resposta, Jacó dirige a atenção do número para o conteúdo de seus anos.[3]

[2] MORRIS, Henry M. *The Genesis Record*, p. 637.

[3] BRAUMER, Hansjorg. *Gênesis*, p. 303.

Terceiro ponto, *Jacó responde a Faraó* (47:9). A resposta de Jacó deixa claro o que ele entendia pela vida. Como diz Matthew Henry, Faraó faz uma pergunta comum para Jacó e este lhe dá uma reposta incomum.[4] Duas situações devem ser destacadas:

Primeiro, *Jacó define sua vida como uma peregrinação* (47:9a). Jacó usa uma metáfora para definir o significado de sua vida. Para Jacó, a vida havia sido uma peregrinação, pois era um forasteiro, um nômade na busca de um lar permanente que não está na terra. Ele buscava a cidade eterna (Hebreus 11:13-16). Para Jacó, peregrinação é renúncia à estabilidade e às propriedades, uma vida orientada para uma realização futura, a saber, a promessa da terra repetidamente assegurada aos pais.[5]

Segundo, *Jacó define seus dias como poucos e maus* (47:9b). Muito embora Jacó já tivesse 130 anos, comparado com seu avô Abraão, com 175 anos (25:7), e seu pai Isaque, com 180 anos (35:28), seus dias eram poucos. Jacó define seus dias não apenas como "poucos", mas também como "maus". A vida de Jacó não havia sido de amenidades. Foram muitas lutas, muitas lágrimas, muito sofrimento. Sua existência foi amarga e cheia de preocupações. As longas fases de sofrimento de Jacó abreviaram seus dias e encurtaram sua vida.

[4] HENRY, Matthew. *Comentário bíblico Antigo Testamento – Gênesis a Deuteronômio*, p. 207.

[5] BRAUMER, Hansjorg. *Gênesis*, p. 303.

Tendo Jacó abençoado a Faraó e saído de sua presença, era hora de sua família começar a vida no novo país. Duas coisas devem ser destacadas:

Quarto ponto, *José dá à sua família posses na terra do Egito* (47:10,11). Enquanto os egípcios venderiam suas terras em troca de comida (47:19,20), a família de Jacó teria a posse da melhor terra do Egito, a terra de Ramsés. José instala sua família e dá propriedades a ela.

Quinto ponto, *José sustenta a sua família* (47:12). Os cinco anos mais severos da fome estavam por vir. Nesse tempo de grande angústia, José serviu pão a seu pai, a seus irmãos e à casa de seu pai, segundo o número de seus filhos. José foi não só o provedor do mundo, mas sobretudo, o provedor de sua família.

José compreendeu que seus irmãos não eram alvos de sua retaliação, mas objetos de seu cuidado, enxergando além das mágoas passadas e percebendo o propósito maior de Deus em toda a situação. Ele não pagou o mal com o mal, mas pagou o mal com o bem, demonstrando um coração transformado pela graça divina e pelo amor celestial. José não apenas perdoou seus irmãos, mas também foi o provedor deles, cuidando de suas necessidades e garantindo sua sobrevivência em tempos de escassez e aflição prolongada. Seu exemplo nos ensina que não basta deixar de fazer o mal aos que nos fazem mal; devemos, também, agir ativamente em favor deles, oferecendo amor, cuidado e reconciliação, assim como Deus age para conosco.

José cuidou de seus irmãos antes do pai morrer e depois da morte de seu pai. Seu cuidado pelos seus irmãos não era uma forma de impressionar Jacó, mas uma atitude generosa de alguém que compreende que Deus está no controle e trabalha para aqueles que nele esperam. Devemos buscar sempre uma oportunidade para servirmos aqueles que um dia nos trataram com desamor.

José faz solene juramento a seu pai

Depois de tratar das estratégias de José nos tempos de crise de uma fome mundial (47:13-26), o narrador volta sua atenção à família de Jacó, que não apenas sobreviveu à crise, mas depois dela floresceu e se multiplicou. Destacamos aqui três pontos importantes:

Primeiro ponto, *José mantém sua família na terra de Gósen* (47:27). Por providência divina, o clã de Jacó se torna uma grande nação no Egito. Enquanto a economia do mundo estava combalida por causa da crise, a família de Jacó prosperava, era fecunda e se multiplicava no Egito.

Segundo ponto, *José convive por 17 anos com seu pai no Egito* (47:28). Jacó havia desfrutado da companhia de José nos seus primeiros 17 anos. Agora é José quem desfruta dos últimos anos de seu pai. Jacó subiu para o Egito com 130 anos (47:9) e fecha as cortinas de sua vida aos 147 anos (47:28).

Terceiro ponto, *José faz um juramento a seu pai* (47:29-31). As glórias do Egito não apagaram no coração de

Jacó seu compromisso com a fé de seus pais Abraão e Isaque. O Egito nunca deixou de ser terra estranha para Jacó. Tinha plena consciência da promessa de Deus de dar a ele e à sua descendência a terra de Canaã (28:13-15; 46:1-4). Agora, ao perceber que a hora de sua morte chegava, roga a José para fazer-lhe um juramento solene de que não o sepultaria no Egito, mas com seus pais, na sepultura deles, na caverna de Macpela. Tendo José atendido seu pedido, sob juramento, Jacó se inclinou sobre a cabeceira da cama.

James Montgomery Boice destaca que a Bíblia é um livro de vida e justifica dizendo que há poucos registros sobre a hora da morte dos mais importantes personagens bíblicos. Quando a Bíblia fala da morte de Abraão, aos 175 anos, faz um relato breve: "Expirou Abraão; morreu em ditosa velhice, avançado em anos; e foi reunido ao seu povo" (25:8). A morte de Isaque, aos 180 anos, de igual forma, é relatada de forma breve: "Foram os dias de Isaque 180 anos. Velho e farto de dias, expirou Isaque e morreu, sendo recolhido ao seu povo..." (35:28,29). No Novo Testamento, a morte dos mais destacados personagens, incluindo o apóstolo Paulo, sequer é registrada. É surpreende, neste contexto, que a morte de Jacó seja extensamente documentada. Ela começa ser relatada em Gênesis 47, mas só ocorre no final de Gênesis 49. A metade de Gênesis 50 trata do sepultamento de Jacó, de tal forma que quatro capítulos de Gênesis lidam com a morte de Jacó. Três cenas ocupam o cenário de sua morte.

Na primeira cena, Jacó encontra José para rogar a ele, sob juramento, que seu corpo deveria seria sepultado em Hebrom, na caverna de Macpela, e não no Egito; na segunda cena, Jacó encontra os filhos de José, Manassés e Efraim, a fim de abençoá-los; na terceira cena, por fim, Jacó chama todos os seus filhos, abençoa-os profeticamente e revela o futuro das tribos que procediam dele.[6]

[6] BOICE, James Montgomery. *Genesis*, p. 1140-1141.

Capítulo 21

Jacó adota seus netos como filhos

Jacó já havia feito José prometer, sob juramento, que não o sepultaria no Egito, mas em Canaã, junto à sua parentela, na caverna de Macpela. Agora, Jacó adoece, mas antes de morrer precisa assumir a liderança de sua família com respeito ao futuro. James Montgomery Boice destaca que o testemunho final de Jacó começa e termina com Deus. Jacó começa seu testemunho com Deus aparecendo para ele em Betel, onde sua vida espiritual começou (48:3), e termina seu testemunho referindo-se a Deus, que lhe dera o privilégio de não apenas ver novamente a José, mas também de conhecer a seus filhos (48:11).[1]

Vamos destacar alguns pontos importantes desta passagem.

[1] BOICE, James Montgomery. *Genesis:* p. 1148-1149.

A ENFERMIDADE DE JACÓ

O narrador não comenta sobre 17 anos que Jacó viveu entre sua chegada ao Egito e sua morte. Agora, Jacó tem uma clara percepção de que sua morte se aproxima. Não pode partir sem antes cumprir sua missão profética de abençoar seus filhos, os cabeças das doze tribos de Israel. Destacamos aqui três fatos:

Primeiro, *a informação* (48:1a). José é informado de que seu pai está enfermo. Talvez sua agenda assaz congestionada com os assuntos do governo não tenha permitido a ele desfrutar constantemente da companhia do pai. Não somos informados quem o informa sobre a enfermidade do pai. A palavra "enfermo" aparece pela primeira vez na Bíblia, referindo-se a uma doença que o levaria à morte. A doença é filha da morte.[2]

Segundo, *a visita* (48:1b). Assim que ele é informado sobre a doença de seu pai, sem tardança, pega seus dois filhos, Manassés e Efraim, e vai visitá-lo. Sua presteza em ir imediatamente revela o amor ao pai. Sua disposição de levar consigo seus dois filhos mostram a importância que dava à sua família.

Terceiro, *o esforço* (48:2). Quando Jacó fica sabendo que seu filho e seus netos estavam vindo visitá-lo, esforça-se para assentar-se no leito. O homem que havia lutado com Deus uma noite inteira aos 97 anos (32:24-30), agora, aos 130 anos, precisa se esforçar para se assentar no

[2] BRAUMER, Hansjorg. *Gênesis,* p. 311.

leito da enfermidade. Hamilton diz: "Jacó se deteriorara da habitação em Gósen (47:27) para a habitação no leito".[3] Bruce Waltke diz que Jacó, cujo espírito desfalecera com as notícias da morte de José (37:35), reviveu quando descobriu que ele vivia (45:27). Agora, ainda que doente, renova suas forças para comunicar a bênção, justamente como Isaque renovou suas forças para abençoar seus filhos.[4]

Aprecio o que diz Warren Wiersbe sobre esse momento final na vida de Jacó. Mesmo tendo passado por tantos dissabores, suas últimas palavras não são de amargura, mas de fé. Ele não falou sobre as dificuldades da vida, mas sim sobre o Deus Todo-poderoso (48:3,11,15,20,21) e sobre aquilo que Ele havia feito por seu servo.[5]

A ADOÇÃO DOS FILHOS DE JOSÉ

Como expressão do amor de Jacó por José, ele toma a decisão de adotar seus filhos, para elevá-los ao *status* de pais fundadores, fazendo assim parte das doze tribos de Israel. Assim, José é duplamente honrado ao ter dois de seus filhos como cabeças de tribos. Bruce Waltke destaca que José consagra seus filhos de uma mãe egípcia ao Deus de Israel e à aliança de seu povo.[6]

[3] HAMILTON, V. P. *The Book of Genesis Chapters 18-50,* p. 628.
[4] WALTKE, Bruce K. *Gênesis*, p. 742.
[5] WIERSBE, Warren W. *Comentário bíblico expositivo,* p. 213,214.
[6] WALTKE, Bruce K. *Gênesis,* p. 742.

Vejamos:

Em primeiro lugar, *uma retrospectiva* (48:3,4). Jacó faz uma retrospectiva de sua vida, quando o Deus Todo-poderoso, *El Shaddai,* apareceu para ele, quando fugia de sua casa, rumo a Padã-Arã, em Luz, Betel, na terra de Canaã. *El Shaddai* significa "Eu sou Autossuficiente. Eu sou aquele que diz: Deus basta".[7] Ali, aos 77 anos, Deus lhe faz duas promessas:

A primeira é da *multiplicação*: "Eis que te farei fecundo, e te multiplicarei, e te tornarei multidão de povos..." (48:4a).

A segunda é a da *posse da terra*: "... E à tua descendência darei esta terra em posse perpétua" (48:4b). Essa promessa a Israel de multidão de povos é limitada a Efraim (48:19,20). Durante a monarquia dividida (931–722 a.C.), os descendentes de Efraim, como a tribo mais poderosa, algumas vezes deram seu nome a todos os povos que formaram o reino do Norte (Isaías 7:2,5,8,9; Oseias 9:13; 12:1,9).[8]

Em segundo lugar, *uma adoção* (48:5). "Agora, pois, os teus dois filhos, que te nasceram na terra do Egito, antes que eu viesse a ti no Egito, são meus; Efraim e Manassés serão meus, como Rúben e Simeão." Jacó queria passar estas promessas do concerto, junto com obrigações anexas, para seus descendentes. Já conhecia a vontade de

[7] BRAUMER, Hansjorg. *Gênesis,* p. 312.

[8] WALTKE, Bruce K. *Gênesis,* p. 743.

Deus concernente a qual filho seria separado para este privilégio, mas não contou a ninguém.[9] Jacó escolhe os dois filhos de José dentre os seus 52 netos (46:7-27).

Jacó nunca havia esquecido de Raquel, sua esposa amada; agora queria honrá-la, elevando estes netos à condição de filhos e, por conseguinte, tribos em Israel. Vale destacar que os filhos de José têm nesse tempo mais de 20 anos. O nome de José seria perpetuado por outros filhos que nasceriam (48:6). Jacó decidiu legitimar esses dois filhos de José como pais e chefes de tribos de Israel, contando-os entre seus próprios filhos, colocando-os no mesmo nível de seus filhos mais velhos, Rúben e Simeão.

Esta declaração de adoção (48:5,16) deixou sua duradoura marca na estrutura de Israel, em que Efraim herdou a chefia de todos os doze, chefia perdida por Rúben (49:4). O livro de 1Crônicas estabelece a posição dos filhos de Rúben, o primogênito de Israel. Era o primogênito, mas, por ter profanado o leito de seu pai, deu-se a sua primogenitura aos filhos de José, filho de Israel; de modo que, na genealogia, não foi contado como primogênito. Judá, na verdade, foi poderoso entre seus irmãos, e dele veio o príncipe; porém o direito de primogenitura foi de José" (1Crônicas 5:1,2).[10]

Warren Wiersbe ainda esclarece que, porque José ficou no lugar de Rúben, o primogênito de Jacó (49:3,4;

[9] LIVINGSTON, George H. *O livro de Gênesis*, p. 123.

[10] KIDNER, Derek. *Gênesis: introdução e comentário*, p. 197.

1Crônicas 5:2); os filhos de José substituíram Simeão e Levi (49:5-7), o segundo e o terceiro filhos de Jacó. Os levitas não receberam herança alguma na Terra Prometida, vivendo em 48 cidades espalhadas por Israel (Números 18:20; Deuteronômio 18:2; Josué 13:33; 14:4; 21:1-45), e Simeão acabou sendo assimilado pela tribo de Judá (Juízes 19:1-9). Desse modo, Deus castigou Levi e Simeão por sua fúria violenta em Siquém (34:25-31).[11]

Derek Kidner destaca que o livro de Hebreus seleciona este episódio, dentre a longa carreira de Jacó, como o seu notável ato de fé: "Pela fé Jacó, quando estava para morrer, abençoou cada um dos filhos de José e, apoiado sobre a extremidade do seu bordão, adorou" (Hebreus 11:21).[12]

Em terceiro lugar, *uma justificativa* (48:6,7). Jacó diz a José que os demais filhos que gerar seriam seus, mas Efraim e Manassés seriam contados na história como filhos de Jacó, pois fariam parte das doze tribos. Jacó justifica essa decisão em virtude de seu acendrado amor por Raquel, mãe de José, que morreu precocemente no parto, em Canaã, ao dar à luz Benjamim. Braumer reconta que a adoção de Efraim e Manassés como filhos de Jacó coloca José no mesmo nível do pai. Ele é, de certa forma, o quarto patriarca do povo, depois de Abraão, Isaque e Jacó.[13]

[11] WIERSBE, Warren W. *Comentário bíblico expositivo,* p. 214.

[12] KIDNER, Derek. *Gênesis: introdução e comentário,* p. 197.

[13] BRAUMER, Hansjorg. *Gênesis,* p. 312.

Em quarto lugar, *uma cerimônia de adoção* (48:8-12). Feitos os esclarecimentos, chegara a hora da cerimônia de adoção, com os dois jovens assentados sobre os seus joelhos e a imposição de mãos. Em virtude de sua deficiência visual, Jacó vê os filhos de José, mas não tão claramente a ponto de reconhecê-los (48:8,9). A cerimônia começa com o reconhecimento de Efraim e Manassés por parte de Jacó e termina com a gratidão de José a Deus.

Destacamos aqui quatro pontos importantes:

O primeiro ponto é que *os filhos são presentes de Deus* (48:8,9a). Ao ser interrogado por Jacó acerca de seus filhos, José responde a seu pai, dizendo: "São meus filhos, que Deus me deu aqui". Os filhos são presentes de Deus, são herança do Senhor (Salmos 127:3). Pertencem mais a Deus do que a nós. Concordo com Braumer quando escreve: "Os filhos são o melhor e o mais amado bem entre todos os bens".[14]

O segundo ponto é *a afeição familiar* (48:9b,10). Jacó ordena a José que fizesse chegar a ele os seus filhos, com o propósito de abençoá-los. Mesmo não enxergando direito, Jacó recebe seus netos, beija-os e abraça-os, demonstrando seu caloroso afeto.

O terceiro ponto é *a gratidão familiar* (48:11). O Jacó que sequer alimentava a esperança de ver José, pois já o considerava como morto, agora tem o privilégio de

[14] BRAUMER, Hansjorg. *Gênesis*, p. 313.

abraçar e beijar os filhos de José, seus netos. Deus lhe dava privilégios muito além de suas expectativas.

O quarto ponto é *a reverência familiar* (48:12). José tira seus filhos dentre os joelhos de seu pai e inclina-se diante da sua face. O governador do Egito está agora prostrado diante do velho patriarca, seu pai.

A BÊNÇÃO SOBRE OS FILHOS DE JOSÉ

Depois do ato de adoção (48:8-12) vem a bênção sobre José e seus filhos, Efraim e Manassés. Então José tomou seus filhos e fê-los chegar a seu pai. Destacamos algumas lições importantes:

Em primeiro lugar, *o expediente de José* (48:13). Uma vez que seu pai não enxergava mais direito, José aproxima cuidadosamente Manassés e Efraim de seu pai, numa disposição propícia para que sua mão direita estivesse sobre a cabeça do primogênito e a mão esquerda sobre a cabeça do mais novo. A mão direita tem prioridade. É a mão do juramento, considerado órgão da força. Quando dois irmãos são abençoados simultaneamente, é comum que o primogênito seja abençoado com a mão direita, devido à sua posição mais privilegiada.[15] Nas palavras de Bruce Waltke "José arma o cenário para dar a Manassés a bênção maior, colocando-o à mão direita, a posição da força, honra, poder e glória".[16]

[15] Ibidem, p. 314.

[16] WALTKE, Bruce K. *Gênesis,* p. 746.

Em segundo lugar, *a inversão de Jacó* (48:14). Jacó, porém, inverte as mãos e coloca a mão direita sobre a cabeça de Efraim e a mão esquerda sobre a cabeça de Manassés. Assim, o velho patriarca vira pelo avesso todos os cuidadosos preparativos de José, deixando claro desde o início que o mais novo terá a preferência. Nas palavras de Bruce Waltke "Jacó pode ter perdido sua visão, porém não perdeu sua percepção. O patriarca cego demonstra percepção do futuro negada por sua visão ótica".[17]

Concordo com Derek Kidner quando diz que a subsequente história de Israel mostraria que a mão de Deus estava por trás das mãos que agora pousavam sobre eles.[18] Braumer destaca que esta bênção de Jacó é a primeira na Bíblia que acontece mediante imposição de mãos. Impor as mãos sobre alguém significa dizer a essa pessoa: "Você pertence a Deus". É claro que o gesto da imposição de mãos não é a bênção em si. A bênção é dádiva de Deus.[19]

Em terceiro lugar, *a bênção de Jacó* (48:15,16). Jacó então abençoa a José e seus filhos. Porém, tem consciência que ele não é a fonte da bênção. Abençoa-os rogando sobre eles a bênção de Deus. Jacó destaca algumas verdades preciosas aqui:

A primeira verdade é que *o Deus abençoador é aquele em cuja presença andaram Abraão e Isaque* (48:15a). A família

[17] Ibidem.

[18] KIDNER, Derek. *Gênesis: introdução e comentário*, p. 198.

[19] BRAUMER, Hansjorg. *Gênesis*, p. 314.

patriarcal tinha sido escolhida por Deus para andar com Deus, conhecer a Deus e torná-lo conhecido (17:1). A caminhada com Deus é uma vida debaixo da vista dele, uma vida diante dele e uma jornada diante de *El Shaddai*, aquele que é o suficiente, em qualquer destino, mesmo no sofrimento.[20] Jacó está dando um testemunho para José e seus filhos de que Isaque e Abraão tinham andado com Deus. Desta forma, Jacó liga seus netos a seu próprio pai e avô. As promessas pactuais de Deus a Abraão e a Isaque são certas porque andaram diante de Deus.

A segunda verdade é que *o Deus abençoador é aquele que sustentou Jacó durante toda a sua vida (*48:15b). "O Deus que me sustentou durante a minha vida até este dia." Jacó já havia passado por muitas experiências difíceis em sua casa, na casa de Labão, em Siquém. Primeiro com o luto de Raquel, com o luto de seus netos Er e Onã, com o drama de sofrer durante 22 anos, chorando por José, porque cria que ele estivesse morto. Em todos esses anos, Deus o sustentou como um pastor sustenta suas ovelhas.

A terceira verdade é que *o Deus abençoador é o Anjo que o resgatou de todo o mal* (48:16a). "O Anjo que me tem livrado de todo mal..." A palavra usada aqui para livrar significa "redenção". O mal tentou muitas vezes destruir Jacó, mas Deus lhe deu livramento. Jacó percebeu que sua desonestidade com Esaú e suas dificuldades com Labão foram um mal que ameaçou prendê-lo. Mas Deus o

[20] Ibidem.

ajudou a acertar as coisas com Labão e a reconciliar-se com Esaú. Deus também o livrou dos maus caminhos de seus filhos mais velhos e lhe devolveu José. Estes foram os atos de Deus que lhe deram esperança e alegria ao coração.[21]

Deus cercou Jacó com milícias de anjos quando saía de Canaã para Padã-Arã (28:12) e 20 anos depois, quando retornava de Padã-Arã para Canaã (32:1,2). O Anjo do Senhor lutou com Jacó, mas tendo ouvido seu clamor para ser abençoado, o abençoou e o livrou de Esaú (32:25,26; Oseias 12:4). Mas o mais importante é que o próprio Deus estava com ele para livrá-lo de todo mal. Deus sempre intervém em favor do seu povo, livrando-o de sua rede culpas. Essa bendita realidade tem marcado a história do povo de Deus ao longo dos séculos (Jeremias 31:11; Isaías 41:14; 49:7).

A quarta verdade é que *o Deus abençoador é aquele que abençoará seus netos* (48:16b). "Abençoe estes rapazes; seja neles chamado o meu nome e o nome de meus pais Abraão e Isaque; e cresçam em multidão no meio da terra." Jacó compreende que ele não é a fonte da bênção, apenas o instrumento. Deus é o Abençoador. Que bênção ele invoca para seus netos? Que eles carreguem o legado da fé dos patriarcas e cresçam exponencialmente na terra.

Em quarto lugar, *o desagrado de José* (48:17,18). Esta é a primeira e única vez que a Bíblia fala do descontentamento

[21] LIVINGSTON, George H. *O livro de Gênesis*, p. 124.

de José com seu pai. Quando José vê que seu pai está com a mão direita sobre a cabeça do caçula, Efraim, e não sobre a cabeça do primogênito, Manassés, pensa que seu pai esteja cometendo um erro de distração e interfere firmemente para que as mãos de seu pai sejam descruzadas, a fim dar a bênção principal ao primogênito, como era a tradição. Jacó se recusa, revelando uma certeza tranquila e superior. Na verdade, esta é a quinta vez no livro de Gênesis que nos deparamos com uma inversão na ordem de nascimento. Deus havia escolhido Abel, e não Caim; Isaque, e não Ismael; Jacó, e não Esaú; José, e não Rúben; agora, Efraim, e não Manassés.[22] Derek Kidner destaca que uma vez mais a bênção do primogênito é destinada ao irmão mais novo, mas agora não há um esquema incrédulo nem gosto amargo depois. É uma lição objetiva do sereno cunho responsivo e fé (Provérbios 10:22).[23]

Em quinto lugar, *a recusa consciente de Jacó* (48:19). O patriarca, capacitado por Deus, é maior que o governador do Egito.[24] Jacó não atendeu ao pedido de José e justificou: "Eu sei, meu filho, eu o sei; ele também será um povo, também ele será grande; contudo, o seu irmão menor será maior do que ele, e a sua descendência será uma multidão de nações." No passado, por causa da cegueira, Isaque havia abençoado Jacó pensando que estava abençoando

[22] WIERSBE, Warren W. *Comentário bíblico expositivo*, p. 214.

[23] KIDNER, Derek. *Gênesis: introdução e comentário*, p. 197.

[24] WALTKE, Bruce K. *Gênesis*, p. 748.

Esaú; agora Jacó, mesmo privado de clara visão, abençoa conscientemente Efraim, o filho mais novo de José, em lugar de seu primogênito. São pertinentes as palavras de Bruce Waltke:

> Se a bênção inconsciente de Isaque não podia ser revertida, quanto mais esta bênção consciente de Jacó. É notório que os caminhos de Deus na graça soberana sobrepõem os caminhos da convenção humana (Isaías 55:8,9): Abel *versus* Caim, Isaque *versus* Ismael, Jacó *versus* Esaú, Perez *versus* Zera, José *versus* Rúben e Efraim *versus* Manassés. Em Gênesis, Deus às vezes escolhe o filho mais jovem, não o mais velho, para portar a herança divina da família.[25]

Em sexto lugar, *o conteúdo da bênção de Jacó* (48:20). "Assim, os abençoou naquele dia, declarando: "Por vós Israel abençoará, dizendo: 'Deus te faça como a Efraim e como a Manassés'. E pôs o nome de Efraim adiante do de Manassés". Mais uma vez Jacó não é o abençoador, mas o instrumento do Abençoador divino. Com essa bênção, Efraim e Manassés renunciaram a sua aristocracia e se identificaram com os "estrangeiros", os desprezados imigrantes pastores. Braumer diz que o que chama atenção na bênção de Jacó para Efraim e Manassés é o uso do nome Israel. Pela primeira vez na história de José, aqui

[25] Ibidem.

"Israel" se refere ao povo. Os olhos do moribundo enxergam a formação do povo de Israel a partir das doze tribos.[26]

A PROFECIA E O PRESENTE DE JACÓ

Depois de abençoar seus netos, Israel dirige a palavra a José, fazendo uma profecia e dando um presente. Vejamos:

Em primeiro lugar, *a profecia* (48:21). "Depois, disse Israel a José: Eis que eu morro, mas Deus será convosco e vos fará voltar à terra de vossos pais." Jacó profetiza a presença de Deus com José. Essa era uma realidade que Jacó tinha muito fortemente em sua vida. Poderíamos resumir esse fato em quatro momentos. Em Gênesis 28:15, Deus lhe disse: "Eu estou contigo". Em Gênesis 31:3, Deus lhe promete: "Eu serei contigo". Em Gênesis 31:5, Jacó reconhece: "Deus tem estado comigo". Em Gênesis 48:21, Jacó profetiza: "Deus será convosco".

Jacó também profetiza o Êxodo da nação de Israel e alimenta no coração de seu filho a esperança da volta à Terra Prometida. Jacó tinha plena consciência de que o Egito não era seu destino nem o último paradeiro de sua família.

Matthew Henry diz que assim como Jacó deixou com José a promessa da sua saída do Egito como algo sagrado que lhe era confiado, José, ao morrer, do mesmo modo, deixou igual palavra com seus irmãos: "Eu morro;

[26] BRAUMER, Hansjorg. *Gênesis*, p. 316.

porém Deus certamente vos visitará e vos fará subir desta terra para a terra que jurou dar a Abraão, a Isaque e a Jacó" (50:24). Esta certeza lhe foi dada e cuidadosamente preservada entre eles, para que não amassem demais o Egito quando ele os favorecia nem o temessem demais quando ele os censurasse.[27] Josué 24:32 declara que o corpo embalsamado de José foi enterrado na parte do campo que foi comprada dos filhos de Hamor.

Em segundo lugar, *o presente* (48:22). Jacó privilegia José, seu filho amado, além do que concedeu aos demais filhos, um presente especial: uma terra que havia conquistado à força da espada dos amorreus, os habitantes pré-israelitas de Canaã. William MacDonald acredita que esta terra possivelmente seja a mesma área conhecida como "o poço de Jacó", na cidade de Sicar, na província de Samaria (João 4:5).[28]

[27] HENRY, Matthew. *Comentário Bíblico Antigo Testamento – Gênesis a Deuteronômio*, p. 212.

[28] MACDONALD, William. *Believer's Bible Commentary*, p. 80.

Capítulo 22

Jacó profere bênçãos proféticas aos seus filhos

Depois de Jacó dar instruções a José sobre seu sepultamento (47:29,30), abençoar Efraim e Manassés e profetizar o Êxodo (48:21), ele chama todos os seus filhos para abençoá-los e revelar o futuro das doze tribos de Israel (49:1,2). Ele já abençoara Faraó (47:7-10), Efraim e Manassés (48:15-20), agora abençoa seus doze filhos (49:1-27).

Jacó fala a seus filhos como líder, profeta e professor, enfatizando duas vezes: "Ouvi, ouvi!" (49:1,2). Suas bênçãos são proféticas e haveriam de se confirmar no decurso da história. Nas palavras de Hansjorg Braumer: "As profecias de Jacó são revelações dadas por Deus sobre a história futura de seus filhos e das tribos que descenderiam deles".[1]

É fato digno de nota, conforme acentua James Montgomery Boice, que nem todos os homens piedosos têm a

[1] BRAUMER, Hansjorg. *Gênesis,* p. 319.

oportunidade de falar da parte de Deus em seu leito de morte; nem mesmo os santos cujas vidas são registradas nas Escrituras. No livro de Gênesis, nós não temos registro de nenhum servo de Deus deixando palavras de instrução na hora de sua morte. Adão não falou nenhuma palavra. Noé termina sua vida silenciosamente. Nenhuma admoestação final flui dos lábios de Abraão ou de Isaque. Mas Jacó, antes de morrer, reúne a assembleia de seus filhos para um longo discurso e uma profunda revelação quanto ao futuro das doze tribos de Israel.[2]

George Livingston diz que essa porção bíblica está na forma poética, rica em paralelismo de pensamento, jogo de palavras e metáforas. Era momento solene, pois o patriarca estava declarando sua vontade final e apresentando seu testamento antes de morrer.[3]

O texto em tela trata de algumas verdades solenes.

A BÊNÇÃO PROFÉTICA

Jacó está com 147 anos, já no leito de morte. Ele está praticamente privado de sua visão física, mas tem um atilado discernimento espiritual. Charles Swindoll diz que apesar da idade e da doença, a memória de Jacó era realmente notável, pois ele não esqueceu o nome de nenhum de seus filhos, sabia descrever a natureza individual deles e lembrar-se de cada detalhe importante da vida deles. Assim,

[2] BOICE, James Montgomery. *Genesis,* p. 1175-1176.

[3] LIVINGSTON, George H. *O livro de Gênesis,* p. 124.

Jacó abençoou não apenas os doze filhos, mas, sobretudo, as doze tribos que descenderam deles.[4]

A bênção profética de Jacó sobre seus doze filhos, então sobre as doze tribos, enseja-nos três lições:

Primeira lição, *todos os seus filhos estavam vivos* (49:1). Que privilégio um homem descer à sepultura rodeado de todos os seus filhos. Muito embora tenha chorado por 22 anos pelo luto de José, seu filho amado, este não apenas estava vivo, mas tinha sido levantado por Deus para ser o preservador da família patriarcal. As desavenças familiares haviam cessado, e agora todos estavam reunidos à sua volta para ouvir suas palavras de despedida.

Segunda lição, *a bênção proferida sobre seus filhos foi pública* (49:1). Em contraste com Isaque, que foi na contramão do propósito divino e abençoou Jacó, de maneira privada, pois pensava que estava abençoando Esaú, Jacó abençoa seus filhos em público. Bruce Waltke corrobora, dizendo:

> Diferentemente de Isaque, que transferiu a bênção divina atrás de portas fechadas, criando rivalidade e conivência entre pais e irmãos, Jacó impetra sua bênção publicamente, convocando a todos os seus filhos a se reunirem em torno dele. A narrativa de Gênesis, que começou com a bênção divina sobre a criação,

[4] SWINDOLL, Charles R. *José*, p. 232.

agora termina com Jacó comunicando a bênção divina a seus filhos.[5]

Terceira lição, *a bênção proferida por Jacó foi profética* (49:1) "Ajuntai-vos, e eu vos farei saber o que vos há de acontecer nos dias vindouros." Jacó é um profeta. Sua bênção a seus filhos não emana de seu próprio coração, mas procede do próprio Deus. Não é uma bênção impetrada atrás de portas fechadas, mas em público, para testemunho de toda a história.

JACÓ, O AGENTE DA BÊNÇÃO DA PROFÉTICA

Jacó, como herdeiro da bênção de Abraão e de Isaque, está agora passando, como fiel mordomo, o bastão a seus filhos. Ele não é a fonte da bênção, mas apenas seu instrumento. Ele não fala de modo próprio, mas é mensageiro de Deus. Suas palavras são as próprias palavras de Deus em sua boca. Ele é um profeta inspirado por Deus. Estas afirmações proféticas no final da era patriarcal exibem a soberania de Deus sobre as nações. Ele abarca toda a história de Israel, desde a conquista e a distribuição da terra até o reinado consumador de Jesus Cristo.[6]

[5] WALTKE, Bruce K. *Gênesis*, p. 753.

[6] Ibidem, p. 754.

Os filhos de Jacó, os receptores das bênçãos proféticas

O narrador enumera os filhos de Jacó não por ordem de nascimento, mas por ordem das mães. Com respeito aos filhos de Lia, ele inverte a ordem, colocando Zebulom, o décimo filho, na frente de Issacar, o nono. Com respeito aos filhos das servas, ele começa com o primeiro filho de Bila (Dã), depois menciona os dois filhos de Zilpa (Gade e Aser), então volta ao segundo filho de Bila (Naftali). Só então é que fecha a lista com os dois filhos de Raquel (José e Benjamim). Fica evidente, portanto, que com exceção de Issacar e Zebulom, cada grupo é apresentado na ordem de nascimento dos filhos. É digno de nota, outrossim, que Jacó abençoa as tribos, porém não independentemente de seu caráter. As profecias têm por base o louvor ou o opróbrio dos pais.

É oportuno destacar que José está aqui representando as duas tribos que dele procedem (Efraim e Manassés), uma vez que estes foram adotados como filhos de Jacó. A matemática é que 10 dos 25 versículos, ou seja, 40% do registro, são destinados a Judá (49:8-12) e a José (49:22-26). Eles se destacam como os grandes líderes da família patriarcal.

Os filhos de Lia

Jacó começa suas bênçãos proféticas com os filhos de Lia. As profecias sobre os primeiros três filhos de Lia pronunciam castigo para crimes cometidos por eles. Vejamos:

Rúben (49:3,4). Rúben era o primogênito de Jacó, as primícias do seu vigor físico. O filho primogênito tinha vantagens físicas, materiais e espirituais. Aquele, porém, que deveria ocupar a liderança da família patriarcal, o mais excelente em altivez e poder, perdeu essa honrosa posição por causa de sua devassidão moral. Ele caiu dessa elevada posição quando subiu ao leito de seu pai para coabitar com Bila, sua concubina. George Livingston deixa esse ponto claro ao dizer que Rúben deveria ter sido líder de força, vigor, alteza e poder, mas deu as costas às coisas mais excelentes e se rebaixou ao nível mais inferior.[7] Nessa mesma linha de pensamento, Hansjorg Braumer escreve:

> Jacó tira de Rúben o privilégio da primogenitura. Esta, a porção dobrada da herança, é dada aos filhos de José, Efraim e Manassés; o sacerdócio passa para Levi e a casa real vai para Judá. Como tribo, Rúben desapareceu cedo – já na época dos juízes. A tribo de Rúben não produziu nenhum homem importante, nenhum juiz, nenhum rei, nenhum profeta.[8]

[7] LIVINGSTON, George H. *O livro de Gênesis*, p. 125.
[8] BRAUMER, Hansjorg. *Gênesis*, p. 320.

Segundo James Montgomery Boice, o pecado tem consequências para nós e para os outros. O pecado de Rúben atingiu não apenas sua vida, mas também a vida de seus descendentes (Deuteronômio 33:6). O primeiro tornou-se o último. Vemos aqui o pecado dos pais sendo visitado nos filhos. O pecado de Adão e Eva, nossos pais, afetou terrivelmente toda a raça humana.[9]

Três coisas devem ser aqui destacadas sobre Rúben:

Primeiro de tudo, *Rúben era um homem sem domínio próprio* (49:3,4a). Assim como Esaú desprezou seu direito de primogenitura por ser profano, Rúben, por lascívia, desprezou essa elevada honra. Jacó diz que Rúben é impetuoso como a água. A água é boa e necessária quando corre no leito do rio, mas causa grande destruição quando se precipita para fora de seus limites. Assim é todo aquele que não domina seus impulsos sexuais. Bruce Waltke acrescenta que a expressão "impetuoso como a água" (49:4) significa ser insolente, impetuoso, orgulhoso, indisciplinado, temerário, incontrolável e instável (Isaías 57:20).[10] Nessa mesma linha de pensamento, Derek Kidner diz que Rúben era um homem de impulsos desgovernados.[11]

Em segundo lugar, *Rúben era um homem profanador* (49:4b). Rúben subiu ao leito de seu pai e o profanou,

[9] BOICE, James Montgomery. *Genesis,* p. 1178.

[10] WALTKE, Bruce K. *Gênesis,* p. 755.

[11] KIDNER, Derek. *Gênesis: introdução e comentário,* p. 200.

tendo relações sexuais com Bila. Ele cometeu o pecado de incesto. Os pecados do passado privaram-no de bênçãos futuras. Warren Wiersbe retoma que "um pecado muito antigo que Rúben havia cometido finalmente o havia encontrado (35:22; Números 32:23)".[12]

Em terceiro lugar, *Rúben era um homem sem liderança* (49:4b). "Não serás o mais excelente." Rúben falhou na liderança como primogênito. A tribo de Rúben falharia de igual modo na liderança. É difícil encontrar nas Escrituras algum membro da tribo de Rúben que tenha se destacado como um líder. A população da tribo entrou em declínio entre o êxodo e a entrada na Terra Prometida (Números 1:20,21; 2:11; 26:7), passando do sétimo para nono lugar em número de membros.[13] Nos dias de Débora, a tribo de Rúben ficou famosa pela falta de resolução (Juízes 5:15,16); mais tarde parece ter sido eclipsada por Gade e periodicamente calcada por Moabe. O único momento de parcial iniciativa registrado deu-se na inglória rebelião de Datã e Abirão (Números 16:1).[14]

Simeão e Levi (49:5-7). Irmãos devem ajudar uns aos outros e encorajar uns aos outros, mas lamentavelmente podem também arruinar uns aos outros. Simeão e Levi são chamados de irmãos, não apenas porque vêm do mesmo ventre ou andam juntos, mas porque compartilham

[12] WIERSBE, Warren W. *Comentário bíblico expositivo*, p. 216.

[13] Ibidem.

[14] KIDNER, Derek. *Gênesis: introdução e comentário*, p. 200.

notavelmente dos mesmos traços criminais de violência, furor e crueldade (49:5,6). Eles não apenas compartilham dos mesmos crimes, mas também partilham da mesma condenação e destino (49:7).[15] Os dois estão agrupados porque tinham chefiado o massacre sangrento de Siquém (34:25-29). Os dois foram comparsas no horrendo crime de chacina aos siquemitas. Estão, com as mãos manchadas de sangue e violência, Jacó se recusa a participar com eles desse espírito belicoso e vingativo.

A expressão "maldito seja o seu furor, pois era forte, e a sua ira, pois era dura..." (49:7a) refere-se a este furor e ira, mas não às pessoas de Simeão e Levi. Jacó não amaldiçoa seus filhos, apenas as emoções incontroladas deles, que os arrastaram para o ato de horror. A maldição não é contra os pecadores, mas contra o pecado.[16]

A profecia de Jacó declara que os dois irmãos, representando as duas tribos, seriam divididos em Jacó e espalhados em Israel (49:7b), eles não teriam território tribal em Canaã. Esses dois irmãos não terão oportunidade de realizar empreendimentos conjuntos, mas serão separados e a unidade será rompida. A destruição total de sua unidade original também elimina a possibilidade de vida conjunta entre seus descendentes. Deus acaba com uma união que eles usavam para o mal.[17] Os descendentes

[15] WALTKE, Bruce K. *Gênesis*, p. 756.

[16] BRAUMER, Hansjorg. *Gênesis*, p. 321.

[17] Ibidem, p. 322.

de Simeão foram absorvidos no território de Judá (Josué 19:1-9) e os descendentes de Levi foram distribuídos por 48 cidades e terras de pastagens entre as doze tribos, inclusive Efraim e Manassés (Números 35:1-5; Josué 14:4; 21:41).[18]

Deus, em sua graça, entrementes, transformou a maldição em bênção, pois fez da tribo de Levi a tribo dos sacerdotes e dos levitas, que haveriam de cuidar das coisas sagradas, do culto, dos sacrifícios no tabernáculo e no templo. Dessa tribo procederam homens da estirpe de Moisés, Arão, Fineias, Eli, Esdras e João Batista.

Judá (49:8-12). O nome Judá significa "louvor'. Judá, o quarto filho de Jacó, cometeu dois graves pecados: liderou seus irmãos para vender José como escravo, escondendo esse fato cruel de seu pai, e depois se uniu aos cananitas, cometendo incesto com sua nora Tamar. Entretanto, Judá se arrepende de seus pecados, coloca-se como fiador de Benjamim diante do pai em Canaã (43:9) e como substituto de Benjamim diante de José no Egito (44:32,33).

Judá passa a governar seus irmãos. Dele procederão reis. Dele vem a dinastia de Davi e o próprio Messias. Sua tribo desfrutará de riquezas abundantes. Nas palavras de Bruce Waltke: "Deus abençoa Judá com as recompensas de sabedoria, reinado, domínio e prosperidade. A bem-aventurança do governo ideal se evidenciou em suas vitórias (49:10b), em sua riqueza provinda da fertilidade

[18] WALTKE, Bruce K. *Gênesis,* p. 757.

da terra (49:11) e em sua beleza (49:12)".[19] Na verdade, Deus designa Judá como líder das tribos (Juízes 1:1-19; 20:18).

O livro de Samuel celebra a hegemonia de Davi, da tribo Judá, sobre as demais tribos. No livro de Reis, a lâmpada de Davi permanece acesa.[20] Davi não foi apenas o maior rei de Israel, mas foi também seu pastor, músico, soldado, profeta e poeta.[21] Na esteira dos descendentes de Judá, temos outros homens piedosos como Salomão, Josafá, Ezequias, Josias e Zorobabel. Essa lista de ilustres reis culmina com o incomparável Rei dos reis e Senhor dos senhores, Jesus, o Leão da tribo de Judá (Apocalipse 5:5; 19:16).

Destacamos alguns pontos:

Primeiro ponto, *Judá será louvado pelos seus irmãos* (49:8a). "Judá, teus irmãos te louvarão." O poder de Judá é indiscutível. Todos os seus irmãos se curvam perante ele, e seus inimigos não ousam atacá-lo, preferindo fugir dele.

Segundo ponto, *Judá triunfará sobre seus inimigos* (49:8b). "A tua mão estará sobre a cerviz de teus inimigos." Durante o período dos juízes e a monarquia, os inimigos são filisteus ao oeste, amalequitas ao sul e edomitas

[19] WALTKE, Bruce K. *Gênesis*, p. 757.

[20] Ibidem.

[21] BOICE, James Montgomery. *Genesis*, p. 1192.

ao leste (Deuteronômio 33:7). Mais tarde, os inimigos serão os assírios e babilônios ao norte.[22]

Terceiro ponto, *Judá tem aparência majestática do leão* (49:9). O leão impõe respeito e medo tanto aos outros animais como aos homens (1Reis 13:24; 20:36). O leão tornou-se símbolo de majestade e força, o símbolo de realeza no Antigo Oriente Próximo. Braumer diz que o Antigo Testamento tem sete palavras para referir-se ao leão. Das cerca de 135 passagens que falam de leão, somente 25 referem-se ao leão como animal. Nas outras 110 passagens, o leão ilustra características de Yahweh ou de determinadas pessoas. Ao longo da história, o leão tornou-se o animal mais frequentemente usado em brasões e sinetes de casas reais. No fim dos tempos, Jesus Cristo, exaltado nos céus, aquele que abre o livro com os sete selos, é chamado de "Leão da tribo de Judá" (Apocalipse 5:5).[23]

Quarto ponto, *Judá tem eminência e realeza* (49:10). "O cetro não apartará de Judá, nem o bastão de entre seus pés, até que venha Siló." O cetro e o bastão são símbolos do rei. Da tribo de Judá procederá reis até que venha Jesus, o Rei dos reis, cujo reinado é eterno (Miqueias 5:2,4; Zacarias 9:9; Amós 9:11-15; 2Samuel 23:1-7; Apocalipse 5:5).

Hansjorg Braumer diz que as palavras "até que venha Siló" compõem a passagem mais polêmica em todo

[22] WALTKE, Bruce K. *Gênesis,* p. 757.

[23] BRAUMER, Hansjorg. *Gênesis,* p. 324.

o livro de Gênesis.[24] Livingston nessa mesma linha de pensamento diz que muita controvérsia gira em torno da palavra "Siló", que pode ter o significado de "descanso ou doador de descanso". Este é o nome da cidade onde a arca descansou até o tempo de Samuel (1Samuel 4:1-22). Uma antiga tradução aramaica contém a frase "até que o Messias venha", e esta interpretação detém forte posição no entendimento judaico e cristão do texto. Os protestantes estão bastante unidos em considerar que Jesus é o cumprimento desta predição que saiu dos lábios de Jacó.[25]

Warren Wiersbe corrobora dizendo que o nome "Siló" deu origem a várias interpretações e especulações, porém a mais razoável delas é a que se trata de uma referência ao Messias (Números 24:17). A oração poderia ser traduzida como "até que venha aquele que tem em sua destra [o cetro, ou seja, o domínio]".[26]

Concordo com James Montgomery Boice quando diz que esta é a última das três grandes profecias acerca do Messias encontradas em Gênesis. A primeira é Gênesis 3:15, dada a Adão e Eva no Éden. A segunda profecia é Gênesis 22:18, o clímax da revelação de Deus a Abraão. E a terceira profecia é Gênesis 49:10, pronunciada por Jacó a Judá. Na primeira profecia, é dito que o Messias destruiria o diabo e suas obras. Na segunda profecia, é

[24] BRAUMER, Hansjorg. *Gênesis*, p. 325.

[25] LIVINGSTON, George H. *O livro de Gênesis*, p. 125.

[26] WIERSBE, Warren W. *Comentário bíblico expositivo*, p. 217.

dito que Ele redimiria o seu povo, trazendo salvação a judeus e gentios. Na terceira profecia, é dito que o Messias reinará e os povos da terra se prostrarão diante dele.[27]

Quinto ponto, *Judá desfrutará de riqueza exuberante* (49:11). Ninguém, senão um indivíduo incrivelmente rico, amarraria um jumento a um ramo mais seleto, porque o jumento consumiria as uvas valiosas. "Lavar as vestes em vinho" é outra imagem de incrível prosperidade e poder.[28]

Sexto ponto, *Judá desfrutará de beleza real* (49:12). A beleza do rei é sinal de bênção. O ideal de beleza do amado é branco e vermelho (Cânticos 5:10; Salmos 45:2).

Zebulom (49:13). O narrador coloca o sexto filho de Lia, Zebulom, na frente do quinto filho, Issacar, nessa lista. Curiosamente, ele é catalogado tanto aqui quanto na bênção de Moisés (Deuteronômio 33:18) antes de seu irmão Issacar, dando-lhe preeminência. Em ambas as bênçãos, Zebulom é o mais enérgico e próspero dos dois.[29]

O cântico de Débora celebra ambas as tribos, porém dá a Zebulom a prioridade (Juízes 5:14,18). Zebulom, não Issacar, é catalogado entre os que se juntam a Gideão na batalha contra os midianitas (Juízes 6:35). Das tribos ocidentais, Zebulom contribui com o maior contingente militar para o exército de Davi; seus soldados

[27] BOICE, James Montgomery. *Genesis*, p. 1196-1197.

[28] WALTKE, Bruce K. *Gênesis*, p. 759.

[29] WALTKE, Bruce K. *Gênesis*, p. 760.

são caracterizados como experientes e leais (1Crônicas 12:33).[30]

A tribo de Zebulom vai se destacar pela sua perícia no comércio marítimo. Seu limite se estenderá até Sidom, cidade portuária fenícia, cerca de 40 quilômetros ao norte de Tiro. Hansjorg Braumer diz que a terra de Zebulom era cortada pela mais importante rota comercial entre o mar da Galileia e os portos fenícios no mar Mediterrâneo. Uma das maiores metrópoles comerciais fenícias era a antiga cidade cananeia de Sidom (10:15), considerada a fortaleza do mar (Isaías 23:4). Essa importante cidade tinha comércio com Zebulom.[31]

Issacar (49:14,15). Issacar é o quinto filho de Lia e o nono de Jacó. A tribo é geralmente desconsiderada no livro de Juízes. Não é mencionada no inventário das tribos em Juízes 1 ou nos relatos da batalha contra Canaã e Midiã (Juízes 4 e 6).[32] Issacar é destacado como aquele que tem uma força descomunal, mas vai acomodar-se a um trabalho servil aos cananitas em prol da paz (49:15). Braumer diz que, uma vez seduzida pela planície fértil, a tribo transformou-se em jumento de carga de estranhos. Enquanto as demais tribos que tomaram a terra buscavam submeter os cananeus, Issacar trilha o caminho

[30] Ibidem.

[31] BRAUMER, Hansjorg. *Gênesis,* p. 328.

[32] WALTKE, Bruce K. *Gênesis,* p. 761.

oposto, sujeitando-se a eles.[33] Há, entretanto, um registro muito positivo sobre os filhos de Issacar: "Dos filhos de Issacar, conhecedores da época, para saberem o que Israel devia fazer..." (1Crônicas 12:32). Eles eram estudiosos e conhecedores do seu tempo!

OS FILHOS DAS SERVAS

O narrador começa a lista com Dã e a termina com Naftali, filhos de Bila. Entre estes, vêm Gade e Aser, filhos de Zilpa. Vejamos:

Dã (49:16-18). Dã, o primeiro filho de Bila e o quinto de Jacó (30:6; 35:25; Josué 19:40-48), é o pai da tribo que recebe o poder de julgar. Dã, juntamente com Judá e José, recebe duas bênçãos separadas: para executar justiça e, embora relativamente pequena, para retaliar. Dã é retratado como um povo sagaz, como uma víbora que dá o bote fatal em seus inimigos. Dã será agressivo, perigoso e atacará inesperadamente para subverter nações (Juízes 18). Sansão, desta tribo, fere os filisteus de um só golpe (Juízes 14-16).[34] No senso do deserto, Dã é a segunda maior tribo (Números 2:26; 26:42,43). Derek Kidner diz que depois da impressionante introdução (49:16), vem o anticlímax (49:17,18). O nome e o chamado de Dã eram para "julgar", vingando os desconsolados, como Deus vingara a Raquel (30:6); mas a sua escolha, como tribo, foi

[33] BRAUMER, Hansjorg. *Gênesis*, p. 329.

[34] WALTKE, Bruce K. *Gênesis*, p. 762.

a violência e a traição, como registrado em Juízes 18. Dã é deixado de fora das genealogias de 1 Crônicas 2–10, e na lista de tribos em Apocalipse 7:1-8, Dã não acha lugar.[35] Dã afastou-se da fé do verdadeiro Deus e confiou em ídolos. Sua tribo tornou-se um povo dissimulado, que explorava os outros para conseguir o que queria (Juízes 18:1-31).[36]

Gade (49:19). Gade, o primeiro filho de Zilpa e o sétimo de Jacó (30:10,11; 35:26), é descrito como um povo guerreiro, aliás excelentes guerreiros (Josué 22:1-6). A bênção prediz que Gade levará uma vida atribulada (49:19a), mas retaliará seus inimigos (49:19b; Deuteronômio 33:20,21). Bruce Waltke diz que Gade, estabelecido na vulnerável Transjordânia, em toda a sua história suporta ataques por parte dos amonitas (Juízes 10-12; Jeremias 49:1-6), moabitas, aramitas (1Reis 22:3; 2Reis 10:32,33) e os assírios (2Reis 15:29). Seu povo é celebrado como guerreiros aguerridos (Deuteronômio 33:22; 1Crônicas 5:18; 12:8).[37]

Aser (49:20). Aser, segundo filho de Zilpa e oitavo filho de Jacó (30:13; 35:26), é destacado por sua prosperidade e riqueza. O nome "Aser" significa venturoso ou feliz. Aser não foi capaz de expulsar os habitantes de seu território (Juízes 1:31,32). Contentaram-se em ser um

[35] KIDNER, Derek. *Gênesis: introdução e comentário*, p. 203.

[36] WIERSBE, Warren W. *Comentário bíblico expositivo*, p. 218.

[37] WALTKE, Bruce K. *Gênesis*, p. 763.

povo agrícola, aproveitando a terra fértil que Deus os havia dado (Josué 19:24-30).[38] A expressão "o seu pão será abundante" é uma referência à sua terra fértil nas encostas ocidentais da região montanhosa da Galileia (Deuteronômio 33:24; Josué 19:24-31).[39] Com uma planície fértil e rotas comerciais para o mar, Aser banharia "em azeite o seu pé" (Deuteronômio 33:24) e forneceria notável quota ao palácio (1Reis 4:7).[40]

Naftali (49:21). Naftali, segundo filho de Bila e sexto filho de Jacó, é descrito como alguém que tem agilidade e poder na palavra. A expressão "gazela solta" é uma referência eloquente para descrever sua beleza e ligeireza.[41] Warren Wiersbe entende que a expressão "gazela solta" sugere um povo de espírito livre, que não se prendia às tradições.[42] Esta tribo das terras montanhosas haveria de conquistar nome sob Baraque, levando Israel a livrar-se de uma arrasadora escravidão (Juízes 4 e 5). Zebulom e Naftali fazem parte do distrito chamado de "Galileia dos gentios" pelo profeta Isaías (Isaías 9:1,2), onde Jesus ministraria séculos depois (Mateus 4:12-16). Observe que

[38] WIERSBE, Warren W. *Comentário bíblico expositivo,* p. 219.

[39] WALTKE, Bruce K. *Gênesis,* p. 763.

[40] KIDNER, Derek. *Gênesis: introdução e comentário,* p. 204.

[41] WALTKE, Bruce K. *Gênesis,* p. 763.

[42] WIERSBE, Warren W. *Comentário bíblico expositivo,* p. 219.

Zebulom e Naftali distinguiam-se por sua bravura em combate (Juízes 5:18).[43]

Os filhos de Raquel

O narrador deixa os dois filhos de Jacó com Raquel, sua esposa preferida, para o final. É digno de nota, como já afirmamos, que dos doze filhos de Jacó, ele dedica 40% do tempo para falar das bênçãos destinadas a Judá e José. Embora o coração de Jacó tenha se apegado a Benjamim, seu filho caçula, Jacó não dá tanto destaque à sua tribo. Vejamos:

José (49:22-26). José é o primeiro filho de Raquel e o sétimo filho de Jacó (30:24; 35:24). É, também, o filho favorito de Jacó (37:3; 45:28; 46:30). Vários pontos são dignos de destaque na vida de José:

Primeiro ponto, *José é comparado a um ramo frutífero* (49:22). A Raquel estéril produziu a mais frutífera das tribos (30:2,22; 41:52). José não é um galho seco, mas ramo frutífero. Foi frutífero na casa do pai, na casa de Potifar, na prisão e no palácio. Sua vida produziu muitos frutos. Seu coração não foi um campo estéril, mas um terreno fértil que produziu muitos frutos que trouxeram glória para Deus e bênção para as pessoas. José é um ramo frutífero junto à fonte. Essa fonte é o próprio Deus. Ele é a fonte de água viva. José foi uma bênção em público, porque desfrutava de comunhão com Deus em secreto. A

[43] Ibidem.

força, a sabedoria e o poder de José não procediam dele mesmo. Sua vida era frutificava porque estava plantado junto à fonte. José estendeu seus galhos sobre o muro. Ele não foi bênção apenas para os de perto, mas para os de longe. Foi bênção não apenas para a sua família, mas, também, para o mundo inteiro. A influência de José transcendeu o Egito. Ele foi maior do que a nação que governou. Sua vida não só influenciou as gerações pósteras, mas também salvou sua própria geração.

Segundo ponto, *José enfrenta ataques, mas sai vitorioso* (49:23,24). José enfrentou a injustiça dos irmãos e a acusação leviana da mulher de Potifar. Ele passou pelo crisol do sofrimento, sendo vendido como escravo, sendo acusado de assédio sexual, sendo preso e até esquecido ingratamente na masmorra. Mas, em todas essas provas, saiu vitorioso. Na defesa de Estêvão diante do sinédrio judaico, registrada em Atos 7:1-60, o protomártir do cristianismo fala da experiência de José, destacando três verdades sublimes:

Primeira verdade, *Deus estava com ele* (Atos 7:9). "Os patriarcas, invejosos de José, venderam-no para Egito; mas Deus estava com ele." José foi injustiçado em sua casa, em seu trabalho e na prisão. Mas Deus estava com ele. É conhecida a expressão de William Cowper, o brilhante poeta inglês: "Por trás de toda providência carrancuda, esconde-se a face sorridente de Deus". A presença de Deus é real, embora não vista; a presença de Deus é constante, embora nem sempre sentida; a presença de

Deus é restauradora, embora nem sempre reconhecida. Há um plano perfeito sendo traçado pela mão invisível da Providência. Deus está no controle. Ele está vendo o fim da história. Ele vai tecendo os fios da história de acordo com o seu sábio propósito. Os dramas da nossa vida não apanham Deus de surpresa. Os imprevistos dos homens não frustram os desígnios de Deus. O Senhor já havia anunciado a Abraão que sua descendência estaria no Egito. Deus estava usando o infortúnio de José para cumprir os seus gloriosos propósitos.

Segunda verdade, *Deus era por ele* (Atos 7:10). "E livrou-o de todas as suas aflições." Deus não livrou José de ser humilhado, mas exaltou-o em tempo oportuno. Deus trabalhou na vida de José, dando-lhe três coisas. Consolação em seus problemas (Atos 7:9), libertação de seus problemas (Atos 7:10) e promoção depois de seus problemas (Atos 7:10,11). Ele foi exaltado depois de ser provado e humilhado. Vida cristã não é ausência de aflição, mas livramento nas aflições. Depois da tempestade vem a bonança. Depois do choro vem a alegria. Depois do vale vem o monte. Depois do deserto vem a Terra Prometida. Assim como Deus livrou José de todas as suas aflições, Ele é poderoso para enxugar suas lágrimas, para aliviar o seu fardo, para acalmar as tempestades do seu coração, para trazer bonança para a sua vida e para lhe dar um tempo de refrigério.

Terceira verdade, *Deus agiu por intermédio dele* (Atos 7:10b). "[...] concedendo-lhe também graça e sabedoria perante Faraó, rei do Egito, que o constituiu governador daquela nação e de toda a casa real." Deus deu sabedoria a José para entender o que ninguém entendia. Para ver o que ninguém via. Para discernir o que ninguém compreendia. Para trazer soluções a problemas que ninguém previa. O futuro do Egito e do mundo foram revelados a José por meio do sonho de Faraó. O Espírito de Deus estava em José. Por meio da palavra de José, o mundo não entrou em colapso. Por expediente de José, a crise que poderia desabar sobre o Egito e sobre as nações vizinhas foi transformada em oportunidade para Deus cumprir seus gloriosos propósitos na vida do seu povo. Deus usou os seus irmãos para colocá-lo no caminho da providência e usou José para salvar a vida dos seus irmãos. Todas as coisas cooperam para o bem daqueles que amam a Deus. José foi o instrumento que Deus levantou para salvar o mundo da fome e da morte.

Terceiro ponto, *José é protegido pelo Deus onipotente* (49:24b,25a). Deus é apresentado aqui como:

- "O Poderoso de Jacó", o nome de Deus "Poderoso de Jacó" aparece apenas em Isaías (1:24; 49:26; 60:16) e no Salmo 132. É o Deus forte que Jacó experimentou em sua vida e que se repete no destino de José.
- "Pastor de Israel", o nome divino "Pastor" lembra a decisão de Jacó de abençoar os filhos de José com o nome do Deus que era seu pastor (Salmos

23:1-6; 80:1; 100:3; Isaías 40:11; Ezequiel 34:11-31; João 10:1-30).

- "Pedra de Israel", Deus é a Pedra, a Rocha, o fundamento inabalável e a proteção de Israel (Deuteronômio 32:4,15,18,31; 1Samuel 2:2; 2Samuel 22:32; Salmos 118:22; Mateus 16:18; 21:42; Atos 4:11; 1Coríntios 10:4; 1Pedro 2:7).
- "Deus de teu pai", o próprio Deus se revelou a Jacó como o Deus de Abraão e de Isaque. Aquele que também é Deus de Jacó ajudará José.
- "Todo-poderoso" ou "El-Shaddai", este é o nome que Deus usou para se apresentar a Abraão antes de estabelecer sua aliança com ele (17:1) e a Jacó quando estava a caminho da terra desconhecida (48:3). El-Shaddai significa "Eu sou suficiente". O Deus que basta em qualquer situação abençoará José.[44]

Quarto ponto, *José é abençoado com bênçãos excelentes* (49:25b,26). Deus o abençoa com a fertilidade do solo e do corpo (49:25); as bênçãos abrangentes de seus pais repousam em José acima de seus irmãos (49:26). Braumer diz que essas bênçãos abrangem toda a "bênção da fertilidade". São as bênçãos do céu: a chuva, o orvalho, o sol e o vento; as bênçãos das profundezas: a água acumulada abaixo da terra, que irrompe nas fontes e fecunda a terra;

[44] BRAUMER, Hansjorg. *Gênesis*, p. 335.

as bênçãos do seio e do ventre materno: a fertilidade do corpo.[45]

Benjamim (49:27). Benjamim é o segundo filho de Raquel e o décimo segundo filho de Jacó (35:18,24; 42:4,38; 44:1-34), o seu caçula. Ele é descrito como pai de uma tribo guerreira, conquistadora e poderosa.

Nas palavras de despedida de Jacó, há cinco comparações com animais. Judá foi comparado a um leão; Issacar, a um jumento; Dã, a uma serpente; Naftali, a uma gazela. Já Benjamim é comparado a um lobo.[46] Benjamim é comparado a um lobo que despedaça a sua presa, e isso corresponde à elevada reputação das tribos pela bravura e pela habilidade na guerra (Juízes 3:15-30; 5:14; 20:14-21; 1Samuel 9:1; 13:3; 1Crônicas 8:40; 12:2-27,29; Ester 2:5). Nesta tribo, vemos em ação o lobo que despedaça. Saul, o primeiro rei de Israel, era da tribo de Benjamim. Ao longo de seu reinado, Saul tentou matar Davi (1Samuel 19:10) e massacrou sem piedade todos os sacerdotes da cidade de Nobe (1Samuel 22:6-19). Outros benjamitas conhecidos pelo seu furor foram Abner (2Samuel 2:23), Seba (2Samuel 20), Simei (2Samuel 16:5-14) e Saulo de Tarso (Romanos 11:1; Filipenses 3:5) que, como animal selvagem, prendeu, devastou, assolou e exterminou muitos cristãos (Atos 8:3; 9:1-3; 9:22; 26:9-11; Gálatas 1:13).[47]

[45] Ibidem.

[46] Ibidem, p. 337.

[47] WIERSBE, Warren W. *Comentário bíblico expositivo*, p. 220.

É curioso notar que Moisés pronuncia um terno oráculo sobre Benjamim (Deuteronômio 33:12), enquanto Jacó, em contraste, declara um oráculo mais severo (49:27). Deuteronômio 33:12 credita a segurança de Benjamim como o cuidado protetor e paternal de Deus por ele.[48]

As doze tribos de Israel e suas bênçãos correspondentes

Paradoxalmente, o que o narrador chama de "bênçãos" com frequência não passam de antibênçãos, tais como no caso de Rúben, Simeão e Levi. Entretanto, em termos do destino da nação, essas antibênçãos constituem uma bênção. Ao remover Rúben por seu turbulento e incontrolado impulso sexual, Jacó salva Israel de uma liderança leviana. De igual modo, ao amaldiçoar a crueldade de Simeão e Levi, ele restringe sua cruel temeridade de dominar.[49]

Está escrito: "A cada um abençoou segundo a bênção que lhe cabia" (49:28b). Os pecados dos pais atingiram os filhos e as gerações pósteras. Fica evidente que Rúben, Simeão e Levi sofreram sanções pelos seus erros e isso refletiu na sua posteridade. Mas Deus, por sua graça, reverte tragédias em triunfo, e a família permanece sendo a portadora da bênção divina para o futuro, como

[48] WALTKE, Bruce K. *Gênesis,* p. 767.

[49] Ibidem, p. 752.

fora no passado. A família de Levi foi separada por Deus para o sacerdócio e a família de Simeão foi integrada à tribo de Judá para não mergulhar na apostasia das tribos do norte. Já a bênção profética sobre Judá se cumpre em Davi no Antigo Testamento e em Jesus Cristo, no Novo Testamento.

A MORTE DE JACÓ, O AGENTE DAS BÊNÇÃOS PROFÉTICAS

As últimas palavras de Jacó tratam de si mesmo, e não de seus filhos. Jacó reitera o pedido que já havia feito a José (47:27-31) e a seus demais filhos com respeito ao seu sepultamento na caverna de Macpela (49:29-33). Jacó havia completado a carreira e cumprido cabalmente sua missão. Era hora de reunir-se ao seu povo e descansar.

Nas palavras de Warren Wiersbe: "Com seu trabalho concluído, Jacó deu o último suspiro e morreu. Levou consigo apenas o seu cajado, com o qual havia atravessado o Jordão muitos anos antes, e ainda segurava consigo seu cajado ao fazer a última travessia da vida (Hebreus 11:21). Jacó foi um peregrino até o fim".[50]

Concordo com James Montgomery Boice que a última característica da morte de Jacó é seu foco no mundo porvir, ao dizer: "Eu me reúno ao meu povo" (49:29). Isso não é apenas ser sepultado na mesma cova que seus

[50] WIERSBE, Warren W. *Comentário bíblico expositivo*, p. 221.

ancestrais, mas reunir-se a eles. Deus não é Deus de mortos, mas de vivos. Lemos em Gênesis 49:33: "Tendo Jacó acabado de dar determinações a seus filhos, recolheu os pés na cama, e expirou, e foi reunido ao seu povo". Jacó viveu 15 anos com seu avô Abraão. Quando Isaque, seu pai, morreu, Jacó tinha 120 anos. Depois de 27 anos, o próprio Jacó expira para reunir-se ao seu povo. Agora, Jacó está vivendo com Abraão e Isaque num mundo melhor, na bem-aventurança. Ele continuará com eles e com Cristo, por toda a eternidade, e isso é incomparavelmente melhor.[51]

[51] BOICE, James Montgomery. *Genesis,* p. 1231 e 1235.

CAPÍTULO 23

O SEPULTAMENTO DE JACÓ

O último capítulo de Gênesis termina com dois funerais, o funeral de Jacó e o funeral de José. Aquele recebeu honras fúnebres de um chefe de estado; este, o governador do Egito, sem qualquer pompa morreu, foi embalsamado e o puseram num caixão no Egito. Charles Swindoll diz que o último capítulo de Gênesis trata de luto, de graça e de glória.[1] Luto por Jacó, graça aos filhos de Jacó e glória como a suprema aspiração da família da Jacó.

O texto em tela enseja-nos várias lições importantes.

CHORAR É PRECISO

A Bíblia que há tempo de chorar e tempo de rir (Eclesiastes 3:4). Destacamos seis fatos importantes aqui:

Primeiro fato, *o choro de José* (50:1). O texto bíblico nada diz sobre a reação dos demais filhos de Jacó quando ele morreu. Destaca apenas a profunda relação de José com seu pai. José se lança sobre o rosto de seu pai

[1] SWINDOLL, Charles R. *José*, p. 233.

recém-falecido, chorando sobre ele e o beijando. Esta é a sexta vez que vemos José chorando. José vai chorar mais duas vezes: na eira de Atade (50:10) e quando seus irmãos lhe enviam emissários, rogando seu perdão (50:17). Nas palavras de Braumer "vemos aqui uma expressão espontânea de sua dor em um gesto de amor".[2] José não está preocupado com seu status de governador, mas agindo como um filho amado que não pode esconder suas emoções. Um funeral não é uma festa. É lugar de choro.

Segundo fato, *o embalsamamento de Jacó* (50:2,3). O choro é seguido do expediente necessário. Porque José e seus irmãos haviam prometido sepultar seu pai em Canaã, era necessário que seu corpo fosse embalsamado. Então José convoca os médicos que estavam sob suas ordens para fazer esse trabalho demorado e meticuloso. É digno de nota que esta é a primeira menção a um médico nas Escrituras. Os egípcios choraram por Jacó, pai de José, por 70 dias. A duração do luto representou uma honra especial para o falecido Jacó. O patriarca está recebendo honras fúnebres de chefe de Estado.

Terceiro fato, *a permissão de Faraó para subir a Canaã* (50:4-6). José não vai pessoalmente a Faraó já que estava de luto, e nessas condições, conforme costume da época, ninguém tinha acesso ao rei (Ester 4:2). Manda avisar a Faraó a respeito do juramento que fizera a seu pai de sepultá-lo em Canaã, fala sobre a sepultura que já existe

[2] BRAUMER, Hansjorg. *Gênesis*, p. 340.

e garante expressamente que voltará. Faraó concede a licença a José e ao mesmo tempo organiza uma comitiva de honra, formada de altos funcionários da corte, e uma escolta militar. O cortejo fúnebre conduzido por José deveria estar à altura da posição de seu mais alto ministro.[3] A ordem de Faraó é clara: "Sobe e sepulta o teu pai, como ele te fez jurar" (50:6).

Quarto fato, *o cortejo fúnebre rumo a Canaã* (50:7-9). O cortejo fúnebre de Jacó rumo a Canaã foi com grande pompa. Além de toda a família, exceto as crianças, acompanharam a enorme procissão todos os oficiais de Faraó, os principais de sua casa e todos os principais da terra do Egito. Esse grandíssimo cortejo é acompanhado ainda de carros e de cavaleiros, cruzando o deserto árido do Sinai em direção à Terra Prometida. Braumer diz que a caravana com o corpo de Jacó percorreu o território ao norte do Sinai até o leste do mar Morto. Este caminho mais longo foi escolhido porque a passagem pelo território dos filisteus poderia trazer conflitos e confrontos.[4]

Quinto fato, *a lamentação além do Jordão* (50:10-11). Ao atravessarem o Jordão, na eira de Atade, o cortejo para para um tempo de grande e intensa lamentação. Ali acontece o velório de Jacó. É ali que José pranteia seu pai por sete dias. O pranto é tão grande e notório que os cananeus, impactados com o fato, mudam o nome da eira

[3] BRAUMER, Hansjorg. *Gênesis*, p. 341.

[4] Ibidem.

para Abelmizraim. Braumer diz que, mais tarde, os sete dias de lamento em Atade tornam-se o período de luto costumeiro em Israel, e este hábito existe até hoje na chamada *shiwah*, os sete dias de luto rigoroso a ser observado depois do sepultamento.[5]

Sexto fato, *o sepultamento na caverna de Macpela* (50:12-13). Matthew Henry diz que o funeral de Jacó foi um funeral de estado, mas o seu sepultamento foi um sepultamento pesaroso.[6] O sepultamento ficou restrito à família. Os filhos cumprem a promessa feita ao pai e o sepultam na caverna de Macpela, onde já estavam sepultados Abraão, Isaque, Rebeca e Lia.

RECOMEÇAR É NECESSÁRIO

Sepultado Jacó, como ele havia requerido de seus filhos, era hora de cessar o choro e voltar à realidade da vida. Está escrito: "Depois disso, voltou José para o Egito, ele, seus irmãos e todos os que com ele subiram a sepultar o seu pai". O luto tem tempo para começar e para terminar. Há tempo de chorar e tempo de cessar de chorar (Eclesiastes 3:4).

O choro dos filhos de Jacó não é o choro de desespero (1Tessalonicenses 4:13). A vida continua, por isso todos voltam ao Egito e continuam sua missão naquela

[5] Ibidem, p. 342.

[6] HENRY, Matthew. *Comentário bíblico Antigo Testamento* – Gênesis a Deuteronômio, p. 219.

terra. Concordo com Warren Wiersbe quando diz que a melhor maneira de honrar quem morreu é cuidar dos que estão vivos. O luto prolongado pode trazer mais compaixão, porém não desenvolve mais maturidade nem nos torna mais úteis para os outros. José e sua família voltam para o Egito e para seus afazeres, com José servindo na corte do Faraó e seus irmãos cuidando dos rebanhos do Faraó.[7] José tinha 56 anos de idade quando Jacó, seu pai, morreu. Ainda viveu mais 54 anos. Viu os filhos de seus filhos até a terceira geração. Então, morreu aos 110 anos e foi colocado num caixão no Egito. Por sua orientação a seus irmãos, seus ossos foram levados para Canaã, séculos depois, no tempo do Êxodo (Êxodo 13:19), e sepultados em Canaã (Josué 24:32). Warren Wiersbe é oportuno ao escrever:

> O ataúde de José no Egito era uma lembrança constante para que o povo hebreu tivesse fé em Deus. Quando sua situação no Egito mudou e os hebreus viram-se escravos em vez de residentes estrangeiros (Êxodo 1:8-22), puderam encontrar ânimo ao olhar para o caixão de José. Durante o tempo em que vagaram pelo deserto, ao carregarem consigo, de um lugar para outro, os restos mortais de José; a memória dele ministrou-lhes e instou-os a confiar em Deus sem nunca desistir.[8]

[7] WIERSBE, Warren W. *Comentário bíblico expositivo*, p. 223.
[8] Ibidem, p. 227.

Os patriarcas Abraão, Isaque, Jacó e José morreram e foram sepultados, mas o testemunho deles prossegue. Deus sepulta seus obreiros, mas sua obra continua!

Conclusão

A vida de Jacó é um testemunho extraordinário da soberania de Deus e de sua graça irresistível. Desde o ventre de sua mãe até seus últimos dias no Egito, a história de Jacó é marcada por conflitos, transformações e reconciliação. Ele nos mostra que, apesar de nossas falhas e desvios, Deus permanece fiel, conduzindo-nos ao cumprimento de seu propósito eterno.

Jacó não foi escolhido por causa de seus méritos ou virtudes; foi escolhido pela graça soberana de Deus. Ele era um homem complexo, marcado por enganos, medos e estratégias humanas, mas também por momentos de profunda comunhão com o Senhor. Sua experiência no vau de Jaboque simboliza a luta de todo ser humano para encontrar sentido, redenção e um relacionamento genuíno com Deus. Naquele momento decisivo, Jacó recebeu um novo nome, Israel, e uma nova identidade como alguém que lutou com Deus e prevaleceu. Essa transformação não veio por sua força, mas pela sua rendição ao Senhor.

A história de Jacó também é um reflexo do amor incondicional de Deus por seu povo. Apesar dos muitos erros de Jacó, Deus nunca desistiu dele. Em Betel, o Senhor reafirmou suas promessas a Jacó, garantindo-lhe a continuidade da aliança feita com Abraão e Isaque. Esse pacto não foi condicionado à perfeição de Jacó, mas à fidelidade de Deus, que conduz todas as coisas para o cumprimento de seu plano redentor.

Na jornada de Jacó, vemos o poder da reconciliação. Sua reunião com Esaú é uma lembrança de que Deus é capaz de transformar corações endurecidos e restaurar relacionamentos quebrados. O reencontro com José, anos depois, é outro exemplo do agir de Deus para trazer restauração e propósito mesmo em meio à dor e ao sofrimento.

Além disso, Jacó nos ensina sobre o papel crucial da fé. Ele partiu de sua terra natal sem nada, confiando nas promessas de Deus, e terminou seus dias como o patriarca de uma grande família, precursor das doze tribos de Israel. Sua vida nos desafia a confiar plenamente em Deus, mesmo quando enfrentamos incertezas e desafios.

Por fim, a trajetória de Jacó aponta para Cristo, o verdadeiro Israel, aquele que cumpriu todas as promessas de Deus. Em Jesus, vemos a plenitude do que foi prometido a Jacó: uma descendência abençoada que alcança todas as nações. Assim como Jacó foi transformado ao encontrar Deus, também somos convidados a experimentar a graça transformadora de Cristo em nossa vida.

Que ao contemplarmos a vida de Jacó, possamos ser inspirados a confiar em Deus, a nos render à sua vontade e a nos lembrar de que, apesar de nossas limitações, Ele pode nos usar para cumprir seus propósitos eternos. O Deus de Jacó é o nosso refúgio, e nele encontramos esperança, força e redenção.

Querendo convidar você a fazer comigo esta oração com base em tudo o que aprendemos por meio deste livro:

Senhor Deus todo-poderoso, o Deus de Abraão, Isaque e Jacó, venho diante de ti reconhecendo que a história de Jacó reflete muito da nossa própria jornada. Assim como ele, somos muitas vezes frágeis, falhos e tentamos resolver as coisas à nossa maneira, mas tu, em tua infinita graça, nos conduzes ao teu propósito soberano.

Pai, tal como fizeste com Jacó, ensina-nos a confiar em ti, mesmo em meio às nossas lutas e incertezas. Ajuda-nos a reconhecer que, por mais que tentemos fugir ou lutar contra os desafios da vida, tu és o Deus que nos encontra, nos transforma e nos dá um novo nome e uma nova identidade.

Senhor, ajuda-nos a experimentar o teu amor incondicional, como Jacó experimentou no vau de Jaboque. Que possamos nos render a ti, sabendo que em nossa fraqueza, tua força se aperfeiçoa. Transforma nosso coração, Senhor, para que possamos viver como filhos e não como escravos do medo, da culpa ou do passado.

Assim como reconciliaste Jacó com Esaú, pedimos que o teu Espírito Santo trabalhe em nossos relacionamentos. Cura os laços rompidos, restaura as famílias e dá-nos coragem para pedir perdão e liberar perdão, confiando que tu podes trazer paz onde há conflito.

Ó Deus, guia-nos como guiaste Jacó. Ensina-nos a caminhar pela fé, mesmo quando o caminho parece longo e difícil. Ajuda-nos a olhar para Jesus, o verdadeiro Israel, que cumpriu todas as promessas e nos reconciliou contigo. Que possamos viver para tua glória e ser bênção na vida de outros, assim como fizeste de Jacó uma bênção para muitas nações.

Obrigado, Senhor, porque tua fidelidade não depende de quem somos, mas de quem tu és. Fortalece-nos, renova-nos e molda-nos segundo a tua vontade.

Em nome de Jesus, o Senhor da nossa história, oramos. Amém.

Bibliografia

BOICE, James Montgomery. *Genesis*. Vol. 2. Grand Rapids: Baker Books, 1998.

BONHOEFFER, Dietrich. *Temptation*. New York, NY: Macmillan Publishing Co., 1953.

BRAUMER, Hansjorg. *Gênesis*. Vol. 1. São Paulo: Cultura Cristã, 2016.

HAMILTON, V. P. *The Book of Genesis 18–50*. Grand Rapids, MI: Eerdmans, 1990.

HENRY, Matthew. *Comentário bíblico Antigo Testamento – Gênesis a Deuteronômio*. Vol. 1. Rio de Janeiro: CPAD, 2010.

KIDNER, Derek. *Gênesis: introdução e comentário*. São Paulo: Vida Nova, 2006.

LEUPOLD, H. C. *Exposition of Genesis*. Vol. 2. Grand Rapids: Baker, 1959.

LIVINGSTON, George H. *O livro de Gênesis*. Em *Comentário bíblico Beacon*. Vol. 1. Rio de Janeiro: CPAD, 2015.

MACDONAL, William. *Believer's Bible Commentary*. Nashville: Thomas Nelson, 1995.

MORRIS, Henry. *The Genesis Record*. Grand Rapids: Baker, 2006.

OWEN, F. Frederick. *Abraham to the Middle-East Crises*. Grand Rapids, MI: Wm. B. Eerdmans, 1957.

SPURGEON, Charles H. *Spurgeon's Sermon Notes*. Peabody, MA: Hendrickson Publishers, 1997.

SWINDOLL, Charles R. *José*. São Paulo: Mundo Cristão, 2016.

TOZER, A. W. *A conquista divina*. São Paulo: Mundo Cristão, 1984.

WALTKE, Bruce K. *Gênesis*. São Paulo: Cultura Cristã, 2010.

WIERSBE, Warren W. *Comentário bíblico expositivo*. Vol. 1. São Paulo: Geográfica, 2006.

O QUE APRENDI COM ESTE LIVRO

Sua opinião é importante para nós.

Por gentileza, envie-nos seus comentários pelo e-mail:

editorial@hagnos.com.br